RALPHO DE BARROS MONTEIRO FILHO

MANUAL DE DIREITO CIVIL

PARTE • GERAL

2018 © Editora Foco

Autor: Ralpho Waldo de Barros Monteiro Filho
Diretor Acadêmico: Leonardo Pereira
Editor: Roberta Densa
Assistente Editorial: Paula Morishita
Revisora Sênior: Georgia Renata Dias
Capa Criação: Leonardo Hermano
Diagramação: Ladislau Lima
Impressão miolo e capa: GRÁFICA Meta Brasil

Dados Internacionais de Catalogação na Publicação (CIP) de acordo com ISBD

M775m

Monteiro Filho, Ralpho Waldo de Barros

Manual de direito civil: parte geral / Ralpho Waldo de Barros Monteiro Filho. – Indaiatuba, SP : Editora Foco, 2018.

214 p. ; 17cm x 24cm.

Inclui índice e bibliografia.

ISBN: 978-85-8242-313-4

1. Direito. 2. Direito civil. 3. Manual. I. Título.

2018-1142 CDD 342 CDU 347

Elaborado por Vagner Rodolfo da Silva - CRB-8/9410

Índices para Catálogo Sistemático:

1.Direito 342   2. Direito 347

DIREITOS AUTORAIS: É proibida a reprodução parcial ou total desta publicação, por qualquer forma ou meio, sem a prévia autorização da Editora Foco, com exceção da legislação que, por se tratar de texto oficial, não são protegidas como Direitos Autorais, na forma do Artigo 8º, IV, da Lei 9.610/1998. Referida vedação se estende às características gráficas da obra e sua editoração. A punição para a violação dos Direitos Autorais é crime previsto no Artigo 184 do Código Penal e as sanções civis às violações dos Direitos Autorais estão previstas nos Artigos 101 a 110 da Lei 9.610/1998.

Atualizações e erratas: a presente obra é vendida como está, sem garantia de atualização futura. Porém, atualizações voluntárias e erratas são disponibilizadas no site www.editorafoco.com.br, na seção *Atualizações*. Esforçamo-nos ao máximo para entregar ao leitor uma obra com a melhor qualidade possível e sem erros técnicos ou de conteúdo. No entanto, nem sempre isso ocorre, seja por motivo de alteração de *software*, interpretação ou falhas de diagramação e revisão. Sendo assim, disponibilizamos em nosso site a seção mencionada (*Atualizações*), na qual relataremos, com a devida correção, os erros encontrados na obra. Solicitamos, outrossim, que o leitor faça a gentileza de colaborar com a perfeição da obra, comunicando eventual erro encontrado por meio de mensagem para contato@editorafoco.com.br.

Impresso no Brasil (08.2018) • Data de Fechamento (08/2018)

2018

Todos os direitos reservados à
Editora Foco Jurídico Ltda.

Al. Júpiter 542 – American Park Distrito Industrial
CEP 13347-653 – Indaiatuba – SP

E-mail: contato@editorafoco.com.br
www.editorafoco.com.br

Aos meus pais, RALPHO e SOLANGE,
por me mostrarem o que é amar.

Às minhas irmãs, MARINA e MARIANA,
por me mostrarem o que é amizade e companheirismo.

À doce MAYARA e ao meu valente GUI,
por me mostrarem o que é amor.

Pronto Gui, papai já pode brincar.

APRESENTAÇÃO

A ideia do presente *Manual* surgiu pouco tempo depois da minha aprovação no concurso para a Magistratura de São Paulo. Visto que minha preparação fora eficiente, e com a firme intenção de produzir algo *maior* na área do Direito Civil (em relação ao que eu já havia feito até então), pensei em escrever lições dessa matéria com base nas minhas aulas para a graduação, mas estruturadas da maneira que utilizava para fazer meus estudos para o concurso. Daí porque o *Manual* divide-se em tópicos, mas também em parágrafos, estes sempre nomeados por meio de rubricas, de modo a facilitar não apenas a rápida consulta, mas também o estudo de quem irá usar o livro para sua preparação. Explico: em face da necessidade de constantes revisões – somente estas servem para a fixação da matéria de maneira duradoura – atribuía, em meus estudos, "nomes" para cada porção de texto sobre determinado tema. Percebi que isso ajudava na hora da releitura, chegando ao ponto de, em certos momentos, precisar apenas *bater o olho* no título do parágrafo para lembrar o seu conteúdo (fato que, claro, agilizava sobremaneira minhas revisões).

Procurei também, com o mesmo propósito, ser o mais claro possível, mantendo o texto sempre linear. Por esse motivo, algumas considerações e aprofundamentos vieram feitos nas notas de rodapé e no próprio corpo do texto, em letras menores. O leitor que não se interessar por estas considerações – como o concurseiro, por exemplo – poderá pulá-las sem prejuízo da leitura do texto regular.

A Editora Foco encampou a ideia, tal como concebida, permitindo, pois, a realização de um antigo sonho meu.

Saliento que não se trata apenas de *mais um curso de Civil* para concursos. Embora tenha sido feito deliberadamente com a intenção de ajudar aqueles que prestam os certames públicos, bem como as provas da OAB e os alunos de graduação, o *Manual* é prático e tenta responder perguntas simples do dia a dia forense. Muitas delas eu encontrei na lida com meus próprios processos (de complexidade variada). Outras tantas foram levantadas em sala de aula pelos alunos que, assim, não deixaram de participar destas linhas (e já aqui fica a minha homenagem e agradecimento). O *Manual*, enfim, destina-se também a todos que atuam na área, como advogados, juízes, promotores, defensores etc., que poderão utilizá-lo como fonte confiável para a resposta rápida de alguns desses problemas do quotidiano forense.

Espero, sinceramente, que seja de valia.

RALPHO W. DE BARROS MONTEIRO FILHO

Twitter: @ralphomonteiro
Instagram: @ralphobarrosmonteiro
Facebook: Professor Ralpho Monteiro
You Tube: Detona Ralpho.
Email: ralphobm@hotmail.com
Blog: ralphodebarrosmonteiro.com

SUMÁRIO

APRESENTAÇÃO VII

I – TEORIA GERAL DO DIREITO E LEI DE INTRODUÇÃO ÀS NORMAS DO DIREI-
TO BRASILEIRO... 1

1. DIREITO E CLASSIFICAÇÃO FUNDAMENTAL 1
   1.1. Noção de Direito.. 1
   1.2. Direito objetivo e direito subjetivo. Direito positivo 2
   1.3. Direito público e direito privado.. 4
   1.4. Princípios ou normas de ordem pública....................................... 4
   1.5. Direito e moral 5
   1.6. Direito natural 7
2. A LEI DE INTRODUÇÃO ÀS NORMAS DO DIREITO BRASILEIRO. 7
   2.1. Generalidades 7
   2.2. Classificação das leis 9
       2.2.1. Quanto à imperatividade 9
       2.2.2. Quanto à natureza 10
       2.2.3. Quanto ao autorizamento 10
       2.2.4. Quanto à competência... 11
       2.2.5. Quanto ao alcance 11
       2.2.6. Quanto à hierarquia... 11
   2.3. Vigência da lei 12
   2.4. Revogação da lei 14
   2.5. As antinomias... 15
   2.6. Integração da lei... 17
       2.6.1. Compreensão do tema 17
       2.6.2. Analogia. 19
       2.6.3. Costume 20
       2.6.4. Princípios gerais de direito 21
       2.6.5. Equidade... 21

2.7.	A lei no tempo e o princípio da irretroatividade	22

II – INTRODUÇÃO AO DIREITO CIVIL E O CÓDIGO CIVIL ... 25

1. Direito Civil: abrangência ... 25
2. Codificação ... 26
3. O Código Civil de 2002 ... 28
   - 3.1. Generalidades. ... 28
   - 3.2. Anatomia do Código Civil ... 30
   - 3.3. Princípios norteadores ... 31
     - 3.3.1. Socialidade ... 31
     - 3.3.2. Eticidade ... 32
     - 3.3.3. Operabilidade ... 33
   - 3.4. Constitucionalização do Direito Civil – Centralismo Constitucional ... 34
     - 3.4.1. Constituição Federal como eixo central do sistema ... 34
     - 3.4.2. Eficácia horizontal dos direitos fundamentais ... 36

III – DOS SUJEITOS DE DIREITO ... 37

1. DAS PESSOAS NATURAIS ... 37
   - 1.1. O estudo dos sujeitos de direito ... 37
   - 1.2. Personalidade jurídica e capacidade ... 38
     - 1.2.1. Conceito e entendimento ... 38
     - 1.2.2. Início da personalidade jurídica ... 39
     - 1.2.3. Exercício dos direitos e as incapacidades. ... 42
     - 1.2.4. Regime jurídico imposto pelo Estatuto da Pessoa com Deficiência (EPD – Lei 13.146/2015) ... 43
     - 1.2.5. Incapacidade absoluta ... 44
     - 1.2.6 Incapacidade relativa ... 46
     - 1.2.7. Os indígenas ... 49
     - 1.2.8. Incapazes e sua proteção ... 50
     - 1.2.9. Deficiente mental e o Estatuto da Pessoa com Deficiência ... 52
     - 1.2.10. Maioridade e emancipação ... 54
   - 1.3. Fim da personalidade ... 56
     - 1.3.1. Classificação jurídica da morte ... 57
     - 1.3.2. Comoriência. ... 60

	1.3.3.	Ausência	61
1.4.		Direitos da Personalidade	66
	1.4.1.	Generalidades	66
	1.4.2.	Conceito e classificação dos direitos da personalidade	67
	1.4.3.	Características dos direitos da personalidade	72
1.5.		Pessoa natural e sua individualização	73
	1.5.1.	Individualização como direito da personalidade	73
	1.5.2.	Nome	74
		1.5.2.1. Generalidades	74
		1.5.2.2. A estrutura do nome	75
		1.5.2.3. Alteração do nome e o princípio da imutabilidade	76
		1.5.2.4. Nome social	79
		1.5.2.5. Alteração do prenome do transgênero (e de seu gênero) independentemente da cirurgia de transgenitalização e processado extrajudicial (diretamente no Registro Civil de Pessoas Naturais)	80
	1.5.3.	Estado da pessoa natural	82
	1.5.4.	Domicílio	84
2.		DAS PESSOAS JURÍDICAS	87
2.1.		Generalidades	87
2.2.		Conceito e Natureza Jurídica	87
2.3.		Classificação	90
	2.3.1.	Pessoas jurídicas de direito público e pessoas jurídicas de direito privado	90
	2.3.2.	Pessoas Jurídicas de Direito Privado.	91
2.4.		Formação da pessoa jurídica	92
	2.4.1.	Manifestação de vontade	92
	2.4.2.	Licitude do objeto social	92
	2.4.3.	Inscrição do ato constitutivo	93
2.5.		Associações	94
2.6.		Fundações	96
2.7.		Organizações religiosas	100
2.8.		Partidos políticos	101
2.9.		Responsabilidade das pessoas jurídicas	102

	2.9.1.	Distinção patrimonial e responsabilidade civil direta.	102
	2.9.2.	Responsabilidade civil indireta	103
	2.9.3.	Desconsideração da personalidade jurídica.	103
	2.9.4.	Responsabilidade penal	104
2.10.	Extinção da pessoa jurídica		105

IV – O OBJETO DA RELAÇÃO JURÍDICA: DOS BENS 107

1. Introdução 107
2. Bens corpóreos e incorpóreos 108
3. Patrimônio 108
4. Classificação dos bens 112
   - 4.1. Bens considerados em si mesmos. 112
     - 4.1.1. Bens móveis e imóveis 112
     - 4.1.2. Bens fungíveis e infungíveis 115
     - 4.1.3. Bens consumíveis e inconsumíveis 115
     - 4.1.4. Bens divisíveis e indivisíveis 116
     - 4.1.5. Bens singulares e coletivos 117
   - 4.2. Bens reciprocamente considerados 117
     - 4.2.1. Bens principais e bens acessórios 118
   - 4.3. Classificação dos bens quanto ao seu titular: Público ou Privado 120

V – DAS RELAÇÕES JURÍDICAS: FATOS E NEGÓCIOS JURÍDICOS 123

1. RELAÇÕES JURÍDICAS 123
2. Fatos jurídicos e classificação 124
3. Negócio jurídico 125
   - 3.1. Correntes que explicam o negócio jurídico 125
   - 3.2. Classificação: negócios jurídicos unilaterais e bilaterais 127
   - 3.3. Os planos de análise do negócio jurídico 127
     - 3.3.1. Existência dos negócios jurídicos 128
     - 3.3.2. Validade dos negócios jurídicos. 130
     - 3.3.3. Eficácia dos negócios jurídicos 135
   - 3.4. Os defeitos do negócio jurídico 142
     - 3.4.1. Generalidades 142

	3.4.2.	Vícios do consentimento	143
	3.4.3.	Vícios sociais	150
3.5.		Invalidade do negócio jurídico	171
	3.5.1.	Plano da validade e modalidades de invalidade	171
	3.5.2.	Nulidade	172
	3.5.3.	Anulabilidade	176
4.		Da prescrição e da decadência	178
4.1.		Generalidades	178
4.2.		Prescrição	179
	4.2.1.	Entendimento	179
	4.2.2.	Prescrição e a decadência	180
	4.2.3.	Regras legais sobre prescrição	181
	4.2.4.	Das causas que impedem ou suspendem a prescrição	184
	4.2.5.	Das causas que interrompem a prescrição	187
4.3.		Decadência	189
	4.3.1.	Conceito e características	189
	4.3.2.	Regras legais sobre decadência	190
5.		DA PROVA	191
5.1.		Aspectos gerais	191
5.2.		Confissão	193
5.3.		Documento	194
5.4.		Testemunha	197
5.5.		Presunção	199
5.6.		Perícia	200

I – TEORIA GERAL DO DIREITO E LEI DE INTRODUÇÃO ÀS NORMAS DO DIREITO BRASILEIRO[1]

1. DIREITO E CLASSIFICAÇÃO FUNDAMENTAL

1.1. Noção de Direito

O estudioso poderá pesquisar os mais antigos agrupamentos humanos e certamente encontrará presente o fenômeno jurídico. Mesmo nos sistemas de convivência mais rudimentares estarão presentes as normas de conduta. Sempre haverá um mínimo de regras objetivando conter o ímpeto egoísta do próximo. É assim, como ensina Caio Mário da Silva Pereira, na célula menor da sociedade, que é a família, e no próprio Estado organizado.[2] Há normas jurídicas até mesmo entre este e outras nações soberanas (área que, de tão importante nos dias atuais, é estudada pelo direito internacional). Como afirmam os sociólogos, onde há sociedade, há o direito (*ubi societas ibi jus*).

O que se percebe é que sem o direito não há (ao menos possibilidade de) convivência pacífica. Nesse sentido surge como instrumento voltado para a adequação do homem à vida social.[3]

O vocábulo – direito – entretanto, é usado em diversas acepções. Assim, quando alguém afirma estar defendendo seu *direito*; ou quando o magistrado, para solucionar controvérsia, aplica o *direito*; ainda, quando há referência ao *direito* de certo país.[4]

---

1. É da tradição de nosso Direito que os manuais e cursos de Direito Civil estudem, também, *porção de matéria* que, a princípio, não lhes tocaria. Já se chamou – tal porção – de *Teoria Geral do Direito Civil*, rubrica equivocada posto que na verdade se está a retratar elementos de *Teoria Geral do Direito* (isto é, regras não restritas ao Direito Civil, e mesmo ao Direito Privado). São conceitos tão nucleares que dizem respeito a todo o sistema. Isso se deve, em boa escala, ao fato de se ter atrelado a antiga *Lei de Introdução ao Código Civil* ao Código Civil, o que se fez já em 1916, aprovando-se, neste ano, tanto a lei como a Codificação de Bevuláqua. O nosso Direito assim fez, a seu turno, porque já houve tempo em que o Código Civil era o *centro do ordenamento*, logo, nada mais lógico que a introdução (normatização do) ao sistema se desse ao ensejo deste Diploma. Considerando que a Lei de Introdução (às Normas – hoje bem apelidada) traz, em sua primeira parte, elementos de *Teoria Geral de Direito*, opto por dela cuidar nesta primeira parte, em cúmulo com o que seria, de qualquer forma, uma *Parte* dedicada à *teoria geral*.
2. *Instituições de Direito Civil*, vol. I, p. 5.
3. A afirmação não invalida a lição de Giorgio Del Vecchio (*Filosofia Del Derecho*, tradução de Luis Recaséns Siches, Barcelona: Bosch, 1929, p. 435) para quem a finalidade do direito é o próprio homem. As normas jurídicas, ao regrar as condutas pessoais, resguardam o próprio ser humano. Daí não haver qualquer contradição entre as colocações.
4. André Franco Montoro sistematiza sua obra apoiando-se em cinco acepções, ou realidades, do direito: 1) Direito como ciência, estudando a epistemologia jurídica; 2) Direito como justo, enfocando agora a axiologia jurídica; 3) Direito como norma; 4) Direito como faculdade e 5) Direito como fato social (*Introdução à ciência do direito*, 25ª ed., 2ª tiragem, São Paulo: RT, *passim*). De forma clara o próprio jurista exemplifica,

É certamente dessa pluralidade de significados que advém a dificuldade em se conceituar o direito. Daí porque se torna didático – e correto – defini-lo à luz de determinadas classificações. É o que faço a seguir.

1.2. Direito objetivo e direito subjetivo. Direito positivo

Direito objetivo. Fala-se em *direito objetivo* para designar o conjunto de regras e princípios que regem a conduta humana em sociedade. São os preceitos que normatizam as ações humanas, e por isso chamados de *norma agendi*.

Direito subjetivo. De outro lado o *direito subjetivo*, representando o conjunto de prerrogativas que os sujeitos têm dentro do ordenamento, isto é, configura posição jurídica de vantagem que protege um interesse de quem o detém. Justamente por conferir uma faculdade ao seu titular é que se denomina *facultas agendi*.

> **Teorias negativistas e positivistas do direito subjetivo.** O tema não é tão simples como o parágrafo pode fazer concluir. A doutrina dele se ocupou há muito tempo, procurando conceituar o que venha a ser *direito subjetivo*. Para se fazer uma ideia, veja-se o que escreve Raphael de Barros Monteiro Filho: "*Não obstante, essa ambivalência semântica* [direito objetivo e direito subjetivo] *foi criticada duramente por Duguit e Kelsen, que negavam a existência do direito subjetivo. Para Kelsen, o direito subjetivo nada mais seria do que uma 'duplicação ilusória' do direito objetivo. Nesse particular, devem ser lembradas as teorias clássicas acerca do direito subjetivo: segundo Windscheid, na estrutura do direito subjetivo, prevalece o elemento volitivo (o querer), enquanto que, de outro lado, para Von Ihering, predominante é o interesse. Correntes conciliatórias entre as duas surgiram, conjugando os dois elementos (Jellinek, Saleilles, Michoud). (...)*".[5] A ideia de Léon Duguit era a de que não existia, para o indivíduo, um poder de comando que estaria (apta) a subjugar a vontade de outra pessoa, que a ele estivesse subordinado. Não existindo um *direito subjetivo,* fala o grande jurista francês em *situação jurídica*, que é a mesma regra objetiva mas vista sob o prisma do indivíduo.[6]
>
> Ao lado das teorias que negam a própria existência direito subjetivo, há as que propugnam a sua realidade. A *teoria da vontade,* idealizada por Bernhard Windscheid, enxerga o direito subjetivo em função da vontade. Seria, nesse sentido, *o poder de ação assegurado pela ordem jurídica.* A *facultas agendi* seria, portanto, a *faculdade de fazer ou não fazer uso de certa norma para se exigir a efetivação de uma conduta ou para utilizar contra o transgressor as sanções cominadas.*[7] A vontade é o elemento essencial porque seria ela a força apta a impulsionar o exercício do direito, tal como descrito no direito objetivo. Ihering refutou a ideia porque, em seu entender, a vontade não era o principal componente do direito subjetivo. Deu origem, então, à *teoria do interesse,* ou

---

respectivamente aos casos apontados, a utilização do termo: 1) o estudo do *direito* requer métodos próprios; 2) o salário é *direito* do trabalhador; 3) o *direito* brasileiro proíbe o duelo; 4) o Estado tem *direito* de cobrar impostos; 5) o *direito* é um setor da realidade social (ob. cit., p. 26).

5. *Comentários ao Novo Código Civil*, vol. I, coautoria com Ralpho Waldo de Barros Monteiro, Ronaldo de Barros Monteiro e Ruy Carlos de Barros Monteiro, coord. Sálvio de Figueiredo Teixeira, Rio de Janeiro: Forense, 2010, p. 4-5. Para aprofundar o tema, consultar José de Oliveira Ascensão, *Teoria geral do Direito Civil*, vol. III, 2ª Ed., São Paulo: Saraiva, 2010, p. 47 e seguintes. Entre nós, ver a sempre clara e profunda exposição de Caio Mário da Silva Pereira, *Instituições de Direito Civil*, I, 29ª ed., Rio de Janeiro: GEN/Forense, 2016, p. 25 e seguintes.

6. *Leçons de Droit Publique Général*, p. 38.

7. Caio Mário da Silva Pereira, ob. cit., p. 28.

teoria teleológica. Aduz que os incapazes podem não manifestar vontade e, ainda assim, ostentam direitos subjetivos. Acrescenta, ainda, que é possível que o indivíduo tenha direitos subjetivos e deles sequer tome conhecimento (como nos casos de sucessão de um parente sem que saiba o titular ser o herdeiro dos bens). Explica o autor que a questão se coloca no plano do *interesse* do indivíduo, que deve ser juridicamente protegido, mas não tendo como propulsor a vontade. São dois elementos: o *material*, consubstanciado no *interesse*, e o *formal*, que é a *ação* para a proteção desse interesse. A união deles gera aquilo que amplamente se aceita: *direito subjetivo é um interesse juridicamente protegido.* As teorias mistas angariaram seguidores porque tiveram a bondade de mesclar os acertos de ambas as escolas. Assim é que não se despreza o *elemento volitivo,* importante para o *exercício do direito* (talvez não tão importante para a *titularização dos direitos,* eis que aqueles que não podem exprimir vontade continuam aptos a titularizá-los) e nem o *interesse,* que permanece protegido, como deve ser, sob pena se tornar inútil (interesse jurídico sem proteção não é interesse viável). Direito subjetivo é, assim, *poder da vontade, para a satisfação dos interesses humanos, em conformidade com a norma jurídica.*

Um exemplo facilitará a compreensão: ao afirmar que o Brasil, salvo caso excepcional, veda a pena de morte, refiro-me ao ordenamento nacional, conjunto de regras e princípios do nosso direito. Trato, portanto, do direito objetivo. Ao reformular a questão e sustentar que eu, caso cometa um determinado crime, não posso ser fuzilado como penalidade, indico um direito subjetivo que tenho. Trata-se de uma prerrogativa que tenho e que deve ser respeitada. É direito em sua acepção subjetiva porque diz respeito a minha pessoa.[8]

Direito potestativo. Sobre o assunto, é mister lembrar que se consideram potestativos os direitos que seguem a fórmula *potestade-sujeição.* Nela, haverá sempre o direito de um titular de um lado e, do outro, uma situação de completa sujeição. Não se confundem, pois, com os *direitos subjetivos* porque, nestes, haverá, do outro lado da relação, uma prestação a ser satisfeita. Nos direitos potestativos não há prestação, mas somente submissão à vontade do titular que, assim, exercerá seu direito, mesmo atingindo esfera jurídica de terceiro, sem qualquer obstáculo ou impugnação. A parte em sujeição limita-se a sofrer os efeitos do exercício do direito. Não há, de sua parte, dever ou obrigação (daí chamar-se também de *direitos sem prestação*). Em nosso sistema, são exemplos a *aceitação e a renúncia à herança, a anulação de casamento, o divórcio, a revogação de um mandato, a despedida de um empregado* etc.

Direito positivo. Conceito muito próximo do de direito objetivo está o de *direito positivo.* Este representa o complexo de regras e princípios *vigentes* para um determinado povo e em determinada época.[9] Nesse sentido eu posso me referir ao atual direito alemão, ao atual direito português ou ao direito romano. A ideia não se confunde com a de direito objetivo. O direito positivo prende-se ao conceito de *vigência,* isto é, aquele complexo normativo que vigia, ou vige, em determinada época e para determinado povo. O direito objetivo expressa realidade mais ampla e serve para designar situação diversa. Embora os conceitos se aproximem, não há como confundi-los.

---

8. Ver também os excelentes exemplos fornecidos por André Franco Montoro na nota 4 acima.
9. Cario Mário da Silva Pereira, cit., p. 7.

1.3. Direito público e direito privado

Não se tratam de diferentes acepções do vocábulo *direito*, senão que tradicional classificação doutrinária que não invalida a afirmação de que o direito é uno. Remonta ao Direito Romano que já trazia a dicotomia *jus publicum* e *jus privatum* (ambos categorias do *jus civile*).[10]

A razão de ser da divisão está nas prerrogativas e deveres especiais que norteiam as atividades estatais, compreendidas nesta expressão as relações do Estado com os indivíduos, de Estado com outro Estado e sua administração e funcionamento. Às regras que disciplinam tais atividades dá-se o nome de *direito público*. Nessa esfera, predomina a *desigualdade* de condições entre suas partes, uma vez que o Estado é titular de poder soberano, ou *jus imperii*.

De outra maneira acontece quando a relação jurídica é travada entre *iguais*, particulares em situação equiparada sem que se possa permitir qualquer discriminação, justamente porque estão no mesmo nível. *Direito privado* é o conjunto das regras jurídicas que regulam as relações entre particulares, sem que se tenha posição de desigualdade, e consequente superioridade jurídica entre eles.

A questão, no entanto, não é tão simples como essas linhas podem parecer demonstrar. Diferenciar direito público do direito privado é tarefa das mais difíceis. Basta dizer que há autores que chegam a negar tal distinção, como fez Duguit, ou mesmo afirmar que sua utilidade é apenas didática, nas palavras de Orlando Gomes. Daí porque me parece mais apropriado catalogar as expressões sem adotar, de forma absoluta, qualquer critério. O ideal é mesmo considerar a ideia de que o direito público marca-se pela presença do Estado nas relações jurídicas, atuando com *poder soberano*. É o que acontece na maioria das vezes, mas nem sempre. Se obrar em paridade com o particular, o direito aplicável é o privado, porque não há na relação *jus imperii*.

1.4. Princípios ou normas de ordem pública

Normas de ordem pública são aquelas que possuem aplicação cogente, obrigatória, e que são impostas de maneira absoluta à sociedade, não sendo possível sua derrogação por vontade das partes. Isso porque as normas de ordem pública carregam teor cuja inobservância traria grandes prejuízos aos interesses de toda sociedade. Daí se compreende sua natureza cogente, ou seja, a *não liberdade* dos interessados para

---

10. A distinção, para o Direito Romano, era mais fácil de ser feita porque se adotava critério puramente *subjetivo*. Considerava-se direito público o direito do Estado romano; e privado, aquele concernente aos indivíduos. O critério era a presença ou ausência do Estado nas relações jurídicas (*Digesto*, Livro I, tít. I, § 2º, "*Direito público é o que equivale às coisas do Estado. Direito Privado é o que pertence à utilidade das pessoas*", tradução livre da sentença de Ulpiano). Correta a diferenciação naquele sistema porque não se falava em direitos e prerrogativas dos cidadãos em face do Estado, de maneira que a presença estatal nas relações jurídicas representava, sempre, posição de superioridade. O critério não presta em nosso atual direito. Basta lembrar que relações há, entre Estado e particulares, regidas por normas privadas e em que as partes se encontram no mesmo nível.

I – TEORIA GERAL DO DIREITO E LEI DE INTRODUÇÃO ÀS NORMAS DO DIREITO BRASILEIRO

convencionar de forma diversa, mesmo em se tratando de relações eminentemente privadas. É o que ocorre, a título de exemplo, com o Direito de Família e o Direito das Sucessões.

Dessa forma, importante ressaltar que embora no Direito Civil prevaleçam as normas de ordem privada, existem também normas de natureza pública, como nos exemplos anteriormente mencionados.

1.5. Direito e moral

Conforme já foi dito no início desse ponto, a vida em sociedade demanda, sempre, a existência de regras de conduta, sejam elas jurídicas ou morais (em alguns casos, denominadas *regras de convivência*). As mais simples relações interpessoais exigirão padrões de conduta a serem seguidos: desde um mero cumprimento quando se encontra um conhecido até o respeito aos seus direitos.

Regras morais são aquelas que dizem respeito, por exemplo, à ética, à higiene, à etiqueta, aos bons modos. Em outras palavras, são regras que nascem da consciência do homem de que é necessário assumir determinadas posturas para que se torne viável a vida harmoniosa em sociedade. Prefiro, pois, esse conceito amplo de regra moral, de maneira a abarcar todos os preceitos de conduta, não jurídicos, tendentes a viabilizar a vida coletiva.

Observe-se que tanto as regras morais como as jurídicas são normas de conduta. Diferenciam-se, todavia, pelo fato de que as normas jurídicas possuem *força coercitiva* e podem, portanto, ser impostas aos cidadãos. Isso quer dizer que tais regras podem ter o seu cumprimento exigido daqueles que não as obedecem. O mesmo não ocorre com preceitos de ordem moral. Estes possuem, como única forma de coerção à sua obediência, tão somente o remorso, a culpa, o arrependimento, o desprezo pessoal por parte de terceiros etc.

Dessa forma, pode-se apontar como principal diferença entre as regras morais e as jurídicas a possibilidade de esta última dar ensejo à aplicação de uma sanção em caso de descumprimento. Daí porque se diz interessar ao Direito. As regras morais não admitem essa possibilidade e, portanto, a sua obediência não é imposta. Se descumpridas, acarretarão o remorso na pessoa de bem e, eventualmente, o desapreço dos seus pares.

Há, ainda, outra diferença, embora pouco lembrada e que diz respeito aos efeitos da regra. A regra jurídica será sempre *bilateral*, no sentido de que importará a criação de um dever para outrem e, consequentemente, a *exigibilidade* de procedimento em caso de inadimplência. Sabe-se, de antemão, que se está obrigado, ou adstrito, ao cumprimento. A moral, a seu turno, é *unilateral* porque destinada ao aperfeiçoamento individual, sem criar um vínculo para com terceiro, ou ao menos de forma especificada. O ditame do *amar ao próximo*, é regra moral. Mas não cria a faculdade de se exigir esse amor.[11] É diferente, por exemplo, do direito de crédito, cujo devedor é determinado e dele pode ser exigida certa conduta, por meio da mão forte do Poder Judiciário.

Embora as regras jurídicas devam se pautar pelos princípios da moral, nem toda regra moral será jurídica. Entretanto, é possível afirmar que certas normas morais podem vir a se transformar em regras jurídicas. Veja-se o que acontece, atualmente, com legislações locais acerca do tabagismo. Até recentemente, aquele que fumava cigarro ao lado de terceiros, em lugares públicos, podia ser, no máximo, repreendido por alguém, ou alertado de que ali não é lugar para a prática. Sofreria, quando muito, as consequências morais do ato. Hoje, em determinados Estados, o fumante está proibido, *juridicamente*, de acender um cigarro, charuto, cachimbo ou coisa similar, em locais públicos. Acontece que, agora, se desobedecer, suportará uma sanção jurídica. É exemplo de regra moral que se transformou em jurídica.

> **Positivação da regra moral.** A transformação das normas morais em jurídicas não pode, a princípio, ser uma tendência. É que, normalmente, ela representará uma (questionável) intromissão estatal em comportamento individual – uma limitação à liberdade individual – e, assim, deverá ser exceção. Serão requisitos, também, a *razoabilidade* e a *proporcionalidade* da medida em cotejo com os fins a que se destina. Daí porque não se pode admitir que todas as normas morais sirvam de parâmetro para o legislador. Há normas que devem, sempre, fazer parte do campo moral e nunca atingir a esfera jurídica, sob pena de agredir a liberdade do indivíduo desarrazoadamente. Imagine-se transformar o mandamento de não cobiçar a mulher do próximo em lei. Por mais que a conduta seja desprezível, seria razoável alçar a norma moral à categoria de jurídica? Não haveria indevida ingerência estatal na vida privada e, consequentemente, afronta à liberdade individual? Parece-me que sim, daí por que é preciso entender, com cuidado, a *dinâmica* entre *Direito* e *Moral*.

De outro lado, a princípio, as normas jurídicas serão morais. Não há como negar que a exigência de que uma dívida seja cumprida tem fundo moral. Ou o respeito ao uso indevido do nome de outrem. Mas toda norma jurídica será moral? Há exceção. Elucida o ponto Caio Mário da Silva Pereira: "*Quando o devedor invoca a prescrição para se furtar ao pagamento, vale-se de uma faculdade assegurada pela ordem jurídica, com a qual foge ao cumprimento da palavra empenhada, e deixa de restituir ao credor o que lhe cabe. O direito disciplina a alegação, mas a ação do devedor, juridicamente incensurável, não satisfaz às exigências da moral.*"[12] De uma maneira geral, é o que se pode dizer das *obrigações naturais*, que não são exigíveis e, dessa forma, "podem" ser desobedecidas.

---

11. O assunto é interessante e será oportunamente tratado. A questão se coloca no plano do direito de família: seria possível exigir que um pai ame o filho? Ou o contrário? É ela pano de fundo para ações de cunho reparatório (indenizações) por aquele que teria *abandonado afetivamente* um familiar.
12. *Instituições de Direito Civil*, vol. I, *cit.*, n. 1, p. 12.

1.6. Direito natural

O Direito Natural, também chamado de *jusnaturalismo*, é a ideia abstrata a respeito do que é o Direito e o ordenamento jurídico. Seu conceito está ligado à consciência do homem acerca do que é o Direito ideal, ligado a uma justiça superior e eterna, que vai além do ordenamento jurídico vigente.

Dessa forma, ao contrário do que ocorre com o direito positivo, não há que se falar em *vigência* das regras idealizadas pelo *jusnaturalismo*, uma vez que para ele a ideia que se tem sobre o que é Direito é perene e está presente na consciência de todos os povos, em qualquer tempo.

O Direito Natural foi defendido por São Tomás de Aquino, por Santo Agostinho e, ainda, pelos doutores da Igreja e pensadores dos séculos XVII e XVIII. Foi refutado, todavia, pela Escola Positivista que acredita apenas na concretude das leis positivadas.

Não se pode negar, contudo, que ambas as correntes coexistem, uma vez que os princípios do Direito Natural são inspiradores à criação e aperfeiçoamento do Direito Positivo. Vale dizer, o Direito Positivo deve buscar no Direito Natural a ideia que se faz sobre o ordenamento jurídico ideal, e transformá-la em direito posto. Daí porque não é correto colocar as duas ideias como opostas. Não são.

De outro lado, registre-se que são as normas positivas que possuem força de coerção sobre os atos da sociedade. Assim se entende porque também não é eficiente a existência do Direito Natural sem o Direito Positivo, uma vez que aquele depende deste para que suas ideias ganhem força coercitiva.

2. A LEI DE INTRODUÇÃO ÀS NORMAS DO DIREITO BRASILEIRO

2.1. Generalidades

Nomenclatura e finalidade da LINDB. Considera-se a lei a principal fonte do Direito pois a norma escrita, emanada do Estado, garante maior segurança às relações jurídicas.

A Lei de Introdução às Normas do Direito Brasileiro – LINDB (Decreto-Lei 4.657, de 04.09.1942), que até recentemente apelidava-se *Lei de Introdução ao Código Civil* – LICC (alteração operada por meio da Lei 12.376, de 30.12.2010) tem, pois, a importante tarefa de regular a aplicação e interpretação, no tempo e no espaço, das leis de todo o ordenamento jurídico brasileiro.[13] Pode-se dizer, destarte, que enquanto as demais leis têm o comportamento humano como objeto principal, o da Lei de Introdução é a própria lei. É uma lei que regulamenta a lei.

---

13. Erik Frederico Gramstrup, coautor, *Comentários à Lei de Introdução às Normas do Direito Brasileiro - LINDB*, São Paulo: Saraiva, 2016, p. 13.

Essa alteração legislativa, que alterou a ementa do antigo Decreto-Lei 4.657/1942, teve a bondade de corrigir o nome da Lei de Introdução, bem demonstrando a sua vocação de ser uma *lei sobre leis*, e não uma lei sobre o Código Civil (art. 2º da Lei 12.376/2010) ou a ele vinculada.

Entretanto, o art. 1º da Lei 12.376/2010 é absolutamente inútil, na medida em que determina que o ato normativo "altera a ementa do Decreto-Lei 4.657, de 4 de setembro de 1942, *ampliando o seu campo de aplicação*". É óbvio que não foi a partir de 2010 que o operador do direito passou a aplicar a Lei de Introdução às outras áreas do direito.

Perceba-se, assim, que a Lei de Introdução nada *introduz*, e muito menos faz parte do Código Civil. Considera-se, por razões históricas, *lei anexa* ao Código Civil, conservando, a despeito disso, completa autonomia.

Normas de introdução no direito comparado. Outros países seguiram caminho diferente, é dizer, as *normas de introdução* aparecem no corpo dos próprios Códigos Civis. Assim fizeram Portugal (arts. 1º a 65, do Código Civil) e França (arts. 1º a 6º). A Argentina, em seu recente *Código Civil y Comercial* (promulgado pela Lei 26.994 de 7 de outubro de 2014), adotou o mesmo sistema, por meio de seu título preliminar (Capítulo 1, dedicado ao *Derecho* – arts. 1º a 3º e Capítulo 2, referente à *Ley* – arts. 4º a 8º). Importante observar que também nesses países, a aplicação de sua lei introdutória extravasa o âmbito do direito civil. Ricardo Luis Lorenzetti cita, em seus comentários, julgado da Corte Suprema argentina, ainda sobre o Diploma anterior, exatamente neste sentido: "...*la regla de interpretación prevista en el artículo 16 [del Código Civil derogado] excede los límites del Derecho Privado, puesto que los trasciene y se proyecta como un principio general vigente en todo el orden jurídico interno*."[14] Partindo-se do pressuposto de que os efeitos de uma lei introdutória se irradiam para todo o ordenamento, mais preciso que se adote um modelo como o nosso. Aqueles países assim fazem por tradição, considerado um tempo em que o Código Civil era o diploma central do sistema jurídico positivo. Até por isto, também, ideal que se tenha, para tal mister, uma lei autônoma em relação ao Código Civil.

Âmbito de aplicação e objeto da LINDB. Apesar de acompanhar o Código Civil, a LINDB traz regras que se aplicam a todos os ramos do Direito, exceto, é claro, quando a norma específica fizer previsão de forma diversa. A título de exemplo, pode-se citar a utilização da analogia para os casos omissos, nos moldes do artigo 4º da LINDB, porém vedada no Direito Penal (permitida, somente, se *in bonam partem*). Refira-se, por ter tratamento especial, o Direito Tributário, que admite o uso da analogia como método hermenêutico, mas desde que isso não resulte na exigência de tributo não previsto em lei (art. 108, § 1º).

Conforme ressaltado, a LINDB funciona como um verdadeiro *Código de Normas*, pois seus dizeres servem de baliza para aplicação de dispositivos de todos os ramos do Direito.

---

14. *Código Civil y Comercial de La Nación Comentado*, Tomo I, Buenos Aires: Rubinzal-Culzoni Editores, 2014, p. 25.

I – TEORIA GERAL DO DIREITO E LEI DE INTRODUÇÃO ÀS NORMAS DO DIREITO BRASILEIRO

Nesse sentido, a LINDB regula a vigência e a eficácia das normas jurídicas; a sua aplicação no tempo e no espaço; fornece mecanismos para integração das normas quando houver lacunas; regulamenta, ainda, outros elementos que são essenciais para a segurança e regular funcionamento do ordenamento jurídico. Assim encarada, é correto afirmar que a Lei de Introdução é um instrumento de *estabilização* do direito positivo, servindo ainda de garantia para que ele seja *suficiente* e *eficiente*.

2.2. Classificação das leis

Há ponto, dentro da Teoria Geral do Direito, que interessa de perto o estudo da LINDB. Trata-se da classificação da lei, segundo diversos critérios – que são mais didáticos do que científicos – facilitando a compreensão de como opera a Lei Introdutória.

São os seguintes critérios: *imperatividade, natureza, autorizamento, competência, alcance* e quanto à *hierarquia*.

2.2.1. Quanto à imperatividade

Nesse sentido, quanto à *imperatividade*, as leis podem ser *cogentes*, também chamadas de normas de ordem pública, quando devem ser obedecidas de forma absoluta, sem que os particulares interessados tenham qualquer liberdade para derrogá-la. As partes envolvidas, assim, não podem afastar a sua incidência por meio de declaração de vontade. A título de exemplo, cite-se o art. 1.521 do Código Civil. O dispositivo elenca as pessoas que não podem contrair matrimônio, escrevendo que "*não podem casar*".[15] Também são normas de caráter cogente as que regulam o Direito das Sucessões e os Direitos Reais. Nesses campos, pouca liberdade há para os envolvidos, que de resto deverão simplesmente se submeter aos ditames legais.

As normas cogentes se dividem, ainda, em *mandamentais* (quando determinam a prática de certa conduta) ou *proibitivas* (quando impõem uma abstenção).

De outro lado estão as normas *não cogentes*, ou *dispositivas*. Estas, a seu turno, não impõem ou proíbem, de forma absoluta, determinada conduta. Trata-se de *imperatividade relativa*, uma vez que as normas não cogentes apenas permitem uma ação ou abstenção (*norma não cogente permissiva*) ou, então, suprem uma declaração de vontade não manifestada (*norma não cogente supletiva*). Nesses casos, é dado ao particular afastar sua incidência ou o seu modo de operar.

---

15. Anote-se, desde já, que são os chamados *impedimentos para o matrimônio*, e passo a transcrevê-los porque basta neles passar os olhos para se constatar que a vontade não poderia mesmo modificá-los. "Art. 1.521. *Não podem casar: I – os ascendentes com os descendentes, seja o parentesco natural ou civil; II – os afins em linha reta; III – o adotante com quem foi cônjuge do adotado e o adotado com quem o foi do adotante; IV – os irmãos, unilaterais ou bilaterais, e demais colaterais, até o terceiro grau inclusive; V – o adotado com o filho do adotante; VI – as pessoas casadas; VII – o cônjuge sobrevivente com o condenado por homicídio ou tentativa de homicídio contra o seu consorte.*"

É exemplo – de norma não cogente permissiva – a liberdade dos nubentes em optarem pelo regime de bens que melhor lhes aprouver (art. 1.639). As normas supletivas, a seu turno, funcionam quando nada é dito a respeito de certo ponto. Operam, dessa forma, em face da omissão do particular. Normalmente vêm redigidas usando as expressões "*salvo estipulação em contrário*", "*salvo se convencionado de forma diversa*" etc. Para ficar dentro do Direito Matrimonial, veja-se a dicção do *caput* do art. 1.640: "*Não havendo convenção, ou sendo ela nula ou ineficaz, vigorará, quanto aos bens entre os cônjuges, o regime da comunhão parcial.*" Retira-se, portanto, que aos nubentes é facultado escolher, normalmente, o regime matrimonial que guiará o casamento (norma não cogente). Se, entretanto, nada restar estipulado entre os noivos, o regime do enlace será o da comunhão parcial, incidindo o mencionado art. 1.640 (norma suplementar).

2.2.2. Quanto à natureza

Quanto a sua *natureza*, as leis podem ser *substantivas* ou *adjetivas*. A primeira é rótulo dado à norma que estabelece direitos e deveres. São também chamadas de normas *materiais*, vez que tratam de direito material, substancial.

Normas adjetivas, por sua vez, são as que cuidam do direito processual. Também chamadas de leis *formais* ou *processuais*, as leis adjetivas são aquelas que determinam os meios, os mecanismos, os procedimentos para a concretização dos direitos subjetivos previstos nas leis substantivas. Acabam por estabelecer, essencialmente, ônus e posturas de comportamento nos campos procedimentais.

2.2.3. Quanto ao autorizamento

Outro enfoque é o que se refere à *intensidade da sanção a ser aplicada*, de acordo com a abrangência dos efeitos da transgressão. Nesse sentido, quanto ao *autorizamento*, as leis podem ser *mais que perfeitas, perfeitas, menos que perfeitas* ou, ainda, *imperfeitas*.

As leis *mais que perfeitas* são as que, caso violadas, autorizam a aplicação de duas sanções: a nulidade do ato praticado ou que se restabeleça a situação anterior ao ato e, ainda, a aplicação de uma sanção àquele que transgrediu. Como exemplo, temos o art. 1.521, inciso VI, do Código Civil, que proíbe o casamento de pessoas já casadas, sob pena de nulidade do ato, combinado com o art. 235 (e, ainda, arts. 236 e 237) do Código Penal, que impõe sanção àquele que pratique a bigamia. Nesse exemplo, são aplicadas duas sanções, uma no âmbito do Direito Civil, e outra no âmbito do Direito Penal.

Já as leis denominadas *perfeitas* são aquelas que, caso violadas, dão ensejo a nulidade ou anulação do ato, mas não determinam qualquer forma de sanção ao transgressor. É o caso da regra trazida pelo artigo 1.730 do Código Civil, que deter-

I – TEORIA GERAL DO DIREITO E LEI DE INTRODUÇÃO ÀS NORMAS DO DIREITO BRASILEIRO

mina ser *"nula a nomeação de tutor pelo pai ou pela mãe que, ao tempo de sua morte, não tinha o poder familiar"*.

Normas *menos que perfeitas* são as que, caso violadas, autorizam aplicação de pena ao violador, mas não acarretam a nulidade ou anulação do ato contrário à sua disposição. Um exemplo de norma *menos que perfeita* é a contida no art. 1.641, I, do Código Civil, que determina ser *obrigatório o regime da separação de bens no casamento das pessoas que o contraírem com inobservância das causas suspensivas da celebração do casamento*. Embora presente uma obrigação legal, se for desatendida não haverá qualquer sanção ao seu transgressor.

E, finalmente, as normas *imperfeitas*, aquelas cuja violação não dá ensejo a qualquer consequência jurídica. Segundo Maria Helena Diniz, são normas *sui generis*, pois não são propriamente normas, vez que são consideradas autorizantes. Fornece, à título de exemplo, as dívidas de jogo, dívidas prescritas e os juros não convencionados.[16]

2.2.4. Quanto à competência

Sob essa luz, as leis podem ser *federais*, que são aquelas de competência da União Federal e que incidem sobre todo território nacional ou a parte dele quando a lei se destinar a uma específica região; *estaduais*, que se aplicam à circunscrição do Estado-membro que a editou, ou à parte dele, se a lei assim dispuser; e as *municipais*, editadas pelos Municípios para aplicação nos seus limites territoriais.

Vale ressaltar que normas federais são aprovadas pelo Congresso Nacional, normas estaduais por suas respectivas Assembleias Legislativas, e as leis municipais são editadas pelas Câmaras Municipais.

2.2.5. Quanto ao alcance

Em razão deste critério, as leis são classificadas em *gerais*, quando se aplicam a todo um sistema jurídico, ou *especiais*, se destinadas a regular situações jurídicas específicas e peculiares como, por exemplo, as relações de consumo. No universo do *direito privado*, são leis especiais, ainda, e exemplificativamente, a Lei 8.245/1991 (Lei de Locações), a Consolidação das Leis do Trabalho – CLT, a que institui o *Bem de Família* etc.

2.2.6. Quanto à hierarquia

O último rótulo se refere ao aspecto hierárquico das leis. Dessa forma, sob esse enfoque, as leis se dividem em *constitucionais, complementares, ordinárias, delegadas e medidas provisórias*.

---

16. *Curso de Direito Civil Brasileiro - Teoria Geral do Direito Civil*, v. 1, 33ª ed., São Paulo: Saraiva, 2016, p. 52.

Leis constitucionais são as constantes na Constituição Federal. São as mais importantes de todo ordenamento, uma vez que todas as demais leis devem obedecer aos seus preceitos. Além disso, não se pode esquecer que são as leis constitucionais que tutelam os direitos e garantias fundamentais do homem (art. 5º). Dito isso, fica claro que as leis constitucionais são as de maior hierarquia, localizando-se, destarte, acima de todas as demais.

As chamadas leis *complementares* tratam de matérias especiais como a regulamentação de textos constitucionais e que, portanto, não podem ser objeto de leis ordinárias. Além disso, leis complementares exigem *quorum* especial, conforme determina o art. 69 da Constituição Federal (maioria absoluta).

Leis *ordinárias* são elaboradas pelo Poder Legislativo. São discutidas e aprovadas pelo Congresso Nacional e passam, posteriormente, pela sanção e promulgação do Presidente da República.

As leis *delegadas* estão na mesma posição hierárquica que as ordinárias, porém delas se diferenciam no porquanto a sua elaboração inicia-se com o Presidente da República e deve, para que seja aprovada, passar pela autorização do Congresso Nacional. Ou seja, a iniciativa é do Poder Executivo, mas a aprovação e feita pelo Poder Legislativo.

Existem, ainda, as *medidas provisórias*, com a mesma estatura hierárquica das leis ordinárias e delegadas. Todavia, medidas provisórias não são propriamente leis (em sentido estrito), vez que são editadas pelo Poder Executivo, no exercício de função normativa (art. 84, inciso XXVI, da Constituição Federal).

2.3. Vigência da lei

Conceito. Vigência é o lapso de tempo em que uma lei terá validade. Vale dizer, a vigência de uma lei determina a época em que ela produzirá concretamente seus efeitos, por tornar-se obrigatória.

Início da vigência e *vacatio legis*. De acordo com a LINDB, em seu art. 1º, a lei começa a ter vigência 45 dias após sua publicação oficial, salvo se o próprio texto da lei dispuser de forma diversa (normalmente usando a fórmula *"esta lei entra em vigor em..."*). Vale ressaltar que esse período de 45 dias não se aplica aos decretos e regulamentos, uma vez que estes passam a ser obrigatórios a partir da publicação oficial, salvo se dispuserem em contrário.

Esse período, que vai da publicação oficial até a entrada em vigor da lei, denominado *vacatio legis*, é considerado um tempo razoável e necessário para que os destinatários da lei tomem conhecimento de sua existência e de seu alcance, preparando-se para os seus efeitos.[17]

---

17. Aliás, o art. 8º da Lei Complementar 95/1998 assim dispõe: *"A vigência da lei será indicada de forma expressa e de modo a contemplar prazo razoável para que dela se tenha amplo conhecimento, reservada a cláusula 'entra em vigor na data da sua publicação' para as leis de pequena repercussão."*

I – TEORIA GERAL DO DIREITO E LEI DE INTRODUÇÃO ÀS NORMAS DO DIREITO BRASILEIRO

O que se tem, então, é que no silêncio do legislador, a lei entrará em vigor, no território nacional, 45 dias após sua publicação (em território estrangeiro, como abaixo referido, após 3 meses). A regra é, assim, supletiva. Se aos olhos do legislador parecer recomendável, poderá ser incluída no texto legal *cláusula de vigência,* e esta providência fará modificar a dinâmica geral de obrigatoriedade. A cláusula de vigência poderá instituir *obrigatoriedade* (vigência) *imediata (...esta lei entra em vigor na data da sua publicação)* ou aumentar ou diminuir o prazo de vacância (*cláusula de vigência modificativa*), a depender da complexidade/simplicidade da lei, considerando-se tempo razoável para que o seu destinatário possa se preparar para os seus efeitos (como aconteceu com o próprio Código Civil que, em seu art. 2.044, determinou que entraria em vigor um ano após sua publicação – cláusula *ampliativa* da *vacatio*, portanto). Não há impedimento, igualmente, para que seja fixado prazo de vacância menor do que os regulares 45 dias.

Vigência e critério do prazo único. Com relação ao critério para a estipulação desse intervalo, o adotado foi o do *prazo único*, tendo em vista que a lei entra em vigor na mesma data em todo o país. É o que Maria Helena Diniz chama de *princípio da vigência sincrônica*.[18] Contrapõe-se ao critério do *prazo progressivo*, adotado pela Lei de Introdução anterior. De acordo com este antigo sistema, a lei entrava em vigor em datas diferentes, variando a *vacatio legis* de acordo com a distância dos Estados em relação ao Distrito Federal.[19] Considerando-se o avanço das tecnologias, o que acabou por resultar em extrema rapidez, a adoção do sistema progressivo perdeu sentido.

***Vacatio legis* e produção de efeitos no exterior.** § 1º do mencionado art. 1º da LINDB determina que nos casos em que uma lei for admitida no exterior, a *vacatio legis* será de 3 meses após sua publicação oficial.[20]

***Vacatio legis* e correção posterior de texto.** Caso durante o período de *vacatio legis* seja necessária correção ao texto legal, o prazo para início de sua vigência será contado a partir de nova publicação. Se, contudo, a correção ao texto da lei for feita após a entrada de sua vigência, o texto corrigido ou emendado será considerado lei nova.

Forma de contagem do prazo. A contagem do prazo para o início da obrigatoriedade da lei far-se-á incluindo-se a data da publicação e o último dia, e entrará em vigor no dia subsequente à sua consumação integral (art. 8º, § 1º, da LC 95/1998, de acordo com a redação dada pela LC 107/2001).

---

18. *Lei de Introdução às Normas do Direito Brasileiro Interpretada*, 19ª ed., São Paulo: Saraiva, 2017, p. 72.
19. O art. 2º da, à época, "Introdução" (*introdução* mesmo porque as normas estavam situadas *dentro* do CC/16, em 21 artigos) ao Código Civil de 1916 determinava que "*a obrigatoriedade das leis, quando não fixem outro prazo, começará no Distrito Federal três dias depois de oficialmente publicadas, quinze dias no Estado do Rio de Janeiro, trinta dias nos Estados marítimos e no de Minas Gerais, cem dias nos outros, compreendidas as circunscrições não constituídas em Estados*". Daí falar-se em *prazos progressivos.*
20. No regime original do CC/1916, esse prazo era de 4 meses: "*Nos países estrangeiros a obrigatoriedade começará quatro meses depois de oficialmente publicadas na Capital Federal.*" (art. 2º, parágrafo único da Introdução ao Código Civil de 1916 em sua redação original).

Veto parcial ao texto legal. Em caso de veto parcial ao texto da lei, a parte não vetada será publicada normalmente. Já a parte vetada será publicada posteriormente, caso seja rejeitada a recusa a sua sanção.

2.4. Revogação da lei

Obrigatoriedade da lei e princípio da continuidade. A obrigatoriedade de uma lei termina com o termo de seu prazo de validade ou com sua revogação por outra lei (art. 2º da LINDB). A sua tendência é continuar permanentemente válida, apenas tendo essa constância interrompida em caso de revogação por outra lei. Daí porque se diz que a lei tem caráter *permanente*. É o chamado *princípio da continuidade*.

Perceba-se que da forma como está redigido o art. 2º, pode-se concluir, equivocadamente, que o comum é a elaboração das leis com prazo determinado de existência (lei *temporária* ou lei *ad tempus*), o que, na prática, não costuma acontecer. Em geral, as normas perduram até a sua ulterior revogação.

Acrescente-se, também, que de acordo com a continuidade das leis, nem a jurisprudência, os decretos, ou portarias, têm força para revogar uma lei. Apenas uma lei tem força para revogar outra. O mesmo se diga dos *costumes* (*contra legem*) que, em nosso direito, também não servem para revogar lei

O efeito da revogação é retirar, da lei, sua obrigatoriedade, tornando-a ineficaz, uma vez que não mais produz concretamente seus efeitos.

Espécies de revogação. Quanto à extensão, a revogação pode ser *total* (ou *ab-rogação*) ou *parcial* (também chamada de *derrogação*).

Na hipótese de derrogação, a revogação atinge apenas uma parte da norma, permanecendo a validade e vigência do restante.

Importante ressaltar, também, que uma lei apenas poderá ser revogada pela mesma fonte que a ela deu origem, ou a ela superior. Por exemplo, uma norma constitucional apenas pode ser revogada por meio de Emenda Constitucional (pois ambas possuem a mesma natureza, a mesma fonte). Por outro lado, um decreto pode ser alterado por uma lei (porque esta tem hierarquia superior àquele).

Quanto à forma da revogação, poderá ser *expressa*, quando a lei declara de forma inequívoca o ato, ou *tácita*, quando tal não ocorre. A revogação tácita pode ocorrer porque *o novo texto é incompatível com o antigo*. Nesse caso, a incompatibilidade pode ser *integral* (revogando completamente a lei), ou apenas em relação a uma parte do texto (revogando-a parcialmente), tudo nos termos do art. 2º, § 1º, da LINDB. Ou, ainda, porque a lei nova *regula inteiramente* a lei antiga (art. 2º, §1º, *in fine*, da LINDB). Isso acontece precisamente porque o diploma posterior cuidou, em todos os aspectos, da matéria versada no ato anterior, de maneira que perde a razão de ser a lei antiga.

É intuitivo que a revogação expressa é muito mais segura uma vez que evita dúvidas e interpretações distorcidas em relação à real intenção do legislador.

Repristinação. Ainda dentro do tema, é de se dizer que nosso sistema não contempla o fenômeno da *repristinação automática,* que consiste na restauração da lei revogada, pelo fato de ter a lei revogadora perdido sua vigência. É o que preceitua o § 3º do art. 2º da LINDB. O fenômeno repristinatório apenas poderá ocorrer caso haja pronunciamento expresso do legislador nesse sentido. Dessa forma, não há que se falar em restauração automática da lei revogada. É o que decorre diretamente da dicção da lei: *"Salvo disposição em contrário, a lei revogada não se restaura por ter a lei revogadora perdido a vigência."*

A regra, diga-se, é sábia. Imagine uma lei criada em 1930, para regular certo assunto. Essa lei imaginária foi revogada em 1990. Em 2018, a lei de 1990 foi revogada por outra, que cuidou da mesma matéria. Existisse entre nós repristinação automática e em pleno 2018 teríamos uma lei de 1930 em vigor. É, pois, simples: se o legislador nada disser, não há repristinação. Se assim quiser que aconteça, fará constar expressamente do novo texto legal (por exemplo *"volta a viger a Lei n.... com a revogação da Lei n..."*).

Lei temporária. Com se disse anteriormente, a regra é a perpetuidade da lei. Esta, todavia, será excepcionalmente temporária nos seguintes casos:

a) advento de *termo* fixado para sua duração. São leis que, por sua natureza ou por expressa disposição, são elaboradas para viger apenas durante determinado período. Como exemplo, podemos citar as disposições transitórias;

b) implemento de *condição resolutiva*. Hipótese em que a lei tem sua vigência vinculada a uma determinada situação. Por exemplo, uma lei é elaborada para viger durante o período de guerra. A lei perderá sua vigência, portanto, com o término da guerra que é, nesse nosso exemplo, a condição resolutiva; e

c) consecução de seus *fins*. Algumas leis são elaboradas para atingir um determinado fim. Quando alcançado o objetivo da lei, esta perde sua razão de existir, tornando-se sem efeito. Ocorre a chamada *caducidade* da lei, pelo advento de uma circunstância por ela própria prevista.

Inconstitucionalidade de lei. É de se ressaltar que ocorrerá a caducidade (perda da eficácia) de uma lei quando houver a decretação de sua inconstitucionalidade pelo STF cabendo, em seguida, ao Senado Federal a *suspensão* de sua execução (art. 52, inciso X, da CF). Note-se, entretanto, que não se trata de *revogação*, visto que em nosso sistema somente *lei* revoga *lei* (costume e jurisprudência não tem este poder).

2.5. As antinomias

Conceito. Antinomia é o conflito entre duas normas, dois princípios, ou o conflito entre uma norma e um princípio geral de direito[21], suscitando dúvidas acerca de qual regra deva ser aplicada ao caso concreto.

---

21. Eu parto do pressuposto, o que reflete em meus pensamentos em todos os volumes deste "Manual", que os princípios tem força e eficácia normativa, dai a possibilidade de conflitar com dispositivo expresso.

Classificação. Antinomias podem ser classificadas quanto ao *critério de solução*, quanto ao seu *conteúdo*, quanto ao *âmbito* ou, ainda, quanto à *extensão da contradição*.

Quanto ao *critério de solução*, as antinomias podem ser *aparentes*, quando há no ordenamento jurídico critérios para sua solução, ou podem ser *reais*, quando não houver no ordenamento qualquer solução para o conflito. Nesses casos, faz-se necessária a eliminação de tal norma, para que seja substituída por outra. Diz-se existir antinomia real quando há incompatibilidade entre normas ou princípios que regulem um mesmo caso, gerando dúvidas sobre a sua correta aplicação. Somente será real se, mesmo após a correta interpretação das normas, ainda não for possível determinar qual delas deverá incidir sobre o caso concreto.

Quanto ao *conteúdo*, a antinomia pode ser *própria*, quando uma conduta é prevista, ao mesmo tempo, como permitida e proibida, ou como prescrita e não prescrita. Ou pode, ainda, ser *imprópria*, em virtude do conteúdo material das normas como, por exemplo, no caso de duas normas que protegem valores opostos como a liberdade e a segurança.

Com relação ao *âmbito*, as antinomias podem ser de *direito interno*, quando o conflito ocorre entre normas (de um mesmo ramo do direito ou entre normas de diferentes ramos jurídicos) de um mesmo Estado. Por outro lado, será a antinomia de *direito internacional* quando ocorrer entre convenções internacionais, normas criadas pelas Organizações Internacionais, atos unilaterais, direitos reconhecidos pelas Nações civilizadas etc. A antinomia pode, ainda, ser de *direito interno-internacional*, quando o conflito existir entre uma norma de direito interno e uma norma de direito internacional.

Quanto à *extensão da contradição*, a antinomia pode ser *total-total; total-parcial* ou *parcial-parcial*.

Ocorre antinomia total-total quando uma norma não puder ser aplicada, em qualquer circunstância, sem que isso implique conflito com outra.

Já a antinomia total-parcial surge nos casos em que uma das normas não puder ser aplicada, em qualquer circunstância, sem que entre em conflito com outra, que possui aplicação diversa à anterior apenas em parte.

Finalmente, a antinomia poderá ser parcial-parcial, quando ambas as normas possuírem o mesmo campo de aplicação que entra em conflito com apenas parte da norma.

Critério para a solução do conflito. Para solucionar as antinomias aparentes de direito interno, a ordem jurídica oferece critérios como o *hierárquico*, que se baseia na superioridade de uma fonte de produção jurídica sobre a outra; o *cronológico*, que determina que a lei posterior aplica-se no lugar da anterior, revogando-a; e, ainda, o critério de *especialidade*, segundo o qual lei especial incide em detrimento da lei geral. Este último critério, portanto, leva em conta a matéria constante na norma.

I – TEORIA GERAL DO DIREITO E LEI DE INTRODUÇÃO ÀS NORMAS DO DIREITO BRASILEIRO

Interessante é a observação feita por Maria Helena Diniz no sentido de que se um desses critérios for aplicado, mostrando-se suficiente para a solução da antinomia, estar-se-á diante de uma antinomia aparente e não real. É que se for possível encontrar a solução de uma antinomia, conclui-se que ela não era real[22].

Antinomia de segundo grau. Haverá o que se pode denominar de *antinomia de segundo grau* quando o conflito existir entre os critérios:

1) Hierárquico e cronológico, cuja solução é desconsiderar o critério cronológico se a lei nova possuir hierarquia inferior à que lhe veio antes;

2) Especialidade e o cronológico e, como solução, em regra, o primeiro critério prevalece sobre o segundo. De qualquer forma, tal regra não é absoluta. Dependendo das circunstâncias, a supremacia de uma sobre a outra pode variar;

3) Hierárquico e especialidade. Ou seja, quando existir uma norma de hierarquia inferior, porém especial, ou uma norma de hierarquia superior, porém geral. Nessa hipótese, não é possível se estabelecer uma regra. Ambos os critérios são igualmente relevantes.

Nos casos em que faltar solução para a antinomia de segundo grau (tal como, por exemplo, nos casos do conflito previsto no item 3, acima), o operador do direito tem que se valer do *princípio supremo da justiça*, segundo o qual, entre duas normas incompatíveis, a norma mais justa deverá ser escolhida.

2.6. Integração da lei

2.6.1. Compreensão do tema

Necessidade de mecanismos para a integração do sistema jurídico. O Direito deve ser dinâmico, acompanhando a evolução da sociedade. Dessa forma, em um curto espaço de tempo, surgem em nossa sociedade novos conflitos e novas formas de relações jurídicas. Mudanças tais como as acarretadas por novas tecnologias, avanços da ciência e medicina, formam, a cada dia, quadros jurídicos completamente distintos dos pintados antes. É a sociedade da informação e da rápida transformação.

Por conta dessas novidades e alterações repentinas, compreende-se por que não é possível ao legislador prever todas as situações que deveriam ou poderiam ser reguladas pelo ordenamento jurídico. Não lhe é possível, de antemão, vislumbrar todas as possibilidades de acontecimentos da vida social, de modo a regulamentá-las exaustiva e previamente. Em outras palavras, é possível que não exista na lei uma solução para determinado caso concreto. É o que se chama de *lacuna legislativa*: falta regra de direito positivo para a solução de certo caso concreto.

Vedação ao *non liquet* e mecanismos de preenchimento do ordenamento. Por outro lado, mesmo nesses casos de *lacuna* ou *omissão* da lei, o juiz não pode *decidir*

---

22. Curso de Direito Civil, vol. 1, 23ª ed., São Paulo: Saraiva, 2006, p. 89.

não decidir. E isso mesmo sob o argumento de *que não há lei para o caso concreto. O caput* do art. 140 do CPC dispõe que "*o juiz não se exime de decidir sob a alegação de lacuna ou obscuridade do ordenamento jurídico*". O art. 126 do revogado CPC continha a mesma regra mas, em seu corpo já fazia referência aos métodos de integração.[23] Complementa a ideia o quanto determinado pelo art. 4º da LINDB: "*Quando a lei for omissa, o juiz decidirá o caso de acordo com a analogia, os costumes e os princípios gerais de direito.*"

O que se tem, portanto, são três constatações: (**i**) *haverá, sempre, lacunas legais;* (**ii**) *ainda nestes casos, o juiz não se exime de decidir;* (**iii**) *socorrer-se-á, então, da analogia, dos costumes e dos princípios gerais de direito.*

Destarte, verificamos que o próprio sistema jurídico traz a solução para suprir os vazios legislativos. A chamada *integração das normas jurídicas* é justamente esse preenchimento de lacunas por intermédio de recursos oferecidos pela ordem jurídica.

Há quem diga que as lacunas existem em todos os sistemas jurídicos, devido à impossibilidade de se prever todos os fatos da vida, e há quem diga, de outro jeito, que esses vazios não existem, pois o ordenamento é pleno e, portanto, sem imperfeições.

O que é certo é que *a lei pode ter lacunas*, mas *não o sistema jurídico*, uma vez que os casos levados à apreciação do Judiciário não podem ficar sem solução. Diz-se, por esse motivo, que a *analogia*, os *costumes* e os *princípios gerais do direito* representam a exteriorização da plenitude do sistema jurídico. Eles demonstram e comprovam que a ordem jurídica prevê mecanismos de suprir os vazios da lei, aperfeiçoando-a e tornando viável a aplicação do direito.

Regras de experiência e o preenchimento de lacunas. O art. 375 do Código de Processo Civil assim está redigido: "*O juiz aplicará as regras de experiência comum subministradas pela observação do que ordinariamente acontece e, ainda, as regras de experiência técnica, ressalvado, quanto a estas, o exame pericial.*" A pergunta que se coloca é a seguinte: estaria o dispositivo tratando da mesma matéria, isto é, *mecanismos para preenchimento de lacunas?* Em primeiro lugar, anoto que o dispositivo processual regulamenta *prova,* e está inserido na seção que cuida das disposições gerais. Em segundo, *regras de experiência* que decorrem da observação do que *ordinariamente acontece* não se apresentam como espécie de costume, mas sim daquilo que o julgador conhece em razão da *sua* própria vivência como juiz e como ser humano. Não há qualquer confusão. Regra de experiência implica em uma dedução que se extrai do fato provado. Há a prova de um fato, que é secundário, mas que permite concluir, pela experiência do que de comum acontece, que o fato principal aconteceu (o fato principal *deve ter ocorrido*). A lição é de José Miguel Garcia Medina, que afirma ainda, tratar-se de presunção *hominis*.[24-25] Uma coisa, portanto, são os mecanismos

---

23. Era esta a redação do dispositivo mencionado, que transcrevo em virtude da sua importância para a compreensão do tema: "*o juiz não se exime de sentenciar ou despachar alegando lacuna ou obscuridade da lei. No julgamento da lide caber-lhe-á aplicar as normas legais; não as havendo, recorrerá à analogia, aos costumes e aos princípios gerais do direito.*"
24. *Direito processual civil moderno*, 2ª ed., São Paulo: Revista dos Tribunais, 2016, p. 668.
25. Explica o autor, citando Sérgio Covello, e aqui registo em razão da sua clareza: "Além das presunções legalmente estabelecidas, o sistema prevê as presunções oriundas do conhecimento do homem de padrão médio, aquelas que são formadas pela experiência e observação dos casos vivenciados no dia a dia. (...) São

I – TEORIA GERAL DO DIREITO E LEI DE INTRODUÇÃO ÀS NORMAS DO DIREITO BRASILEIRO

de preenchimentos de lacunas legais (aplicáveis para preencher o direito positivo) e outra, muito diferente, é a possibilidade de utilizar o magistrado das máximas de experiência (para suprir, se assim permitido, eventual carência probatória).

Hierarquia para utilização dos mecanismos de integração. Anoto, preliminarmente, que o uso dos instrumentos previstos no art. 4º da LINDB – analogia, costumes e princípios gerais de direito – acontece de maneira *progressiva* e *prejudicial*, isto é, prioriza-se o emprego da analogia; se esta falhar, tenta-se o costume; se ambos não resolverem, parte-se para o uso dos princípios. Daí porque Maria Helena Diniz afirma que *quando a analogia e o costume falham no preenchimento da lacuna, o magistrado supre a deficiência da ordem jurídica, adotando princípios gerais de direito.*[26]

2.6.2. Analogia

A *analogia* consiste em aplicar a uma hipótese fática não abordada pela lei, dispositivo legal que trate de situação semelhante àquela.

Autoriza-se o uso da analogia se presentes três requisitos:

i) inexistência de dispositivo legal disciplinando o caso concreto (*efetiva omissão* do direito positivo);

ii) semelhança entre as situações (contemplada e a não contemplada em lei); e

iii) identidade de fundamentos lógicos e jurídicos comum às situações; é este requisito a essência do argumento a pari ratione, posto demandar *normas semelhantes* quando houver *identidade de razões.*[27]

Como ressaltei, há hierarquia para a utilização dos mecanismos de integração. Destarte, não há que se falar em aplicação dos costumes ou dos princípios gerais de direito quando for possível a aplicação de analogia. Se possível for, é de rigor usá-la.

Há que se ressaltar a distinção entre *analogia legal* e *analogia jurídica*. Nesta, busca-se, a partir de um conjunto de normas, elementos que possam ser aplicados ao caso, em juízo. Aquela, a seu turno, consiste em aplicar uma norma existente a um caso semelhante, porém, não disciplinado por lei.

Também não se pode confundir a analogia com a *interpretação extensiva*, que é a aplicação *ampliativa* de uma norma de modo a abarcar situações não previstas em lei.

No âmbito do Direito Civil, a utilização da analogia é vedada nos negócios jurídicos benéficos e nos casos de renúncia, vez que estes devem ser interpretados restritivamente (art. 114). Também não se utiliza analogia no âmbito do contrato

---

as presunções *hominis*. A presunção *hominis* somente pode ser utilizada perante o caso concreto em que é suscitada e depende da existência e comprovação do substrato fático que a torna cogitáveis no processo. Por este motivo, a presunção comum ou *hominis* 'emerge do caso concreto e só a este se aplica'". (Ob. cit., p. 668).

26. *Curso de Direito Civil Brasileiro*, vol. 1, 33ª ed., São Paulo: Saraiva, 2016, p. 94.

27. Erik Frederico Gramstrup, *ob. cit.*, p. 48.

de fiança (art. 819) e no de transação (já que esta importará, sempre, em renúncia parcial), nos termos do art. 842.

2.6.3. Costume

O segundo mecanismo de integração da lei é o costume, que é também fonte em nosso sistema jurídico. Em relação a lei, todavia, o costume é *fonte secundária*, posto que apenas poderá ser utilizado quando a analogia não for viável.

O costume é composto pela *prática reiterada, constante* e *uniforme* de um determinado comportamento, e que recebe *convicção acerca de sua obrigatoriedade*, com o passar do tempo. Aí estão delineadas as suas características:

(i) constância,

(ii) uniformidade e

(iii) crença social na obrigatoriedade da conduta (elemento subjetivo).

Difere-se da lei, portanto, já que o costume é consuetudinário (não escrito) e sua origem é imprevisível, sem que haja processo legislativo para sua existência.

É fundamental que toda sociedade tenha conhecimento acerca do costume e convicção de sua obrigatoriedade. Contudo, apenas recebe o *status* de *jurídico* o costume reconhecido e aplicado pelas autoridades judiciárias, de forma obrigatória (teoria da *confirmação jurisprudencial*).

Por fim, o costume pode ser *secundum legem*, *praeter legem* e *contra legem*.

Costume *secundum legem*. O primeiro é o costume cuja aplicação se encontra prevista expressamente em lei. Como exemplo, cite-se o art. 596, do Código Civil, tratando do contrato de prestação de serviço, assim redigido: "*Não se tendo estipulado, nem chegado a acordo as partes, fixar-se-á por arbitramento a retribuição, segundo o costume do lugar, o tempo de serviço e sua qualidade.*" O mesmo se diga do art. 615, ao dispor que, no contrato de empreitada, será o dono da obra obrigado a recebê-la se ela foi concluída de acordo com o contrato ou com o *costume do lugar*. Correto dizer que, em casos tais, o costume foi alçado à condição de lei. Daí por que se pode dizer que o ápice da "vida" de um costume: ser reconhecido como *regra jurídica*.

Costume *praeter legem*. O costume *praeter legem* é utilizado pelo juiz nos casos omissos do direito positivo, na hora de sentenciar (art. 4º da LINDB e art. 140 do Código de Processo Civil). Quando se fala no costume *como mecanismo de integração*, é a esta modalidade que se refere. Trata-se da prática sedimentada *além da lei*, sem, no entanto, contrariar suas disposições. Exemplo usualmente dado é o do pagamento com cheque pré-datado. O título não perde sua natureza de ordem de pagamento à vista, mas poderá ensejar responsabilização civil por parte do credor que não respeitar o acordo entre ele e o *sacado*.

Costume *contra legem*. Já o costume *contra legem* é aquele que contraria a lei. É preciso lembrar que nosso sistema não admite revogação da lei pelo costume contrário a ela. De acordo com a *continuidade legal*, só se revoga lei por outra, de mesma estatura. Não há, em nosso sistema, pois, campo para a aplicação da *desuetudo*, isto é, não incidência da lei por força do desuso. É por isso que a doutrina, em regra, rejeita essa modalidade.

2.6.4. Princípios gerais de direito

Por fim, o uso dos princípios gerais de direito apenas terá lugar quando não for possível utilizar a analogia ou aplicar os costumes *praeter legem*.

Princípios gerais de direito são os vetores presentes na consciência de todos os povos e universalmente aceitos. São cânones que devem nortear a compreensão, integração e aplicação do sistema jurídico.

Ressalte-se que para a sua utilização, como forma de integração das normas, devem eles ser dotados de *juridicidade*, ou seja, devem ser reconhecidos como direito aplicável.

> **Princípios de direito e suas funções.** É preciso falar duas ou três coisas a respeito dos princípios. Os princípios, atualmente, gozam de enorme prestígio em quase todos os sistemas jurídicos desenvolvidos. Têm múltiplas funções. A primeira, e mais importante, é ostentar *força normativa*, equiparando-se, neste ponto, ao próprio direito posto. A segunda é a *hermenêutica* (interpretativa). Servem, nesse ponto, como instrumento de extração de conteúdo máximo de normas positivadas. E, por fim, servem como *mecanismo integrativo*, isto é, tem o importante papel de suprir as lacunas do direito positivo. É desta última modalidade que estamos tratando. A observação é importante porque o leitor poderia ficar com a equivocada impressão de que princípios gerais somente se aplicam se houver omissão da lei. Para tanto, assim só funcionam aqueles de natureza supletiva.

2.6.5. Equidade

Anoto, desde já, que a *equidade* não é forma de integração das normas jurídicas, mas sim elemento que auxilia na sua aplicação. Em sentido mais preciso, trata-se da *liberdade criada por lei para que o juiz formule solução mais adequada ao caso concreto.* É nesse sentido que o parágrafo único do art. 140 do CPC determina que o *juiz só decidirá por equidade nos casos previstos em lei.*

O artigo 5º da LINDB traz, de forma implícita, a sua previsão, nos seguintes termos: "*Na aplicação da lei, o juiz atenderá aos fins sociais a que ela se dirige e às exigências do bem comum.*"

Dito de outra forma, a equidade pode ser entendida como um meio utilizado pelo magistrado para elaborar uma regra mais adequada ao caso concreto, quando a própria lei cria espaços para tanto. Por esse motivo é que a equidade só pode ser utilizada quando tal possibilidade estiver expressamente prevista em lei. É o que acontece, por exemplo, no sistema dos Juizados Especiais Cíveis. O art. 6º da Lei 9.099/1995, fala, expressamente, que o juiz optará pela solução *mais justa e equânime*. Exemplo, ainda, e retirado do próprio Código Civil, é o art. 1.586, lembrado também por Carlos Roberto Gonçalves e que permite ao magistrado, nos casos em que houver motivo relevante e grave, *regular de maneira diferente da estabelecida pela lei a situação dos filhos em relação aos pais*. Em outras palavras, o juiz *desconsiderará* a solução dada pelo direito posto e criará, equitativamente, a melhor para o caso concreto. O que impende anotar, entretanto, é que assim só atua *porque a lei permite*.

2.7. A lei no tempo e o princípio da irretroatividade

Conflito de leis no tempo. Em regra, as leis são feitas para serem aplicadas a situações futuras. Todavia, as leis sofrem modificações, e durante a vigência da norma alterada formam-se relações jurídicas sobre sua égide. É nesse cenário que surgem os conflitos das leis no tempo.

A dúvida consiste em se é aplicável a lei nova às relações constituídas durante a vigência da lei anterior.

Instrumentos de estabilização. Para a solução de tal conflito, os operadores do direito podem contar com dois elementos balizadores: as *disposições transitórias* e a *irretroatividade* das normas no tempo, que se podem chamar também de *instrumentos de estabilização* porque, em última análise, servem precisamente para buscar conferir segurança ao ordenamento.

Disposições transitórias. As disposições transitórias são elaboradas pelo legislador com o escopo de trazer soluções para conflitos que possam surgir entre normas novas e antigas. São elaboradas no próprio texto da norma (posterior) e possuem vigência temporária. Neste último sentido porque, com o passar do tempo, perderão a utilidade. Destinadas que são à aplicação às situações de transição de um regime para outro, uma vez completamente atendido o novo sistema, não mais se lhe aplicam, ficando como *sobras* em determinada lei. O Código Civil mesmo contém disposições assim (Livro Complementar). Cite-se, por exemplo, o importante art. 2.028: "*Serão os da lei anterior os prazos, quando reduzidos por este Código, e se, na data de sua entrada em vigor, já houver transcorrido mais da metade do tempo estabelecido na lei revogada*." Há, ainda, normas transitórias de *adaptação*, como o *caput* do art. 2.031: "As associações, sociedades e fundações, constituídas na forma das leis anteriores, bem como os empresários, deverão se adaptar às disposições deste Código até 11 de janeiro de 2007."

Princípio da irretroatividade. Quanto ao critério da irretroatividade, uma lei não se considera retroativa quando não se aplicar às relações jurídicas constituídas sob a égide da antiga normatização. A irretroatividade da lei é a regra, uma vez que assim se garante maior segurança e estabilidade jurídica às situações e direitos já consolidados.

Há, todavia, hipóteses em que a retroatividade da lei é permitida, como, por exemplo, para proteger o interesse social ou estimular o progresso da Nação. Portanto, a retroatividade da lei é atribuída, excepcionalmente, a uma norma por questões de política legislativa. A norma, entretanto, somente poderá ser retroativa quando não ofender o *ato jurídico perfeito*, o *direito adquirido* e a *coisa julgada* (art. 6º da LINDB) e desde que haja autorização expressa do legislador para aplicá-la aos casos pretéritos.

Classificação da *retroatividade*. A retroatividade que não prejudica o ato jurídico perfeito, o direito adquirido e a coisa julgada é chamada pela doutrina de retroatividade *justa*; e *injusta*, portanto, aquela que viola qualquer um deles.

Costuma-se também fazer distinção entre retroatividade *máxima*, que é aquela que atinge o direito adquirido e que afeta os negócios jurídicos perfeitos; *média*, quando a lei nova alcança os fatos pendentes, os direitos já existentes, mas ainda não integrados ao patrimônio do titular e, por fim, a retroatividade *mínima*, aquela em que apenas sujeita à lei nova os efeitos posteriores de atos jurídicos praticados na vigência da lei anterior.

Existe, ainda, a possibilidade de aplicação imediata da lei nova a situações que, embora ocorridas sob a vigência da lei anterior, ainda não se aperfeiçoaram. Trata-se de hipótese intermediária, pois a ela não se aplica a regra da retroatividade nem da irretroatividade. Figura-se, portanto, entre elas.

O art. 6º da LINDB traz essa possibilidade, resguardando o direito adquirido, o ato jurídico perfeito e a coisa julgada.

Ato jurídico perfeito, direito adquirido e coisa julgada. De acordo com o dispositivo, em seu § 1º, *ato jurídico perfeito* é o ato já consumado durante a vigência da lei ao tempo que se efetuou. *Direitos adquiridos* são aqueles que seu titular, ou alguém por ele, possa exercer ou ainda, aqueles direitos cujo começo do exercício tenha termo prefixo, ou condição preestabelecida inalterável a arbítrio de outrem (§ 2º do artigo 6º). E, finalmente, considera-se *coisa julgada* a decisão judicial da qual já não caiba mais recurso (§ 3º do mesmo dispositivo).

II – INTRODUÇÃO AO DIREITO CIVIL E O CÓDIGO CIVIL

1. DIREITO CIVIL: ABRANGÊNCIA

Sempre se chamou o Direito Civil de *direito comum* por ser o ramo do direito que se ocupa de regular a vida das pessoas desde sua concepção até a sua morte. Possível dizer que o campo é ainda maior, posto que desde antes da concepção já há normatização visando o ser humano, como acontece com a possibilidade de se contemplar a prole eventual (art. 1.799, I, do CC) e com a referência aos embriões excedentários (art. 1.597, IV, do CC). O mesmo se diga da morte que, em verdade, coloca fim à vida da pessoa, mas não impede que efeitos jurídicos dela decorram. É o que acontece com os atos de sucessão *causa mortis*, reconhecimento de eficácia *post mortem* do testamento (art. 1.857, do CC) e exigência de respeito à memória dos falecidos (art. 12, parágrafo único). Como bem sintetiza Carlos Roberto Gonçalves, *"costuma-se dizer que o Código Civil é a Constituição do homem comum, por reger as relações mais simples da vida cotidiana, os direitos e deveres das pessoas, na sua qualidade de esposo ou esposa, pai ou filho, credor ou devedor, alienante ou adquirente, proprietário ou possuidor, condômino ou vizinho, testador ou herdeiro etc."*[1]-[2]

Do quanto se disse, o estudioso precisa ter claro o seguinte: o direito civil cuidará das relações *puramente* pessoais e das relações patrimoniais. E por relações pessoais entenda-se aquelas que digam respeito às situações subjetivas sem repercussão econômica direta, tais como as *relações de família* (poder familiar, estado de casado, filiação, paternidade etc.), *os direitos da personalidade*, as *relações autorais* etc. No campo das relações patrimoniais, aquelas que se referem aos *direitos pessoais* (daí a importância em não se confundir com as *relações pessoais* antes referidas), como os direitos de crédito, e aos direitos reais. Estas últimas duas são as relações que apresentam conteúdo e interesse econômico *direto*.

---

1. *Direito Civil Brasileiro*, Parte Geral, 15ª ed., São Paulo: Saraiva, 2017, p. 33.
2. Sobre o *direito civil*, diz Maria Helena Diniz: "É o direito comum a todas as pessoas, por disciplinar o seu modo de ser e de agir, sem quaisquer referências às condições sociais ou culturais. Rege as relações mais simples da vida cotidiano, atendo-se às pessoas garantidamente situadas, com direitos e deveres, na sua qualidade de marido e mulher, pai ou filho, credor ou devedor, alienante ou adquirente, proprietário ou possuidor, condômino ou vizinho, testador ou herdeiro. Como se vê, toda a vida social está impregnada do direito civil, que regula as ocorrências do dia a dia, pois, como exemplifica Ferrara, a simples aquisição de uma carteira de notas é *contrato de compra e venda*; a esmola que se dá a um pedinte é *doação*; o uso de um ônibus é *contrato de transporte*; o valer-se de um restaurante automático no qual se introduz uma moeda para obter alimento é *aceitação de oferta ao público*." (*Curso de Direito Civil Brasileiro – Teoria Geral do Direito Civil*, vol. 1, 33ª ed., São Paulo: Saraiva, 2016, p. 61).

2. CODIFICAÇÃO

Sistema de codificação. O ordenamento brasileiro é daqueles comumente chamados de *direito codificado*. Paolo Zatti explica que o *sistema de codificação é o* adotado por certo Estado que, em dado momento histórico *e a começar pelo direito civil, unifica* suas normas em um corpo legislativo, revogando as leis até então vigentes e passando – este corpo legislativo – a se constituir na única fonte de disciplina do respectivo ramo do direito.[3]

> **Codificação e formas de condensação do direito.** É preciso entender o fenômeno da *codificação* como uma das modalidades de *condensação* do direito. Neste sentido, chama-se de *código* a organização aperfeiçoada de um ramo jurídico à luz de princípios e valores convergentes, que formam um todo orgânico e sistemático.[4]-[5] Note-se que um *código* não irá regulamentar *toda* a área a que está atrelado, senão que parte dela: aquela que já se encontra razoavelmente cristalizada no espírito de certa sociedade, em certo tempo. Haverá, pois, matéria daquele mesmo ramo, em legislação esparsa, seja por razões de especialização necessária (criação de microssistemas), seja porque ainda se revelam como pontos *cartilaginosos*.[6] A segunda forma de condensação do direito é a *consolidação*, ou *incorporação*, e que se consubstancia no processo de *organização e agrupamento de legislação até então esparsa sobre uma mesma matéria, em um diploma único*. Assim colocada a questão, percebe-se que este último mecanismo – ainda que certamente trabalhoso – é procedimento mais simplificado se comparado ao de codificação. E isso porque a *codificação* sempre implicará em *modernização e atualização* do Direito, enquanto a *consolidação* não, cuidando apenas de organizar *o que já existe*.[7]

> De maneira razoavelmente pacífica, costuma apontar, como características de um *código:* (i) *durabilidade*, no sentido de que se pretende conferir ao corpo legislativo estabilidade maior, ainda que o seu processo legislativo de alteração seja o geral; acontece que os *códigos*, como já ressaltei, tendem a albergar os institutos que já se consolidaram e, por isso mesmo, são menos suscetíveis de alterações; isto não quer dizer que seja imutáveis, muito ao contrário, na medida em que se pode considerar o Código Civil – que é o objeto de nosso estudo – um Diploma aberto, capaz de se ajustar (e isso será oportunamente estudado), ou quando menos tentar se ajustar, às alterações que o tempo e a sociedade impõem; (ii) *organicidade*, expressão que se retira de comparação analógica feita com a fisiologia do ser humano, no sentido de que o funcionamento do nosso corpo, assim como o de um *código*, depende da interpenetração e interdependência de todos os órgãos que o compõem; cada função da fisiologia humana – respiratória, sanguínea,

---

3. *Manuale di Diritto Civile*, 4ª ed. Padova: CEDAM, 2009, p. 42.
4. Paulo Nader, *Curso de Direito Civil*, vol. 1, 10ª ed., Rio de Janeiro: Forense, 2016, p. 32.
5. Por aí já se percebe que grandes monumentos históricos apelidados de *Código* não eram, em verdade, *Códigos*, como hoje os enxergamos. Assim o *Código de Hamurabi* (2000 a. C.) e o *Código de Manu* (algo entre o século II a. C e II d.C), por exemplo, posto que, em realidade, foram *compilações de* normas vigentes à época. Para além disso, era comum que se colocassem em *"códigos"*, naquele tempo, não apenas preceitos, mas entendimentos de juristas e posições doutrinárias. O mesmo se diga das conhecidas *Institutas* de Justiniano, onde estão escritos importantes trechos da história do Direito Romano.
6. E expressão é de Paulo Nader, mesma obra, recomendando-se desde já a leitura, bem como de outra obra de sua autoria, *Introdução ao Estudo do Direito*, da mesma editora.
7. Destaque-se, no Direito brasileiro, duas grandes Consolidações: aquela levada a cabo por Augusto Teixeira de Freitas, publicada em 1857 e apelidada de *Consolidação das Leis Civis*, e encomendada pelo governo em 1855, sem que se a tenha aprovado por ato legislativo; e a *Consolidação das Leis do Trabalho*, aprovada pelo Decreto-lei 5.452/1943 que, em meu sentir, recebeu alcunha equivocada porque, na verdade, não se limitou a organizar texto e legislação apenas, uma vez que trouxe inovações e princípios até então não referidos.

II – INTRODUÇÃO AO DIREITO CIVIL E O CÓDIGO CIVIL **27**

cerebral, motora etc. – depende uma da outra, assim como as partes, títulos, capítulos e seções de um código dependem uns dos outros; não há área de um código que se aplique por si só, sem que, em dada escala, dependa de pontos contidos em outros; (iii) *homogeneidade* quanto às diretrizes e vetores adotados; como melhor se verá logo a seguir, os princípios norteadores do Código Civil, com o perdão da redundância, são norteadores do Código Civil, e não de parte dele, de maneira estanque; isso não descarta, por óbvio, que suas subáreas ostentem vetores axiológicos próprios (nomeadamente os de direitos de família[8]); por fim, (iv) *impossibilidade de exaurimento das possibilidades concretas*, isto é, nenhum legislador, nenhum jurista, será capaz de conseguir antever todas as situações concretas que poderão existir e, com isso, regrá-las desde já no corpo do *código*. Citando novamente o que ensina Paulo Nader *"o legislador não consegue imitar as leis da natureza e por isto não alcança a perfeição, de um lado porque o objeto de regulamentação é um quadro social de infinitas possibilidades e de outro porque a linguagem não reproduz a riqueza da vida e do pensamento."*[9]

Histórico. No período colonial do Brasil, vigiam as Ordenações[10] Filipinas[11] (de 1603; antes delas, as Afonsinas, de 1446, e as Manuelinas, de 1521) que assim continuaram mesmo após nossa Independência, condicionando-se sua vigência, entretanto, até que por aqui fosse elaborado um Código Civil.

Em 1865 confiou-se a Teixeira de Freitas (que antes já apresentara uma *Consolidação das Leis Civis* – v. nota 31 acima) o mister de projetar um Código Civil brasileiro. Foi essa atividade que deu origem ao colossal *Esboço do Código Civil* (que se tornou mais conhecido como *Esboço de Teixeira de Freitas*) e que continha cinco mil artigos. O *Esboço*, entretanto, acabou desacolhido pela Comissão então formada para avaliá-lo.

Código argentino de Vélez Sarsfield. Os argentinos perceberam a grandiosidade do trabalho de Teixeira de Freitas, o que acabou por influenciar *direta* e *decisivamente* o *Código Civil de la República Argentina*, promulgado em 29 de setembro de 1869, projetado por *Dalmacio Vélez Sarsfield* em cujas obras – e até nas dos juristas de hoje – se faz presente, sempre, diversas e justas menções a este grande civilista brasileiro. Foi, aliás, o próprio Vélez Sarsfield quem afirmou que a obra de Teixeira de Freitas comparava-se apenas à de Savigny.[12]

---

8. Ver, por exemplo, e em razão da qualidade do trabalho, a obra de Rodrigo da Cunha Pereira, *Princípios Fundamentais Norteadores do Direito de Família*, 3ª ed., São Paulo: Saraiva, 2016, *passim*.

9. Ob. Cit., p. 33.

10. Chamadas de *Ordenações do Reino* ou *Ordenações Reais*. Como explica Rodrigo Freitas Palma, "constituíram-se numa abrangente consolidação de regras a versar sobre diversas matérias jurídicas que vigoraram em Portugal, entre os séculos XV e XVII. As sistematizações levavam o nome dos respectivos monarcas de cada período (...)." (*História do Direito*, 6ª ed., São Paulo: Saraiva, 2017, p. 345, obra de leitura obrigatória para a exata compreensão do atual Direito brasileiro). Interessante observar que o próprio autor menciona o fato de que, *estruturalmente*, as Ordenações se aproximavam – guardadas as devidas proporções, como ele mesmo alerta (idem, mesma página) – das modernas codificações.

11. Estas, as Filipinas, representaram inegavelmente a mais importante para a história do Direito brasileiro, muito embora seu maior destaque tenham sido as disposições criminais. Foi sob a égide dessas Ordenações Reais que se julgaram os fatos ocorridos durante a *Inconfidência Mineira*, com fulcro no crime de *lesa-majestade* (inserido em seção intitulada "*Dos que Dizem Mal de Rei*". Nesse sentido, e por força desta regulamentação, o destino de Tiradentes ficou a cargo do próprio rei que, assim, determinou sua morte e posterior esquartejamento do cadáver para que seus membros fossem expostos como advertência aos rebeldes. Foi neste contexto que a cabeça do *mártir* da abjuração das Minas Gerais foi pendurada em Vila Rica (Rodrigo Freitas Palma, *ob. cit.*, p. 354-355).

12. Washington de Barros Monteiro, *Curso de Direito Civil*, vol. 1, atualizado por Ana Cristina de Barros Monteiro França Pinto, 45ª ed., São Paulo: Saraiva, 2016, p. 66.

Outras tentativas de redação foram aqui feitas, até que, após a República, indicou-se Clóvis Beviláqua para o trabalho. O projeto foi por ele elaborado e remetido ao Congresso Nacional em 1900. Mas o projeto de Clóvis Beviláqua, tal como o conhecemos, foi aquele que se originou, em verdade, do trabalho de Coelho Rodrigues (que apresentara seu projeto pouco antes de 1900): a ordem recebida foi a de aproveitar, tanto quanto possível, o Projeto *Coelho Rodrigues*. Foi este, pois, o trabalho apresentado à Câmara dos Deputados, onde sofreu alterações e que, posteriormente, no Senado, foi objeto da célebre e longa análise de Rui Barbosa. Restou aprovado em janeiro de 1916, com vigência em 1º de janeiro de 1917.[13]

Insucesso das Codificações e os microssistemas. É nesse ponto, entretanto, que se deve anotar existir atualmente grande tendência de desprestígio aos sistemas (do que poderíamos chamar) de *Codificações exaustivas*. A comunidade, de maneira geral, percebeu que existem situações e relações jurídicas extremamente peculiares, a merecer tratamento de legislação especial e atenta a tais caracteres. Normalmente referem-se às relações em que uma das partes se encontra em posição de presumida desvantagem em face da outra, como acontece com o *consumidor*, com o *locatário*, com o *trabalhador* etc. Daí porque se costuma apontar (ou, na maioria dos casos, prever, mas sem muito aprofundamento) o insucesso ou o fim das grandes codificações.

A bem da verdade, me parece não existir tal fracasso. Os merecidos reconhecimento e adoção dos microssistemas não redundam na extinção dos Códigos. Ambos coexistem, e devem coexistir, na medida em que se lhes consideram, reciprocamente, leis gerais e leis especiais. Mormente quando há aplicação de comunicação entre todas essas normas (*diálogo legislativo* ou *diálogo das fontes*). Aliás, reconhecer esse diálogo, segundo me parece, é a própria admissão de que os Códigos vivem – em esperada harmonia – com as leis peculiares.

3. O CÓDIGO CIVIL DE 2002

3.1. Generalidades

Comissão de juristas para redação do projeto. Já se discutia, em âmbito doutrinário, há algum tempo, a necessidade de reformulação do Código de 1916. Diversas leis alteraram pontos importantes, mas já não mais tinham espaço, tamanha a alteração da sociedade brasileira que, neste passo, já demandava novo Diploma de regência. Em 1967, o Governo nomeou nova Comissão de juristas que, sob a supervisão de Miguel

---

13. Washington de Barros Monteiro conta que o Código de Beviláqua era, de fato, de imenso rigor científico, assim reconhecido e saudado com louvor por conhecidos civilistas, tais como Scialoja na Itália, Enneccerus na Alemanha, Machado Vilela em Portugal e Arminjon-Nolde-Wolff na França (*Curso de Direito Civil*, vol. 1, cit. p. 68). Na mesma página, cita Aníbal Delmás, então Ministro da Justiça do Paraguai que, referindo-se ao Código de 1916, asseverou que *"seu aparecimento assinala nova etapa no progresso jurídico do continente, sentindo-se a América envaidecida e orgulhosa de que no seu solo pudesse ter sido produzida obra tão famosa quão admirável. Como o Corcovado majestoso, o Código Civil é um monumento imperecível que brilha com luz própria no mundo inteiro."*

Reale, elaboraria um novo projeto. Além dele, integraram-na José Carlos Moreira Alves (Parte Geral), Agostinho Alvim (Direito das Obrigações), Sylvio Marcondes (Direito de Empresa), Ebert Vianna Chamoun (Direito das Coisas), Clóvis do Couto e Silva (Direito de Família) e Torquato Castro (Direito das Sucessões).

O Anteprojeto foi apresentado em 1972 e tinha como diretrizes, naquele momento, aproveitar o que já se consolidara em torno do Código de 1916 (nomeadamente a sua estrutura), mas atualizando o sistema com os avanços da ciência jurídica e as nítidas balizas de se dissociar do pensamento *individualista*, fazendo com a ordem civil gravitasse em torno da valorização da pessoa. Transformou-se no conhecido *Projeto de Lei 634/1975*, que tanto tempo tomou para, finalmente, ser aprovado no limiar deste século.

Tramitação do Código. É preciso dizer que essa demorada tramitação fez com que, ao longo do caminho, surgissem leis – e a própria Constituição Federal de 1988 – especiais e modernas já permeadas por valores que pretendiam ser novidades com o Código Civil. Nesse sentido, acabaram por tirar o *impacto* que causaria o Diploma de 2002. Mais do que isso: fez com que se lhe criticasse porque já teria *nascido velho*. Era o *velho novo Código Civil*. A despeito das críticas – muitas das quais verdadeiras e fundamentadas – é um Código moderno, em geral sintonizado com a nossa realidade, mostrando-se, também, como um Diploma *aberto*, isto é, apto a mudanças, como melhor direi adiante.

Características do Código Civil. É possível apresentar como características gerais do Código vigente:

(i) preserva, dentro do possível, a estrutura do seu antecessor;

(ii) mantém o Código Civil como a lei geral e essencial, embora não a única, do Direito Civil;

(iii) busca unificar o *Direito Civil* e o *Direito Empresarial* naquele ponto em que há afinidade entre as disciplinas (o direito obrigacional);

(iv) aproveita as tentativas e projetos de reformas que lhe antecederam, assim como as lições doutrinárias e jurisprudenciais consolidadas sobre determinados temas;

(v) procura expurgar dispositivos de natureza *processual*, mantendo-se somente o que considerou extremamente necessário e

(vi) situa-se no âmbito dos *sistemas abertos*, adotando as denominadas *cláusulas gerais*, de conceito propositadamente vago, o que acaba por propiciar maior mobilidade de suas regras.

A chamada *unificação do Direito Privado*. É razoavelmente comum ouvir-se que o Código Civil atual operou a *unificação do direito privado*. Entretanto, tal não aconteceu. Em realidade, nem de longe. Unificação do direito privado demandaria a consolidação, em um diploma, de matérias atinentes ao direito civil, direito empresarial e direito trabalhista, à semelhança do que fez a Itália, por meio de seu Código Civil de 1942.[14] O que nosso Diploma fez foi, quando muito, unificar o *direito obrigacional*, único ponto de contato entre o direito civil e o antigo direito comercial, conforme melhor se verá adiante quando do estudo das obrigações.

3.2. ANATOMIA DO CÓDIGO CIVIL

Organização do Código. O atual Diploma segue, em linhas gerais, como venho acentuando, a estrutura do seu predecessor. Este, a seu turno, tinha inspiração germânica – na metódica divisão de Friedrich Karl von Savigny – com uma primeira *parte geral* e uma segunda *parte especial*. Totalizam 2.046 artigos.

Parte Geral. A *Parte Geral* funciona como *pressuposto essencial* da disciplina (e compreensão) das normas específicas e cuida do que se pode chamar de *elementos estruturais do direito privado*: as pessoas, os bens e os fatos jurídicos. São justamente estes elementos que dão origem aos seus três Livros (Das Pessoas, Dos Bens e Dos Fatos Jurídicos).

A ordem de tratamento também é lógica, colocando-se o *sujeito de direito* em primeiro lugar, como pressuposto máximo das relações jurídicas. Não apenas isso, mas tal constatação também serve de orientação hermenêutica e bem demonstra a importância que o ser humano tem no sistema.

> **Hermenêutica e localização dos livros.** ideia é a seguinte: o *lugar* em que está situado determinado instituto em um texto de lei – mormente nos Códigos, Consolidações e Estatutos – deve sempre chamar a atenção do jurista. Parte-se do princípio que o legislador não escolheu a sua localização à toa e que ela representa algo. Daí porque a *topologia* nos interessa. Não sem razão, portanto, iniciar a Parte Geral cuidando das pessoas, e dentre estas, das físicas, naturais. É a mesma observação que se faz ao verificar que o *princípio da dignidade da pessoa humana* está previsto como um dos *fundamentos* da República Federativa do Brasil, na Constituição Federal, em seu art. 1º.

Parte Especial. A *Parte Especial* estabelece a simbiose entre aqueles elementos, regrando as situações específicas e pertinentes a cada área do Direito Civil. Assim é que o Direito das Obrigações (Livro I) disciplina as relações entre pessoas, vinculadas estas à prestação de algo em favor da outra (daí porque é também conhecido o campo obrigacional como *direito pessoal*); ou o Direito das Coisas (Livro III), que sistematiza a relação estabelecida entre as pessoas e os bens (coisas), ou melhor dizendo, a inflexão daquelas sobre estas.

O Direito de Empresa (Livro II) cuidou de regulamentar, em espaço único, as obrigações comerciais, hoje *empresariais*, buscando aproximá-las das civis e adotando, para tanto, a *teoria da empresa*, em substituição à antiga *teoria dos atos de comércio*.

---

14. O Código Civil italiano, de março de 1942 trata, em seu livro quinto, do direito *del lavoro*. E dentro do direito obrigacional cuida da *l'impresa e le società*.

II – INTRODUÇÃO AO DIREITO CIVIL E O CÓDIGO CIVIL **31**

O Direito de Família (Livro IV) divide-se em *direito pessoal* (Título I) e *direito patrimonial* (Título II). No primeiro regulamenta o casamento e as relações de parentesco. No segundo, do regime de bens entre os cônjuges e dos alimentos. Fecham seu estudo os Títulos III (união estável) e IV (tutela, curatela de tomada de decisão apoiada).

Por fim, o Livro V trata do Direito das Sucessões, cuidando das sucessões legítima e testamentária e do inventário e da partilha.

Há, também, um Livro Complementar, contendo as disposições finais e transitórias.

3.3. Princípios norteadores

São considerados vetores estruturantes de todo o Código Civil – e, diga-se, com aplicação para além dele – os da *socialidade*, da *eticidade* e da *operabilidade*. Nesse sentido irradiam-se por todo o sistema, não se podendo falar em aplicação somente a esta ou aquela área do Direito civil.

3.3.1. Socialidade

Conceito e entendimento. Talvez a grande marca do Diploma de 2002, o vetor da socialidade quer significar que o *exercício dos direitos e posições subjetivas se faz não somente à vista dos particulares interessados, mas também da coletividade*. É preciso que os envolvidos em uma relação privada, em suas mais diversas posições jurídicas civis – o *proprietário*, o *contratante*, o *empresário*, o *pai de família* e o *testador*[15] – cuidem de verificar se o interesse geral também foi preservado ou, pelo menos, não desrespeitado. Já se perceba, por estas poucas linhas, a tamanha diferença entre os Códigos Civis: aquele, de 1916, absolutamente individualista; este, de 2002, preocupado com a coletividade.

Exemplos no CC/2002. Cite-se, como exemplo, aquilo que se chama de *posse-trabalho* ou *posse-pro labore*, para indicar que se privilegia o possuidor que *der finalidade social e utilidade* para o seu objeto, em detrimento daquele que dele descuida. Em razão disso, há significativa diminuição dos prazos para a aquisição da propriedade por meio da usucapião (v. g. arts. 1.238, parágrafo único, 1.239 e 1.242, parágrafo único). Pelos mesmos motivos fundamenta-se a perda da propriedade, pelo antigo proprietário desidioso, por meio da prescrição aquisitiva.

Mas não é só. O princípio se faz presente, de maneira vívida, no direito obrigacional. Assim é que se delimita a liberdade de contratar em razão da *função social do contrato* (art. 421). Em linhas breves, a contratação é livre, mas nunca dissociada do interesse da coletividade. É evidente que os interesses das partes envolvidas no

---

15. Miguel Reale, *O Projeto do Novo Código Civil*, 2ª ed., São Paulo: Saraiva, 1999, p. 8.

negócio têm destaque. Mas esse interesse não pode chegar ao ponto de prejudicar interesses *maiores*, que *extrapolam a esfera jurídica dos envolvidos*.

Mas ainda para além dos direitos patrimoniais, também nas relações de família há a marcar da socialidade. Nesse sentido, sente-se grande mudança de paradigma. Por exemplo, ao se considerar que não existe mais um *pátrio poder*, mas sim um *poder familiar*, mais amplo e sintonizado com nossos dias porque exercido em conjunto por ambos os consortes em relação à prole.

Consequências da sua aplicação. A adoção da socialidade trouxe pelo menos duas consequências diretas:

I – exigência de que os participantes de uma relação privada *cooperem* entre si e entre eles e a coletividade;

II – na satisfação de interesses privados, não pode haver lesão à direito da personalidade ou à dignidade da pessoa humana.

3.3.2. Eticidade

Entendimento. A ideia de *eticidade* como vetor do Código Civil tem por alicerce o respeito à *dignidade humana*. O Diploma prioriza o comportamento *leal* e *probo* entre as pessoas. Contratantes, assim, não são *adversários,* mas *colaboradores.* De maneira geral, aqueles envolvidos nas relações civis devem assim se portar.

É correto dizer que no plano do direito civil, trata-se do reconhecimento da existência de um *direito natural*, isto é, um direito *anterior* e *superior* ao ordenamento positivo.

Os padrões de comportamento e a boa-fé objetiva. Se engana aquele que pensa que a presença da eticidade no sistema representa apenas um ideal, uma aspiração da Lei, ou somente um desejo do legislador. A adoção do princípio impõe ao operador do direito que sob a sua lente analise *todas* as relações privadas.

Disso decorre que existem, para os sujeitos de direito, *deveres comportamentais de lealdade* e *padrões de atuação* no cenário jurídico[16] porque, precisamente, não se pode mais aceitar comportamentos desleais ou divorciados da ética. Se assim acontecer, haverá infringência legal, e dessa forma sua conduta será encarada.

E como ingressam em nosso sistema os efeitos da adoção do princípio da eticidade? Por meio dos já mencionados padrões de conduta, ou *standards* de atuação. É o que se impõe por meio da *boa-fé objetiva.* A utilização da boa-fé objetiva, como padrão de comportamento, redunda no reconhecimento de existência de *obrigações anexas* ou de *deveres laterais* nas relações jurídicas, ainda que não expressamente pactuadas

---

16. António Manuel da Rocha e Menezes Cordeiro ensina que a atuação de boa-fé se concretiza precisamente por meio dos deveres de informação e de lealdade, ambos de base legal, e que surgem em diversas situações em que as pessoas se relacionam de modo específico (*Da boa fé no Direito Civil*, 6ª reimpressão, Coimbra: Almedina, 2015, p. 648).

II – INTRODUÇÃO AO DIREITO CIVIL E O CÓDIGO CIVIL **33**

pelas partes. Desse modo, aquele que vende um produto – e que tem, a princípio, como prestação um *dar* (a entrega do objeto material da relação) – não se exonera apenas entregando-o, devendo informar a contraparte a respeito dele e, se o caso, instruí-lo ao seu uso. É o que se chama de dever de *prestar informação,* mesmo em momento posterior à venda. O mesmo se diga do *dever de sigilo,* inerente em certos tipos de contratação, e que há de ser respeitado ainda que não escrito no título negocial.

Responsabilidade pré-contratual. Deriva dessa nova visão imposta pela eticidade – que, como visto, desagua na boa-fé objetiva – a denominada *responsabilidade pré-contratual,* isto é, possibilidade de responsabilização de uma das partes ainda que em fase incipiente da formação dos contratos, em momento em que, como regra, e tradicionalmente, não há qualquer vínculo jurídico para as partes (fase de tratativas). Aquele que rompe abruptamente a relação pré-contratual, frustrando as justas expectativas criadas no espírito da parte contrária, de maneira culposa, é obrigado a ressarcir eventuais prejuízos causados. E é assim porque não se tolera, mais, o comportamento desleal, se analisada a questão sob o prisma dos padrões de comportamento.

Concretude. A eticidade tem, ainda, outra faceta, que se pode apelidar com razoável precisão, de *concretude,* e significa antever o *sujeito de direito* como *pessoa,* e não como mero contratante ou proprietário. No alicerce dos negócios jurídicos há sempre uma *pessoa concreta.* É exatamente por força dessa ideia que Karl Larenz fala em *ética da situação* para desenvolver a ideia de que o juiz ou o intérprete poderá corrigir certas distorções materiais nas relações jurídicas com a finalidade de se alcançar a *isonomia material.*

E, em nosso direito, onde está esta ideia? No art. 1º do CC, que usou o termo *pessoa* (*toda pessoa é capaz de direitos e deveres na ordem civil*) no lugar de *homem,* no revogado Código (Art. 2º. *Todo homem é capaz de direitos e obrigações na ordem civil*)[17].

3.3.3. Operabilidade

Sistema aberto. É correto afirmar que o Código Civil atual configura *sistema aberto,* no sentido de que permite que outros valores sirvam de parâmetro para aplicação da lei. O direito não decorre somente dos artigos e preceitos legais, mas de outras fontes que, em união, representam a adequada aplicação das normas. Nesse sentido, é diametralmente oposto ao sistema revogado, de 1916.

Pretende-se, assim, que o Diploma seja capaz de se adaptar ao *tempo* e às exigências da *sociedade.* O Código ficará velho, mas as normas não. Ou ao menos é o que se espera: permanente oxigenação dos institutos civis.

---

17. É bem verdade que o Código de 1916, em seu art. 1º, escreveu *pessoas* (*Este Código regula os direitos e obrigações de ordem privada concernentes às pessoas, aos bens e às suas relações*). O dispositivo, não repetido no atual, entretanto, cuidava de outro aspecto, funcionando como delimitador de sua matéria (*espectro do Código Civil*) e, assim, não serve de parâmetro para esta finalidade.

Cláusulas gerais. E como se revela, em nosso Código, a sua operabilidade? Por meio das chamadas *cláusulas gerais*, ou *conceitos vagos* ou, ainda, *conceitos abertos*. São elas as normas intencionalmente vagas e imprecisas com a finalidade de permitir que os valores e parâmetros hermenêuticos de uma sociedade sirvam de ponto de referência na aplicação do direito.

A utilização das cláusulas gerais prova a adoção, pelo nosso ordenamento, de outras fontes de direito, para além daquela puramente legislativa. Com isso, conferem *mobilidade* ao direito civil.

Exemplos no CC/2002. O Código Civil de 2002 é rico em conceitos vagos, justamente para *efetivar a operabilidade* desejada. Assim, por exemplo, o art. 187, ao cuidar do abuso de direito. Reza o preceito que *também comete ato ilícito o titular de um direito que, ao exercê-lo, excede manifestamente os limites impostos pelo seu fim econômico ou social, pela boa-fé ou pelos bons costumes*. Pergunto: o que é *fim econômico ou social*? E *boa-fé* e *bons costumes*, para a aplicação desse preceito? O operador do direito, em face do caso concreto, irá determinar.

O Direito das Coisas é profícuo em situações semelhantes (e aqui há nítida junção dos vetores da *socialidade* e da *operabilidade*). O art. 1.228, § 4º dispõe que o *"proprietário também pode ser privado da coisa se o imóvel reivindicado consistir em extensa área, na posse ininterrupta e de boa-fé, por mais de cinco anos, de considerável número de pessoas, e estas nela houverem realizado, em conjunto ou separadamente, obras e serviços considerados pelo juiz de interesse social e econômico relevante"*. Para aplicar esse dispositivo, o juiz de direito precisará determinar, diante, de novo, do caso em apreço, o que é *extensa área, considerável número de pessoas* e *obras e serviços de interesse social e econômico relevante*. Na mesma toada os dispositivos que cuidam da usucapião (arts. 1.238, parágrafo único e 1.242, parágrafo único).

3.4. Constitucionalização do Direito Civil – Centralismo Constitucional

3.4.1. *Constituição Federal como eixo central do sistema*

Papel da Constituição Federal e do Código Civil. É possível afirmar que o direito não mais gira em torno do Código Civil, ou, em outras palavras, o Diploma de direito privado não é mais o seu vértice axiológico. O eixo central é, naturalmente, a Constituição Federal. Nesse sentido, o que se tem é a Carta constitucional sobrepairando ao ordenamento, impondo-se de cima para baixo e, por isso mesmo, influenciando todo o sistema, inclusive (e talvez principalmente) o Direito Civil. Mas é de se entender com cuidado a assertiva, porque não me parece correta a afirmação de que o Código Civil *não* é mais o Diploma capital do Direito Civil. Uma coisa é adotar e reconhecer a Constituição Federal como eixo do Direito, outra é dizer – equivocadamente – que se trata, também, da principal lei de Direito Civil. Segue o Código Civil como a fonte primária do Direito Civil que, nada obstante, será analisado sob o enfoque da Lei Maior.

A Lei Fundamental, ao balizar diversos institutos de natureza nitidamente civil como, *v. g.*, a família, a propriedade, o contrato, fez com que as leis infraconstitucionais com ela se comunicassem, ocorrendo verdadeira interpenetração de normas, princípios e postulados. A Constituição Federal passa a ser o parâmetro para qualquer leitura ou interpretação das normas hierarquicamente inferiores.

O que pretendo frisar é o seguinte: não se interpreta a Constituição de acordo com o Código Civil, mas sim o Código Civil em obediência à Constituição. O Diploma essencial do Direito Civil continua sendo o Código Civil, mas que somente se enxerga vestindo os óculos da Lei Maior.

Eis aí, em sumaríssimas linhas (e a discussão certamente poderia – e deveria – se alongar), o que significa *centralismo constitucional*.

Essa (obrigatória) visão não representa pouca coisa. Trata-se de drástica mudança de paradigma. Basta verificar, para assim concluir, que nos moldes do liberalismo, o Código Civil exercia o papel de *vetor* do direito civil. A partir dele, chegava-se mesmo a interpretar normas constitucionais. Hoje acontece (ou deve acontecer) inversamente.

Decorrência desse fenômeno é o que se chama *dirigismo estatal*, isto é, interferência do Estado em normas tipicamente privadas, ou interferência do direito público em relações jurídicas que, até pouco tempo, regiam-se exclusivamente pela legislação civil. É o que se verifica, sensivelmente, em matéria contratual e de família, oportunamente estudados.

De outro lado, tem-se amplamente utilizado da expressão *direito civil constitucional* para designar o fenômeno em apreço. Não me parece, entretanto, que, metodologicamente se possa considerar existente nova área do direito. É direito civil que, em uma visão unitária do sistema, tendo-se como vértice axiológico a Constituição Federal, deve ser estudado sob o influxo dos princípios e normas constitucionais. A expressão tem valor didático, mas melhor é considerar o tema sob este enfoque: o direito privado tem por norte a Carta Política e por meio dela será analisado.[18]

Incidência da Constituição Federal no ordenamento civil. A doutrina discute qual o exato papel da Constituição nesse novo contexto[19].

Costumava-se dizer que a Lei Maior limita a aplicação das normas ordinárias, no sentido de que estas são válidas enquanto não lesionarem valores constitucionais. Embora correta a função, é pouco a ela circunscrever o papel da Constituição.

Em verdade, a aplicação da Carta será *indireta* ou *direta*. Aplicação indireta acontece por meio das normas infraconstitucionais[20], sejam elas cláusulas gerais ou não. Utiliza-se a lei ordinária, observados os parâmetros constitucionais, de maneira

---

18. A *autonomização* de uma disciplina demanda autonomia *científica*, autonomia *didática* e autonomia *legislativa*. A legislativa exigiria sistematização e consolidação da matéria, o que não existe até agora, muito embora a Constituição Federal contenha, como se verá, dispositivos naturalmente civis. Também não parece haver maturidade suficiente para considerar o direito civil constitucional cientificamente autônomo. Como dito, o ideal é entender a expressão como decorrência do centralismo constitucional.

19. V. por todos Salvatore Pugliatti, *Diritto Civile, Metodo-Teoria-Pratica*, Milão, 1951, p. 807 e ss.

20. L. Raiser, *La Costituzione e il diritto privato*, 1967, p. 169.

que (i) sejam observados os limites impostos pela Constituição (função limitativa) e (ii) usados os valores nela contidos (função interpretativa).

A aplicação indireta, pois, *limita a aplicação da lei* e *serve de ponto fixo para a interpretação*, por meio dos valores-guias (*v. g.*, dignidade da pessoa humana).

Embora seja lícito afirmar que a aplicação indireta seja a mais comum, é mister frisar que, eventualmente, a Constituição poderá incidir *diretamente*. Isso quer dizer que a norma constitucional poderá, sem o auxílio de dispositivo ordinário, ser aplicada diretamente ao caso concreto. Nesses casos, a Carta carrega previsão abstrata sobre determinado assunto. Sem entrar no mérito da discussão sobre a pertinência de assim fazer o legislador constituinte, isto é, se a Constituição é o local adequado para tais previsões, fato é que, trazendo em seu corpo *normas suficientemente detalhadas e específicas*, servirá de fonte da disciplina de uma relação jurídica de direito civil.[21]-[22]

O que se deve ressaltar, como fez Perlingieri,[23] é que, de um jeito ou de outro, em face do centralismo constitucional, a Constituição acabará sempre por ser utilizada.

3.4.2. *Eficácia horizontal dos direitos fundamentais*

Em face do centralismo constitucional, é possível afirmar que as normas constitucionais, principalmente as que reconhecem direitos fundamentais, aplicam-se nas relações entre particulares. É o que se tem denominado de *eficácia horizontal dos direitos fundamentais*. Horizontal porque, tradicionalmente, o Diploma Maior aplica-se como garantia do cidadão em face do Estado, detentor dos poderes públicos, em relação *vertical* (o Estado coloca-se, em razão de suas prerrogativas, *acima* do indivíduo). Mas entre particulares não há desigualdade. Todos situam-se no mesmo plano *horizontal*.

Cabe, novamente, verificar como incidem as normas constitucionais nas atividades privadas.

Primeiro por meio das normas de direito privado que reproduzem o conteúdo da regra constitucional. Por exemplo, a inviolabilidade da vida privada (art. 21 do Código Civil e art. 5º, X, da Constituição Federal).

Em segundo, utilizando-se as cláusulas gerais e conceitos vagos, cujos conteúdos serão preenchidos com os valores-guias constitucionais.

Por fim, se não existir cláusula geral ou norma de direito privado, a regra constitucional enunciadora de um direito fundamental será aplicada autonomamente (como dito acima, incidirá *diretamente*).

---

21. Pietro Perlingieri, *O direito civil na legalidade constitucional*, ed. brasileira organizada por Maria Cristina De Cicco, Rio de Janeiro: Renovar, 2008, p. 589.
22. Ainda quanto à utilização da expressão *direito civil constitucional*, o fenômeno ora retratado – aplicação direta da Constituição – parece nela se encaixar, isto é, considera-se *direito civil constitucional* as normas substanciais, inseridas na Constituição Federal, que, detalhadas e específicas, servem de fontes para uma relação de direito civil (p. ex. as normas sobre direito de família previstas no art. 226).
23. *O direito civil na legalidade constitucional*, *cit.*, p. 590.

III – DOS SUJEITOS DE DIREITO

1. DAS PESSOAS NATURAIS

1.1. O estudo dos sujeitos de direito

Estrutura do CC/2002 e os sujeitos de direito. Já se referiu que o Código Civil brasileiro, tanto o de 2002 quanto o revogado, é dividido em uma parte geral e outra de direito especial, influenciado nitidamente pelo diploma alemão (BGB) idealizado por Savigny. A Parte Geral, funcionando como verdadeiro pressuposto da disciplina das normas específicas – e, em minha visão, do Direito positivo como um todo –, regulamenta o que se poderia denominar de elementos estruturais do direito privado: as pessoas, os bens e os fatos jurídicos. A Parte Especial estabelece a simbiose entre tais elementos, regrando as situações específicas e pertinentes a cada área do Direito Civil. Assim é que o Direito das Obrigações disciplina as relações entre pessoas, vinculadas estas à prestação de algo em favor da outra (daí porque é também conhecido o campo obrigacional como *direito pessoal*); ou o Direito das Coisas, que sistematiza a relação estabelecida entre as pessoas e os bens (coisas).

Pessoas naturais e sua proeminência no sistema. O estudo do presente capítulo recai sobre as pessoas naturais, *sujeitos de direito tanto quanto as pessoas jurídicas*, seguindo-se a ordem sistemática do próprio Código Civil. Nesses escritos, sigo essa mesma estrutura não apenas por tal motivo – isto é, por força da localização topográfica do assunto, o que certamente contribui para a didática da análise – mas também por razões técnicas. É que o estudo do sujeito de direito deve mesmo ser feito em primeiro lugar. E isso porque os sujeitos, como fundamento do próprio direito, guardam posição de proeminência em face de todo o sistema. Trata-se de pressuposto para todo o resto do direito civil. Aliás, é precisamente por isso que os Códigos modernos regulamentam, antes de qualquer coisa, a pessoa. Basta ver que a Constituição Federal trata dos direitos fundamentais das pessoas logo no seu início, antes mesmo de normatizar e limitar o Poder Estatal. Vou além: a *dignidade da pessoa humana* integra o rol de fundamentos da República Federativa do Brasil, logo no primeiro dispositivo da Carta (art. 1º, III). E é certo que tal fato não é obra do acaso. Indica, no mínimo, a posição assumida pelo legislador constituinte.

Pessoa natural e pessoa jurídica. O Código inicia o estudo dos sujeitos de direito pelas pessoas físicas, ou naturais. A pessoa jurídica é tratada após, e isso não quer significar qualquer *capitis deminutio* dos entes morais em face daquelas. Como referido, ambas as pessoas – físicas e jurídicas – são sujeitos de direito e, como tais, aptas a adquirir direitos e contrair obrigações. Mas o suporte das pessoas jurídicas é sempre a pessoa física, ainda naqueles casos em que se atribui personalidade ao conjunto de bens (fundação), porque será ela, a pessoa natural, em última instância, que lhe dará o cérebro e os braços para o seu atuar no mundo jurídico e dos fatos. Daí porque colocar em primeiro lugar as pessoas naturais e, em sequência, as jurídicas. Assim raciocinando, as *pessoas naturais são, também, pressupostos das pessoas morais*.

Animais. Os animais não são sujeitos de direito, mas coisas e, assim, podem ser objeto de direito. A despeito disso, e como deve mesmo ser, o direito os protege para, nas palavras de Francisco Amaral, *garantir-lhes a sua função ecológica, evitar a extinção das espécies ou defendê-los da crueldade humana* (art. 225, VII, da Constituição Federal).[1]

> **Animais são *semipessoas?*** *Como* já acentuei em mais de uma passagem – e assim será necessário fazer porque, de fato, vivemos uma *polarização do ser humano* em face do sistema jurídico – o direito existe *hominum* causa. Daí porque os animais ficam excluídos do seu raio de ação como *sujeitos de direitos*. Carlos Alberto Dabus Maluf e Adriana Caldas do Rego Freitas Dabus Maluf citam lição de Roberto de Ruggiero que me parece rigorosamente adequada: *"os animais são tomados em consideração apenas para fins sociais, pela necessidade de se elevar o sentimento humano, evitando-se o espetáculo degradante de perversa brutalidade. Nem se pode dizer igualmente que os animais tenham semidireitos ou sejam semipessoas."*[2]

Estudemos, pois, a pessoa humana.

1.2. Personalidade jurídica e capacidade

1.2.1. Conceito e entendimento

Personalidade. Personalidade jurídica, ainda denominada de *capacidade de direito, de gozo* ou *de aquisição*, é a aptidão genérica para adquirir direitos e contrair obrigações, conceito que se pode extrair, em certa medida, do art. 1º do CC.[3] É o que efetivamente qualifica a pessoa natural como *sujeito de direito*. Veja-se, portanto, e corroborando a distinção conceitual feita acima, que *pessoa natural* e *sujeito de direito* não são conceitos idênticos. Não se retire disso, ao menos em face dos modernos sistemas jurídicos,[4] que existem pessoas naturais vivas que não são sujeitos de direi-

---

1. *Direito Civil – Introdução*, 6ª ed., Rio de Janeiro – São Paulo – Recife: 2006, p. 215. O autor refere, ainda, existir discussão sobre a possibilidade de os animais constituírem-se em sujeitos de direitos. É que a Unesco elaborou, 15 de outubro de 1978, declaração dos direitos dos animais. Conclui, com fundamento em lição de Guido Alpa, que os *animais são, assim, objeto de proteção jurídica, na qualidade de seres vivos autônomos a que se reconhece sensibilidade psicofísica e reação à dor* (p. 216).
2. *Introdução ao Direito Civil*, São Paulo: Saraiva, 2017, p. 89.
3. O dispositivo não usa os termos *personalidade*, nem *aptidão* e nem *obrigações*. Mas refere-se à *capacidade*. Toda pessoa é *capaz de direitos e deveres na ordem civil. Capacidade*, aqui utilizada, é aquela de *gozo* ou de *direito* (ou, em uma palavra, *é personalidade*). A referência ao *deveres* serve para mostrar que estão abarcadas também as relações sem cunho patrimonial (diferentemente das *obrigações*, em sentido técnico, que dizem respeito às relações de crédito, sempre patrimoniais).
4. Poder-se-ia trabalhar com o exemplo dos escravos em algumas culturas. São pessoas naturais, mas desprovidas de personalidade. Por mais absurdo que possa parecer – e inadmissível em face do atual Direito – os escravos seriam pessoas naturais, mas não sujeitos de direito. Disso decorreria, por exclusão, que se lhes tratariam como *objeto* de direito.

III – DOS SUJEITOS DE DIREITO

to porque, para tanto, basta ao ser humano nascer com vida, conforme explico em seguida. Quero apenas significar que, tecnicamente, são figuras jurídicas distintas.

A respeito da etimologia das palavras *personalidade* e *pessoa*, costuma-se apontar que derivam de *persona*, do latim, vocábulo que representava a máscara de atores capaz de amplificar suas vozes e, assim, viabilizar sua interpretação cênica (de *per sonare*). Dir-se-ia que no teatro somente se atua por meio da *persona* (máscara) e no mundo jurídico só se atua através da *personalidade jurídica*.

Ter personalidade é, portanto, aptidão para titularizar direitos e, ao mesmo tempo, contrair obrigações.

1.2.2. Início da personalidade jurídica

Personalidade e sujeito de direito. Partindo-se da ideia de que a personalidade é a situação daquele que pode ter direitos e obrigações, isto é, aquele *apto* a titularizar direitos e contrair obrigações, imprescindível é analisar exatamente em que momento ela passa a existir. Será este momento o crucial para o surgimento do sujeito de direito: falar em *personalidade* é falar em *sujeito de direito*. No caso em estudo, surgimento do *sujeito de direito* na modalidade *pessoa natural*, ou *física*.

Teorias sobre o início da personalidade. Costuma-se apontar, essencialmente, três teorias a respeito do tema. A *teoria natalista* apregoa que personalidade existe quando ocorre o nascimento com vida. Outra, a *concepcionista*, entende que personalidade existe já a partir da concepção, vale dizer, com a fecundação do óvulo.

Há sistemas jurídicos, ainda, que incorporaram a denominada *teoria da viabilidade da vida e forma humana*. De acordo com ela, é preciso que o recém-nascido exiba viabilidade *habilis vitae*[5] (a exemplo do direito francês) ou, em certos casos, que tenha aparência humana ou, ainda, condiciona a aquisição da personalidade ao transcurso de certo lapso temporal.[6]

Teoria natalista e o art. 2º do Código Civil. No lugar de se argumentar, academicamente, sobre qual delas desponta como a melhor ou mais adequada, é mister verificar qual a adotada em nosso sistema e, a teor do quanto escrito no art. 2º do Código Civil, é possível dizer que foi a natalista. Afirma o dispositivo que "*a personalidade civil da pessoa começa do nascimento com vida; mas a lei põe a salvo, desde a concepção, os direitos do nascituro.*"

---

5. Falar em *viabilidade* para a vida humana é falar em *aptidão para viver*. Essa aptidão não existe para aqueles que venham a nascer sem determinados órgãos essenciais. Repise-se: em face do direito brasileiro, qualquer pessoa que venha a nascer com vida terá personalidade, seja lá quais anomalias (internas ou externas) possa ter.

6. Era o regime adotado pelo Código Civil espanhol, antes de alteração operada em 2011 (Lei 20, de 21 de julho de 2011). Assim se escrevia o art. 30: "*Para los efectos civiles, sólo se reputará nacido el feto que tuviere figura humana y viviere veinticuatro horas enteramente desprendido del seno materno.*" A atual redação adotou, também, a teoria natalista, destacando, inclusive, a necessidade de que se tenha por finalizada a unidade biológica entre mãe e filho: "*La personalidad se adquiere en el momento del nacimiento con vida, una vez producido el entero desprendimiento del seno materno*".

Em meu sentir, é esta a opção do legislador brasileiro. Mas o dispositivo parece conter uma contradição – ou delinear outro conceito de *personalidade* – que poderá levar à conclusão diferente. É que o artigo refere-se aos *direitos* do nascituro que, por definição, é o *ser vivo* originado a partir da fecundação e ainda no útero materno. Em outras palavras, é o ser concebido, mas não nascido, que ainda se acha nas entranhas maternas.[7]

Nascituro e a jurisprudência do Supremo Tribunal Federal e do Superior Tribunal de Justiça.

A jurisprudência do Supremo Tribunal Federal sempre pareceu caminhar no sentido de adotar a teoria natalista. Já em 1993, o Min. Francisco Rezek, relator do RE 99.038, apontou que a proteção do nascituro é, em realidade, a *proteção de uma expectativa*. Indica adotar teoria condicional: protege-se o nascituro porque a tendência é a de que ele venha a adquirir personalidade com o seu nascimento com vida. Em 2008, na ADin 3.510 (que tinha por objetivo discutir a constitucionalidade da autorização legal para se manipular células-tronco de embriões excedentários sem finalidade reprodutiva, em especial art. 5º da Lei 11.105/2005 – Lei de Biossegurança), restou acolhido o voto do relator do Min. Ayres Britto. Nele, reconheceu-se que os direitos constitucionais não servem de fundamento para a proteção do nascituro. O início dessa proteção aconteceria, então, apenas no momento do nascimento com vida. Já o Superior Tribunal de Justiça, para fins de indenização – normalmente por *danos morais* – considera que o nascituro pode ter *direitos burlados* (logo, reconhecendo existência de *direitos subjetivos* do nascituro).[8] Mais recentemente, decidiu esta mesma Corte: "(...) 1. A despeito da literalidade do art. 2º do Código Civil – que condiciona a aquisição de personalidade jurídica ao nascimento –, o ordenamento jurídico pátrio aponta sinais de que não há essa indissolúvel vinculação entre o nascimento com vida e o conceito de pessoa, de personalidade jurídica e de titularização de direitos, como pode aparentar a leitura mais simplificada da lei. 2. Entre outros, registram-se como indicativos de que o direito brasileiro confere ao nascituro a condição de pessoa, titular de direitos: exegese sistemática dos arts. 1º, 2º, 6º e 45, caput, do Código Civil; direito do nascituro de receber doação, herança e de ser curatelado (arts. 542, 1.779 e 1.798 do Código Civil); a especial proteção conferida à gestante, assegurando-se-lhe atendimento pré-natal (art. 8º do ECA, o qual, ao fim e ao cabo, visa a garantir o direito à vida e à saúde do nascituro); alimentos gravídicos, cuja titularidade é, na verdade, do nascituro e não da mãe (Lei n. 11.804/2008); no direito penal a condição de pessoa viva do nascituro – embora não nascida – é afirmada sem a menor cerimônia, pois o crime de aborto (arts. 124 a 127 do CP) sempre esteve alocado no título referente a "crimes contra a pessoa" e especificamente no capítulo "dos crimes contra a vida" – tutela da vida humana em formação, a chamada vida intrauterina. (...) 3. As teorias mais restritivas dos direitos do nascituro – natalista e da personalidade condicional – fincam raízes na ordem jurídica superada pela Constituição Federal de 1988 e pelo Código Civil de 2002. O paradigma no qual foram edificadas transitava, essencialmente, dentro da órbita dos direitos patrimoniais. Porém, atualmente isso não mais se sustenta. Reconhecem-se, corriqueiramente, amplos catálogos de direitos não patrimoniais ou de bens imateriais da pessoa – como a honra, o nome, imagem, integridade moral e psíquica, entre outros. 4. Ademais, hoje, mesmo que se adote qualquer das outras duas teorias restritivas, há de se reconhecer a titularidade de direitos da personalidade ao nascituro, dos quais o direito à vida é o mais importante. Garantir ao nascituro expectativas de direitos, ou mesmo direitos condicionados ao nascimento, só faz sentido se lhe for garantido também o direito de nascer, o direito à vida, que é direito pressuposto a todos os demais. 5. Portanto, é procedente o pedido de indenização referente ao seguro DPVAT, com base no que dispõe o art. 3º da Lei n. 6.194/1974. Se o preceito legal garante indenização por*

---

7. Nestor Duarte, *Código Civil Comentado*, coautoria, coord. Cezar Peluso, 8ª ed., Barueri: Manole, 2014.
8. Assim, por exemplo, no REsp 399.029/SP, Rel. Min. Sálvio de Figueiredo Teixeira, j. 15.04.2002.

morte, o aborto causado pelo acidente subsume-se à perfeição ao comando normativo, haja vista que outra coisa não ocorreu, senão a morte do nascituro, ou o perecimento de uma vida intrauterina. 6. Recurso especial provido." (4ª Turma, REsp 1415727/SC, Rel. Min. Luis Felipe Salomão, j. 04.09.2014).

Nascimento com vida. Retomando a linha do tópico, para que exista personalidade há que se verificar se houve nascimento com vida (art. 2º). E, nascimento com vida nada diz quanto ao corte do cordão umbilical, ou à forma de parto (se natural, se cirúrgico) etc. O que se deve seguir é isto: o completo *término da unidade biológica* entre o nascituro e a mãe, a máxima independência entre os organismos – de modo que o novo não mais precise do da genitora – o que se verifica, no campo prático, por meio da *entrada de ar nos pulmões da criança.*

Note-se, nesse sentido, que basta uma brevíssima respiração para que se considere ter ocorrido vida, ainda que segundos depois venha a criança falecer. Sobre o assunto, a par de existirem diversas perícias capazes de determinar se houve respiração (e, assim, vida e, com ela, *aquisição jurídica de personalidade*), é de se apontar como principal técnica – e provavelmente em razão de sua simplicidade – a *docimasia* (ou *docimásia*) *hidrostática de Galeno*, consistente em colocar os pulmões do recém-nascido morto em um balde d'água e observar se flutuam, fato signo de ar em seu interior e, assim, de respiração.

Consequências da vida, ainda que breve. A constatação de ter respirado, ou não, longe de ser apenas teórica, envolve aspectos jurídicos importantes. Exemplifico: se a criança nasce e morre em seguida, terá adquirido personalidade, o que demandará um registro de nascimento e outro de óbito, com remissões recíprocas (art. 53, § 2º, da Lei de Registros Públicos[9]). Já o que nasceu morto ou morreu no parto – *natimorto* – terá seu registro feito no livro próprio (chamado de *livro C-Auxiliar*, nos termos do art. 53, § 1º, da referida lei), a despeito de não ter adquirido personalidade.

> **Natimorto e direito ao nome.** Em São Paulo, as Normas de Serviço da Corregedoria Geral da Justiça, facultam que se inscreva, inclusive, o nome do *natimorto,* no Livro C Auxiliar. É o que determina o item 32, do Capítulo XVII: *"Em caso de natimorto, facultado o direito de atribuição de nome, o registro será efetuado no livro "C-Auxiliar", com o índice em nome do pai ou da mãe, dispensando o assento de nascimento".* A permissão de atribuição e registro do nome do natimorto está em perfeita sintonia com o que se entende, atualmente, por direitos da personalidade e, de modo mais amplo, ao fundamento da dignidade da pessoa humana.

No campo do direito das sucessões, importantes consequências também podem surgir. Afigure-se este exemplo: marido e mulher são casados pelo regime da separação de bens. A mulher está gravida e o marido vem a falecer, deixando os seus pais vivos. Durante o parto, perece a criança. O infante, se viveu, ainda que brevemente, recebeu o patrimônio do seu genitor, a título de herança, transmitindo, logo em seguida,

---

9. Em São Paulo, escreve o item 32.1, Cap. XVII, das NSCGJ: *"Se a criança chegou a respirar, morrendo por ocasião do parto, serão feitos, necessariamente no mesmo Registro Civil das Pessoas Naturais, os 2 (dois) assentos, o de nascimento e o de óbito, com os elementos cabíveis e remissões recíprocas."*

com a sua morte, à sua genitora (que era sua herdeira). Se, de outro modo, nasceu morto, isto é, não chegou a respirar, a herança do genitor passou para os pais destes (avós paternos do falecido), posto que o *natimorto* não chegou a ter personalidade e, assim, nada recebeu. A sorte do patrimônio, como se vê, depende diretamente desta importante constatação.

1.2.3. Exercício dos direitos e as incapacidades

Relação entre *personalidade* **e** *capacidade/incapacidade.* Já ressaltei que *personalidade jurídica* equivale ao que se chama *capacidade de direito, de gozo* ou *de aquisição*, no sentido de ser aptidão conferida às pessoas de titularizar direitos e posições jurídicas bem como de contrair obrigações. Conclui-se disso que todos os seres humanos vivos, a partir do nascimento com vida e enquanto se encontram nessa situação, têm personalidade jurídica, exteriorizada por meio da possibilidade (capacidade, aptidão) de adquirir direitos e, de outro lado, contrair obrigações.

Acontece, entretanto, que a par de titularizar certos direitos, as pessoas, em situação de normalidade, podem também *exercê-los pessoalmente*, isto é, por suas próprias mãos podem tomar as providências que dizem respeito à gerência de suas vidas, sem que qualquer outra pessoa tenha que interferir. É o que acontece com o engenheiro ao assinar um contrato para desenhar determinada obra viária mediante certo pagamento. Ou ainda o estagiário de direito que, já com 18 anos e ao receber seu primeiro pagamento, resolve comprar uma televisão nova. Ambos decidiram praticar certo ato e assim o fizeram, sem a necessidade de concorrência de mais ninguém. Realizaram, ambos, negócios jurídicos *pessoal* e *diretamente*.

Incapacidade como *modelo protetivo.* Os dois exemplos dados acima não representam, entretanto, o que sucede sempre. É possível que o sujeito de direito, a despeito de titularizar uma posição jurídica, não possa, por circunstâncias personalíssimas, desfrutar, por suas próprias mãos, daquela situação subjetiva. Imagine-se a criança de 9 anos que herdou, e, portanto, é sua, casa na praia. O direito de propriedade é dela e, a princípio, se maior de idade fosse, poderia alienar o bem livremente, sem a participação de mais ninguém. Nesta circunstância, entretanto, não poderá praticar tal ato sozinha, dependendo de outra pessoa que possa, por ela, fazê-lo. Não tem a criança, dessa forma, *capacidade de exercício*, ou *de fato.*

Daí porque se costuma definir *capacidade* como a medida da personalidade (que é, como visto, a aptidão de adquirir direitos e obrigações). Nesse sentido, a *personalidade* estaria limitada pela *incapacidade*. Não me parece, entretanto, muito precisa a assertiva, tão difundida em nosso Direito Civil. E isso porque, em verdade, a incapacidade, se existente, não altera o conteúdo da personalidade. O incapaz não tem subtraída ou diminuída, em qualquer momento, sua aptidão para titularizar direitos. O que acontecerá é que não poderá, ele próprio, exercitar suas posições jurídicas, dependendo de outrem para tanto.

Em nosso sistema, como decorrência do quanto explicado acima, é possível catalogar as pessoas, quanto à sua capacidade de laborar na vida jurídica, em três níveis: aquelas que são *capazes*, as que são *relativamente incapazes* e, ainda, as que são *absolutamente incapazes*. Visto que são capazes os sujeitos que, por eles mesmos, não só adquirem direitos e obrigações, mas também os exercitam e gerenciam, cumpre analisar aqueles cuja capacidade não é plena.

Nesse contexto, as incapacidades – em seus dois níveis – revelam-se como *figuras de proteção* àquele que não pode realizar diretamente os negócios que lhe interessam. O absolutamente incapaz será representado para que seu representante *lhe proteja*. A teoria das incapacidades, veja-se, existe para isso: proteger aquele que, presumidamente ou não, não tem condições de, por si só, gerir sua vida. E essa nota é, hoje, muito importante, porque há quem se insurja contra a expressão *incapaz* que, para o leigo (ou para o mal informado mesmo), poderia soar como termo *pejorativo* e *ofensivo*.[10] Permitam-me então repetir o que já se fala, aqui no Brasil, desde Lafayette Rodrigues Pereira (Conselheiro Lafayette), Augusto Teixeira de Freitas, Martiniano de Alencar, Coelho Rodrigues, Felício dos Santos, Tobias Barreto e Clóvis: a teoria das incapacidades é instrumento *de proteção*, e não fonte de *humilhação* ou mecanismo destinado a criar um *sujeito de direito* de casta inferior.

1.2.4. *Regime jurídico imposto pelo Estatuto da Pessoa com Deficiência (EPD – Lei 13.146/2015)*

É consabido que o Estatuto da Pessoa com Deficiência trouxe alteração profunda na teoria das incapacidades. O Diploma tem inspiração em Convenções internacionais acerca do tema, e considera pessoa com deficiência *aquela que tem impedimento de longo prazo de natureza física, mental, intelectual ou sensorial, o qual, em interação com uma ou mais barreiras, pode obstruir sua participação plena e efetiva na sociedade em igualdade de condições com as demais pessoas* (art. 2º, *caput*).

Para o que por ora nos interessa, diga-se, em resumo, que o EPD extirpou do rol do art. 3º (absolutamente incapazes) *fator sanidade*, de modo que serão considerados completamente incapazes apenas os menores de 16 anos (*fator etário*).

---

10. É essa uma marca de nossos atuais tempos: quase tudo ofende alguém. Algumas situações de fato são ofensivas e devem assim ser tratadas. Outras – e são muitas – não. Esse meu comentário certamente transborda do jurídico, e revela um pouco do que penso sobre o tema. Mas ainda assim tem repercussão para o Direito. Termos jurídicos – nos ensina a metodologia científica – devem ser vistos como *técnicos, precisos e científicos*. *Incapaz* é uma dessas expressões. É termo *técnico* e *preciso* para nós, operadores do direito. Não mancha a honra de ninguém. Ao contrário. Como visto, considerar alguém *incapaz* tem exatamente o escopo de se lhe proteger. Deveria eu, como juiz de direito, me ofender quando um advogado, com razão para tanto, ofertar, contra mim, uma *exceção*, por me considerar *incompetente* para julgar uma determinada causa? Certo que não. *Incompetência* é outro termo técnico – processual – para definir o órgão judicante que não tem atribuição para processar e julgar certa demanda. "Ciência" que despreza terminologia adequada e que se deixa influenciar por posições laicas e ideológicas não é Ciência, é "opinião".

1.2.5. Incapacidade absoluta

Situação antes da vigência da Lei 13.146/2015 (EPD). Parece-me de razoável importância mencionar como se tratava o assunto antes do advento do EPD. O estudioso, o aluno, o concurseiro precisa dessas informações para bem compreender o regime atual, até para que possa tirar suas conclusões sobre a bondade, ou não, do novo regime.

Por definição (definição ruim, em minha opinião, porque leva em conta a *consequência* do instituto, e não o que ele *realmente é*), é absoluta a incapacidade quando há total vedação do sujeito para o exercício, pessoalmente, de seus direitos. Frise-se novamente: não há limitação na aquisição de direitos, posto que é decorrência da personalidade a possibilidade de titularizar direitos. A ressalva diz respeito apenas ao exercício deles.

Encontravam-se nessa condição, isto é, eram absolutamente incapazes, nos termos do art. 3º do Código Civil, em sua redação original, os menores de 16 anos; os que, por enfermidade ou deficiência mental, não tivessem o necessário discernimento para a prática dos atos da vida civil e os que, mesmo por causa transitória, não pudessem exprimir sua vontade.

Primeiro caso é decorrência de aplicação do fator etário à teoria das incapacidades: são, e assim permanecem, absolutamente incapazes os menores de 16 anos. Mais direi adiante.

Ao mencionar *os que, por enfermidade ou deficiência mental, não tiverem o necessário discernimento para a prática dos atos da vida civil,* o CC/2002 substituiu, adequadamente (aqui me parece razoável), a antiga expressão *loucos de todo gênero* (art. 5º, II, do Código Civil de 1916). A fórmula utilizada pelo CC/2002 abarcou, tal como originalmente redigido o art. 3º, aqueles que, seja por razão patológica, seja por motivos acidentais e, ainda, congênitas ou adquiridas, não tinham discernimento suficiente para a gerência de suas vidas.

Note-se que não há um critério fixado para determinar o que venha a ser *necessário discernimento,* ficando, portanto, a cargo do magistrado, ao apreciar o caso concreto.

Aqueles que assim se encontravam – antes, repita-se, do EPD – eram interditados judicialmente. Nestes casos, o entendimento corrente sempre foi o que a interdição gerava, automaticamente, a invalidade dos atos e negócios jurídicos eventualmente celebrados posteriormente pelos interditados. Entretanto, para que se invalidassem os atos pretéritos, não era de rigor a interdição, exigindo-se a prova da insanidade ao tempo da prática do negócio jurídico. Isso significa que o decreto de interdição não invalidava, *per se,* os atos anteriores. Era necessário, para tanto, a comprovação da falta de discernimento. A posição afina-se com a necessidade de proteção dos terceiros

III – DOS SUJEITOS DE DIREITO **45**

de boa-fé que com o incapaz contrataram.[11] Essa lição é ainda aplicável, mesmo em face do EPD, para os casos em que o deficiente mental for interditado (relativamente incapaz). O que se alterou foi a presunção: parte-se do pressuposto que o ato praticado pelo deficiente mental *é válido* porque ele é considerado *plenamente capaz*.

O dispositivo em questão – revogado inciso II do art. 3º – era melhor do que o seu equivalente no CC/2016, e não apenas por ter deixado de lado a expressão *loucos de todo gênero*, mas porque sua redação alcançava não apenas o incapaz sem qualquer discernimento, mas também aquele que, ainda sem ausência absoluta, não tivesse o necessário discernimento.[12]

Também inseridos no art. 3º estavam aqueles que, *mesmo por causa transitória, não pudessem exprimir sua vontade*. O dispositivo, que representou inovação em nosso sistema, encerrava regra de que o sujeito que, por razões permanentes ou transitórias, estivesse sem condições de manifestar sua vontade, era considerado absolutamente incapaz.

Incapacidade absoluta à luz da Lei 13.146/2015 (EPD): atual art. 3º.

Já adiantei que o Estatuto da Pessoa com Deficiência extirpou do art. 3º aplicação do fator sanidade (critério subjetivo), deixando como absolutamente incapazes, em nosso sistema, somente os menores de 16 anos. Restou, pois, para assim se considerar o sujeito de direito, somente a aplicação de fator etário.

A primeira consequência disso é que aquele que não tenha discernimento não mais poderá ser enquadrado como absolutamente incapaz. A ingerência em sua vida civil, portanto, será menor. A situação alcança diretamente os deficientes mentais, como melhor se verá.

Presume o legislador que o menor de 16 anos ainda não alcançou o suficiente discernimento para distinguir o que pode ou não fazer, isto é, o que pode e o que não pode lhe causar prejuízos.

A atual idade-limite para a configuração do absolutamente incapaz foi fixada por Clóvis Beviláqua quando da redação do Código Civil de 1916 e foi repetida pelo atual Diploma. Discute-se sobre a conveniência de reduzir a idade, considerando-se que a mentalidade dos jovens atualmente é em muito diferente daquela quando promulgado o Código Civil revogado.[13]

A idade e o critério variam em outras legislações.

---

11. Daí o STJ já ter decidido que a prova da insanidade deve ser robusta, convincente e idônea (4ª Turma, REsp. 9077, rel. Min. Sálvio de Figueiredo Teixeira, j. 25.02.92, *DJ* 30.03.1992).

12. Nesse sentido: *"Deve-se ressaltar, aqui, que o legislador utilizou-se de expressão mais feliz do que aquela utilizada pelo Código anterior, evitando-se a interpretação de que somente as pessoas com grau de insanidade elevado, seriam consideradas absolutamente incapazes, o que não é, efetivamente, a ratio desta regra"* (*Código Civil Interpretado Conforme a Constituição da República*, vol. I, coord. Gustavo Tepedino, Heloisa Helena Barboza e Maria Celina Bodin de Moraes, Rio de Janeiro – São Paulo – Recife: Renovar, p. 12).

13. V. nesse sentido Maria Helena Diniz, *Curso de Direito Civil Brasileiro*, vol. 1, 26ª ed., São Paulo: Saraiva, 2009, p. 156-157.

Quanto ao critério, o direito francês não se preocupou em fixar qualquer idade, deixando ao prudente arbítrio do juiz verificar o discernimento do jovem. Cito, também, o direito alemão, que considera absolutamente incapaz o menor de 7 anos, de maneira que aqueles que ultrapassaram essa idade exercitam seus direitos, ainda que com certas limitações (art. 106). Na Argentina, o marco que separa os menores púberes dos impúberes é a idade de 14 anos (art. 127).

Trata-se, como se vê, de opção legislativa.

1.2.6 Incapacidade relativa

Limitações à atuação dos relativamente incapazes. Os relativamente incapazes são sujeitos que podem manifestar sua vontade e, assim, praticar atos jurídicos, mas desde que observadas certas condições. Já disse Sílvio Rodrigues que eles estão *a meio do caminho entre os casos de integral inaptidão e os de perfeito desenvolvimento intelectual.*[14] O que há, portanto, é a parcial deficiência na vontade desses sujeitos, que é ajustada por meio da assistência e da proibição da prática de certos atos, abaixo analisados. Tanto é assim que o *caput* do art. 4º fala em incapacidade para a prática de *certos atos* ou *à maneira de os exercer.* Compare-se com a mais rigorosa redação do art. 3º, que limita-se a dizer que são absolutamente incapazes de *exercer pessoalmente os atos da vida civil* (…). A dicção do art. 4º passa, propositadamente, a nítida ideia de que os relativamente incapazes realizam alguns atos e, outros, realizam com certas restrições. Agir com restrições é diferente de não agir.

O que se deve sublinhar, nesse momento, é que os relativamente incapazes estão em grau intermediário quanto à possibilidade de pessoal e plenamente exercitar seus direitos: não estão compreendidos no rigoroso sistema que rege os absolutamente incapazes, mas também não tem total liberdade de gerir suas vidas, como os capazes.

Casos de incapacidade relativa. O rol do art. 4º também sofreu razoável alteração com o EPD. Diria que, na verdade, tornou-se o *cerne do sistema de incapacidades no Brasil.* E isso porque as pessoas com reduzido grau de discernimento, ou mesmo com capacidade cognitiva inexistente, serão agora sempre enquadradas, se o caso, nessa lista, e não mais sob o regime do art. 3º.

O Código Civil, com sua atual redação, considera relativamente incapazes os maiores de 16 e menores de 18 anos; os ébrios habituais e os viciados em tóxicos; aqueles que, por causa transitória ou permanente, não puderem exprimir sua vontade e os pródigos. Analiso cada caso e, se pertinente, fazendo comparação com o sistema anterior à vigência do EPD.

a) Os maiores de 16 e menores de 18 anos.

À semelhança do que faz em relação aos absolutamente incapazes, menores de 16 anos, o legislador considera que aqueles que se encontram entre 16 e 18 anos não

---

14. *Direito Civil*, I, p. 48.

tem o completo discernimento para a prática dos atos da vida civil. Mas a situação é aqui diferente, por uma razão muito simples: o direito não despreza a sua vontade, como o faz em relação ao absolutamente incapaz, mas a leva em conta, tendo-a por apta a produzir efeitos jurídicos, desde que devidamente assistido e observadas as exigências legais.

Acrescento, entretanto, que o menor entre 16 e 18 anos não poderá, para se desobrigar, invocar sua idade se propositadamente a ocultou para a realização de determinado negócio jurídico o se, ao se obrigar, dolosamente se declarou maior (art. 180).

Recorde-se, ainda, que "a incapacidade relativa de uma das partes não pode ser invocada pela outra em benefício próprio, nem aproveita aos cointeressados capazes, salvo se, neste caso, for indivisível o objeto do direito ou da obrigação comum." (art. 105).

É possível, ainda, que em situações excepcionais, o menor relativamente incapaz, possa atuar independentemente da presença de seu assistente. Assim, v. g., poderá aceitar mandato (art. 666, CC); realizar testamentos (art. 1.860, parágrafo único); requerer registro de seu nascimento (art. 50, § 3º,[15] da Lei 6.015/1973).

b) Os ébrios habituais e os viciados em tóxicos.

Nestes casos, a lei presume a redução da sua capacidade volitiva. Assim já eram considerados pela doutrina – tanto os ébrios quanto os viciados – em razão do art. 30, § 5º, do Decreto 891/1938.

A antiga redação do inciso II mencionava, também, aqueles que por *deficiência mental tivessem o discernimento reduzido*. O dispositivo contemplava, então, três situações que acarretavam a incapacidade relativa: a embriaguez habitual, o vício em tóxicos e a deficiência mental que reduzisse o discernimento do sujeito. Esta última situação foi excluída do dispositivo pelo EPD.[16]-[17]

Para o inciso em análise, são considerados relativamente incapazes os *dipsômanos* ou *alcoólatras* (aqueles sem poder de controle para o consumo de bebidas alcoólicas), e os *toxicômanos* (aqueles com compulsão pelo consumo de psicotrópicos, ópio,

---

15. A Lei de Registros Públicos ainda fala em "menores de 21 anos e maiores de 18", isto é, os que eram considerados *relativamente incapazes* no sistema do CC/1916.

16. Em relação à deficiência mental, dizia-se, sob a égide do regime anterior ao EPD, que ela deveria ser apta a reduzir o discernimento. Criticava-se a redação porque não haviam parâmetros legais para se determinar o que era, exatamente, *discernimento reduzido*. A divisão que se tinha, então, era a seguinte: seriam absolutamente incapazes aqueles que não tivessem o necessário discernimento para a prática dos atos jurídicos e relativamente os que tivessem, mas de maneira *reduzida*.

17. A antiga redação do inciso III, do art. 4º, contemplava, ainda, os *excepcionais, sem desenvolvimento mental completo*. Tratava-se de causa de incapacidade relativa que não se confundia com a deficiência mental. O sistema atual, entretanto, parece ter procurado tratar as duas situações dentro do atual inciso III, do art. 4º, isto é, será relativamente incapaz aquele que, por causa transitória ou permanente, não puder exprimir sua vontade.

crack etc.). É preciso que, nestas condições, a situação do dependente subtraia a sua capacidade cognitiva.

É possível que este estado – de dipsomania ou toxicomania – traga ao viciado doenças supervenientes, tais como psicose e mal de Alzheimer. A causa, então, da incapacidade, será a moléstia, se esta retirou, também, sua cognição (amoldando-se, pois, à hipótese do inciso III, a seguir estudado).

c) Aqueles que, por causa transitória ou permanente, não puderem exprimir sua vontade.

A lei se refere, atualmente, àqueles que, de maneira geral, por causa passageira ou definitiva, não podem manifestar sua vontade. A redação do dispositivo parece demonstrar que houve alargamento do conceito de incapacidade. Veja-se, por exemplo, que não há menção expressa à surdo-mudez como causa de incapacidade, mas ela, entretanto, em casos extremos, se impossível ao sujeito manifestar de qualquer forma sua vontade, deverá ser considerada relativamente incapaz por enquadrar-se no art. 4º, III, do CC.[18]

O inciso abarcará, ainda, pessoas em estado de coma e os doentes ou portadores de patologias que subtraiam a capacidade de exteriorizar vontade (como pode ocorrer com arteriosclerose, paralisia, aumento excessivo da pressão arterial etc.).[19]

Pelos mesmos motivos, será anulável o negócio jurídico realizado por pessoa em estado de embriaguez (não habitual) ou sob o efeito do uso excessivo de entorpecentes. Nestes casos, veja-se, a pessoa tem, ordinariamente, condições cognitivas normais, e é justamente o estado transitório causado pelo efeito de álcool ou tóxico que tornará o ato jurídico inválido.

O art. 4º, III, em sua redação original, falava em incapacidade relativa dos *excepcionais, sem desenvolvimento mental completo*. O dispositivo se referia àqueles que hoje chama o direito positivo de *deficientes mentais* (art. 2º, *caput*, do EPD). Em regra, são, atualmente, *capazes* para todos os fins. Abordo o assunto com mais cuidado adiante (item 1.2.9).

d) Os pródigos

Pródigo é aquele que gasta desordenadamente seus valores pecuniários, dilapidando sua fortuna, seu patrimônio. Para ser assim juridicamente considerado, o pródigo deve ser interditado, anotando-se que tal medida impõe restrições apenas quanto à prática de atos que possam comprometer seus bens, não podendo, sem

---

18. Maria Helena Diniz, com razão, lembra de casos em que o *surdo-mudo* não pode manifestar sua vontade por não terem recebido educação adequada ou por sofrerem de lesão no sistema nervoso central, que lhes retira o discernimento (*Curso de Direito Civil*, cit., p. 187). Em face do atual sistema, deverão ser considerados *relativamente incapazes* nos termos do art. 4º, III. Mas isso, repita-se, se de fato o caso for excepcional porque, em regra, e por força do Estatuto da Pessoa com Deficiência (arts. 6º e 84), o surdo-mudo é considerado plenamente capaz.

19. TJSP, Agravo de instrumento 2238653-63.2017, Rel. Des. Giffoni Ferreira, j. 24.01.2018, cuidando de caso em que o interditando é acometido de esquizofrenia paranoide.

III – DOS SUJEITOS DE DIREITO **49**

a assistência de seu curador, *alienar, emprestar, dar quitação, transigir, hipotecar, demandar ou ser demandado, e praticar, em geral, os atos que não sejam de mera administração* (art. 1.782). Poderá, entretanto, praticar, sem a concorrência de seu curador, outros atos da vida civil, tais como casar e autorizar seus filhos menores a contrair casamento.

Até o advento do EPD, o regime jurídico dado ao pródigo interditado podia ser considerado absolutamente excepcional. Era possível afirmar, com razão, que os pródigos representavam categoria especial de relativamente incapaz. A restrição a ele imposta não abrange todo e qualquer ato, mas tão somente aqueles que tocam de perto e produzem efeitos jurídicos sobre o seu patrimônio. Esse regime, entretanto, aproxima-se muito daquele conferido ao *deficiente mental* que excepcionalmente venha a ser interditado (tornando-se, assim, relativamente incapaz). E isso porque, conforme melhor se estudará, a curatela instituída para proteger a pessoa com deficiência afetará tão somente os atos relacionados aos direitos de natureza patrimonial e negocial. Não afeta seus direitos existenciais (art. 6º e incisos e art. 85, *caput* e §o 1º do EPD).

1.2.7. Os indígenas

Indígenas. Ainda dentro do tema, é mister falar sobre os indígenas, expressamente referidos no parágrafo único do art. 4º.

Silvícola, índio e indígena. Digno de nota é o fato de que o Código Civil atual fala em *indígenas* a partir da alteração promovida pelo EPD. Antes, na dicção originária do Código Civil de 2002, escrevia *índios*, que substituiu a antiga expressão *silvícolas*, do Código de 1916. Fez sentido a alteração promovida pelo Código Civil de 2002, em sua redação original, porque adequou sua terminologia à da Constituição Federal, que em seus arts. 231 e 232 refere-se aos *índios*. Aliás, é termo melhor, posto que *silvícola* é expressão mais ampla – aquele que nasce ou vive nas selvas. Por isso mesmo, de se anotar que não há qualquer conotação pejorativa ao termo substituído. Mas e a alteração efetivada pela Lei 13.146/2015 de *índio* para *indígena*? Justificou-se? A discussão passa-se mais no campo da etimologia do que no do direito, porque *indígena* é o nativo, natural de determinado lugar (ou, mais precisamente, o ser humano que habitava as Américas antes da colonização). *Índio*, a seu turno, é aquele originário de *grupo indígena*. Assim, portanto, e com a devida vênia, parece não ter existido motivo *pertinente* para a alteração (a não ser nova – mas desmotivada – tentativa de adequação, agora ao art. 22, XIV, da CF/1988). Daí porque emprego as expressões indistintamente.

Regime especial. Reza o dispositivo que *a capacidade dos indígenas será regulada por legislação especial*. Disso decorre que os índios não se enquadram na categoria de relativamente incapazes, ostentando regime próprio, que no nosso ordenamento é a Lei 6.001/1973.

Acontece que, dentro de tal regime, alguns pontos são semelhantes ao regramento dos incapazes. Por exemplo, são considerados nulos os atos praticados entre índio não integrado à sociedade e pessoa estranha à comunidade indígena quando não tenha havido a assistência do órgão competente, a não ser que ele revele conhecimento e consciência do ato praticado, e desde que não lhe seja prejudicial (art. 8º e seu parágrafo único). Note-se que a regra mescla características do regime da incapacidade absoluta e da relativa. Desta, porque fala em assistência para a prática do ato; daquela, porque fulmina o ato praticado naquelas condições de nulidade. Por tal razão, não é mesmo possível catalogar os indígenas como absolutamente ou relativamente incapazes, sendo preferível aceitar que possuem regime jurídico diferenciado.[20]

Registro de nascimento. É interessante anotar que a Lei 6.015/73 (Lei de Registros Públicos) diz que os *índios, enquanto não integrados, não estão obrigados a inscrição do nascimento*, que poderá ser feito em livro próprio do órgão federal de assistência aos índios (art. 50, § 2º). Trata-se, pois, de *exceção à obrigatoriedade do registro de nascimento.*[21] O referido *órgão federal*, na estrutura dada pelo atual direito positivo, é a Fundação Nacional do Índio (Funai). Do ponto de vista registrário, o nascimento do indígena fora de maternidade, mas por exemplo, em selva, será tratado como se se tivesse ocorrido em domicílio, demandando, pois, duas testemunhas que tenham presenciado o ato. Observo, por fim, que nada impede sejam os índios registrados no Registro Civil das Pessoas Naturais.

1.2.8. Incapazes e sua proteção

Representação e assistência. O ordenamento confere regimes jurídicos distintos para os absolutamente incapazes e para os relativamente incapazes. Tanto em um, como em outro caso, o princípio norteador é o mesmo: preservação e proteção dos interesses do incapaz.

Para que o referido princípio se efetive e para que não se deixe perecer os direitos do incapaz, o sistema utiliza-se dos institutos da *representação* e da *assistência.*[22] Os absolutamente incapazes são, nos atos da vida civil, representados, ao passo que os relativamente incapazes são assistidos. A diferença é grande. No primeiro caso, há verdadeira troca de sujeitos. O representante do incapaz age sozinho, substituindo-o,

---

20. Na esfera penal, e considerando as peculiaridades do caso concreto, o STF já entendeu por bem afastar a alegação de falta de consciência de índio que delinquiu (HC 79.530, rel. Min. Ilmar Galvão, RT 775/489).
21. João Pedro Lamana Paiva, Lei de Registros Públicos Comentada, coord. José Manuel de Arruda Alvim Neto, Alexandre Laizo Clápis e Everaldo Cambler, Rio de Janeiro: GEN Forense, 2014, p. 202.
22. Não é adequado incluir neste estudo a *tomada de decisão apoiada* (art. 1.783-A e seus parágrafos). E isto porque o seu regime não diz respeito às pessoas incapazes. Aliás, ao contrário, uma de suas vantagens é justamente preservar a plena capacidade do apoiado (muito embora, como melhor se verá, o § 5º crie limitação, em certa escala, para o deficiente apoiado ao estatuir que terceiro com quem a pessoa apoiada mantenha relação negocial pode solicitar que os apoiadores contra-assinem o contrato ou acordo, especificando, por escrito, sua função em relação ao apoiado). Trata-se de instituto afeto ao Direito de Família e, assim, será tratado no volume adequado, sem prejuízo das considerações feitas no item 1.2.9.

mas no seu interesse. O incapaz, nesse caso, sequer participa do ato. No segundo, o ato é praticado pelo incapaz que, no entanto, deve ser acompanhado, assistido, por outrem, a quem compete verificar a regularidade do ato e analisar suas consequências para o assistido.

Ao contrário do que poderia parecer em um primeiro momento, a representação e a assistência não significam restrição ao sujeito incapaz. Antes significam a necessária proteção que ele exige justamente pelo fato de ser incapaz, ainda que em menor medida. Não fosse assim e o incapaz poderia ser, dependendo do caso, facilmente ludibriado por terceiro. Imagine-se se se permitisse que uma criança de 13 anos, de uma família abastada e por isso mesmo já proprietária de imóveis, pudesse praticar sozinha negócios jurídicos. É bem possível que ela aceitasse trocar um apartamento seu por um vídeo-game. É, portanto, providência que antes de qualquer coisa protege o incapaz que, assim, não fica alijado de gozar seus direitos.

Autorização. Ao lado da representação e da assistência está a *autorização*, que também pode ser considerada instrumento protetivo. Consiste na aprovação que uma pessoa capaz fornece ao incapaz para que pratique determinado ato. É o que acontece, por exemplo, quando os pais autorizam o filho menor a contrair matrimônio (art. 1.517).

Proteção por meio de autorização judicial. A proteção dos incapazes efetiva-se, ainda, por meio de controle jurídico dos atos praticados pelos representantes e assistentes. Assim é que os pais e tutores carecem de autorização judicial para alienar bens dos filhos e dos tutelados (arts. 1.691 e 1.748, IV). Note-se que o juiz, para autorizar a venda, deverá verificar se há necessidade ou interesse do incapaz. A mesma exigência se faz aos curadores dos incapazes interditados, por força do disposto no art. 1.774.

Consequências: nulidade e anulabilidade. Considerando o grau da incapacidade, diferem também os efeitos quanto aos atos praticados pelos incapazes sem que se observe a regra da representação e da assistência. O ato praticado pelo absolutamente incapaz é *nulo*, ao passo que o efetivado pelo relativamente incapaz é *anulável*. Conforme melhor será estudado, o ato considerado nulo representa a completa ausência de efeitos jurídicos, enquanto o anulável os produz, embora possam ser aniquilados pelo interessado. E por que a diferença no tratamento? Porque, mais uma vez, presume-se que o relativamente incapaz tem seu discernimento reduzido em menor escala quando comparado com o do absolutamente incapaz, de maneira que a sua vontade é, de certa forma, levada em conta. Exemplifico, sem prejuízo do que virá estudado mais adiante, quando da análise da teoria das nulidades: se um menor, de 17 anos, faz uma doação a sua namorada sem a assistência dos seus pais, presume-se, inicialmente, que ele saiba o que está fazendo e quais as consequências disso. Nada obstante, o ato poderá ser invalidado (anulado) por seus pais. Equivale a dizer que produzirá, a princípio, seus efeitos, isto é, enquanto não invalidado, a propriedade do bem alienado é da sua namorada. De outro lado, se o menor, de 15 anos, realiza o mesmo ato, o negócio jurídico sequer produz efeitos, é dizer, o bem em momento nenhum deixou o patrimônio do menor, o que significa afirmar que nunca chegou a ser da namorada.

Veja-se que a nulidade e a anulabilidade são, também, medidas protetivas para os interesses dos incapazes. A sanção de invalidade imposta procura protegê-los, e não penalizá-los. Essa constatação é de extrema importância porque guiará o magistrado quando diante de ação anulatória cujo fundamento seja a prática de ato por relativamente incapaz sem assistência. E isso porque, para a procedência da ação, não bastará a vontade dos pais, tutor ou curador. Será imprescindível demonstrar que o negócio entabulado pelo incapaz não lhe era interessante porque prejudicial aos seus interesses. Por outras palavras, deverá o juiz perquirir, e a parte interessada demonstrar, qual a repercussão do ato sob a ótica do melhor interesse do incapaz. Se não houver prejuízo, não será caso de se decretar a invalidade do negócio, privilegiando-se, nesse caso, a vontade do contratante incapaz.

1.2.9. *Deficiente mental e o Estatuto da Pessoa com Deficiência*

O art. 2º da Lei 13.146/2015 considera pessoa com deficiência aquela que tem impedimento de longo prazo de natureza física, mental, intelectual ou sensorial, e que, por isso mesmo, em interação com uma ou mais barreiras, poderá ter obstruída sua participação plena e efetiva na sociedade em igualdade de condições com as demais pessoas.[23]

O que importa anotar é que, embora legalmente considerada *deficiente*, para fins de *incapacidade*, o que ora se estuda é aquele com déficit mental ou, nos termos da lei, *impedimento de longo prazo de natureza mental* (art. 2º, *caput*).

A primeira observação é constatar que a deficiência – qualquer delas, incluída a mental – *não afeta a plena capacidade civil da pessoa*. O EPD (art. 6º) é claro e chega a listar a extensão da liberdade – plena – do deficiente, que poderá:

(i) casar-se e constituir união estável;

(ii) exercer direitos sexuais e reprodutivos;

(iii) exercer o direito de decidir sobre o número de filhos e de ter acesso a informações adequadas sobre reprodução e planejamento familiar;

(iv) conservar sua fertilidade, sendo vedada a esterilização compulsória;

(v) exercer o direito à família e à convivência familiar e comunitária; e

(vi) exercer o direito à guarda, à tutela, à curatela e à adoção, como adotante ou adotando, em igualdade de oportunidades com as demais pessoas.

O deficiente mental, portanto, é, atualmente, e em regra, *plenamente capaz.*

---

23. São critérios para a aferição da deficiência, entre outros, as *limitações para as atividades* ordinárias e cotidianas bem como o que a lei chama, de maneira dúbia, de *restrição de participação* (§ 1º, III, IV).

III – DOS SUJEITOS DE DIREITO **53**

O art. 84, § 1º, do Estatuto, afirma que, quando necessário, a pessoa com deficiência será submetida à curatela, nos termos da lei. Há opinião no sentido de que se trataria de *curatela de pessoas capazes*, com sustento na ideia de que o deficiente é sempre capaz.[24] Acontece, entretanto, que essa curatela pauta-se no art. 4º, III, do CC (aqueles que, por causa transitória ou permanente, não puderem exprimir sua vontade). E aquele que assim se encontra é (relativamente) incapaz por definição do próprio art. 4º, *caput*.

Para tanto, o deficiente mental precisará se encontrar em estado de impossibilidade de manifestar sua vontade, ou no mínimo com sua aptidão cognitiva muito comprometida. E isso porque, continua o EPD, a curatela do deficiente é medida excepcional, o que importa dizer que somente será adotada se nenhuma providência menos drástica for cabível (art. 84, § 3º). Veja-se que a regra – para o bem e para o mal – é a plenitude de sua capacidade, de modo que quer o novo sistema manter, o quanto possível, esse estado de coisas. Daí por que se o nível de comprometimento volitivo do deficiente não o privar de manifestar, por completo, sua vontade, dever-se-á adotar o regime de *tomada de decisão apoiada*. Aliás, diga-se, trata-se de faculdade, e não de imposição (art. 84, § 2º), o que significa dizer que, a princípio, o regime somente será adotado por iniciativa do próprio deficiente.[25]

Perceba-se que a grande vantagem do sistema de decisão apoiada é que fica preservada a capacidade plena do deficiente. E nesse ponto merece encômios o EPD porque, como se sabe, os fatores determinantes de deficiência mental são variáveis e podem impor desde pequenas limitações (que não impedem o deficiente de fazer nada) até a retirada completa de capacidade cognitiva.[26] Certo, pois, tratar desigualmente quem se encontra em estado de desigualdade, tendo como diretriz a preservação da capacidade.

Perceba-se, também, que essa *preferência* pela tomada de decisão apoiada carregará ao juiz da interdição perquirir sobre a conveniência daquele regime: se entender possível a instituição da tomada de decisão apoiada (porque tem elementos comprobatórios de que a deficiência mental é mínima, por exemplo), deverá rejeitar o pedido de curatela. Lembre-se: curatela relativa do deficiente mental é, hoje, medida extraordinária.

---

24. Ver, por todos, Carlos Roberto Gonçalves, Vol. 1, Parte Geral, 16ª, São Paulo: Saraiva, 2018, p. 121.

25. O assunto será oportunamente tratado. Mas note-se que a redação do art. 1.783-A, ao dizer que a tomada de decisão apoiada é o processo pelo qual *a pessoa com deficiência elege* pelo menos duas pessoas idôneas, com as quais mantenha vínculos e que gozem de sua confiança, para prestar-lhe apoio na tomada de decisão sobre atos da vida civil, deixa razoavelmente clara que a iniciativa deve ser sua, ainda que acompanhada daqueles por ela indicados (art. 1.783-A, § 2º).

26. É o que já se anota desde Clóvis Beviláqua, como lembra Sílvio de Salvo Venosa: "*A compreensão da alienação mental é sumamente complexa para a Medicina e para o Direito, pois varia de pequenos distúrbios, cujo enquadramento na dicção necessário discernimento pode não ser conclusivo, até a completa alienação, facilmente perceptível mesmo para os olhos dos leigos.*" (*Direito Civil – Parte Geral*, 18 ed., São Paulo: Gen – Atlas, 2018, p. 142).

1.2.10. Maioridade e emancipação

Maioridade. Maioridade é o alcance de idade fixada pelo legislador em que se presume tenha o sujeito alcançado maturidade suficiente à plena capacidade de exercitar pessoalmente os atos da vida civil. Prefiro assim definir porque a maioridade não necessariamente representa a plena capacidade. É conceito que diz respeito unicamente à obtenção de certa idade pelo sujeito. Basta lembrar que o maior de idade poderá ser também, como visto, incapaz, por exemplo, se por causa transitória ou permanente, não puder exprimir sua vontade.

Em nosso sistema, tal idade foi fixada em 18 anos (art. 5º)[27], representando salutar[28] redução em relação ao Código Civil de 1916 que estipulou como marco os 21 anos de idade (art. 9º).

O que cumpre nesse passo ressaltar é que o sujeito, ao completar 18 anos, livra-se de toda e qualquer dependência a que estava submetido quando incapaz. Poderá, nessa condição, praticar pessoalmente – sem representação ou assistência, desde que não haja outro motivo para tanto – todos os atos da vida civil.

Emancipação. Entretanto, é possível que tal dependência seja rompida ainda antes de atingida aquela idade. Tem-se, então, a emancipação, que pode ser definida como a aquisição da plena capacidade de exercício antes de atingida a idade legal. É, portanto, a *antecipação da plena capacidade para aquele que ainda não alcançou a maioridade*.

Espécies de emancipação. A emancipação pode ser voluntária, judicial ou legal.

Emancipação voluntária. No primeiro caso, a emancipação decorre de manifestação de vontade (**voluntária**) dos pais ou só de um deles, na falta do outro, concretizada por instrumento público, sem necessidade de homologação judicial (art. 5º, parágrafo único, I). É requisito, entretanto, que o menor já tenha atingido, pelo menos, 16 anos. Quanto à autorização dos pais, será necessária, a princípio, a de ambos. Mas, em falta de um, bastará a autorização do outro. Para tanto, deverá declarar e justificar, perante o notário, que lavrará o instrumento público, a falta do outro genitor. Nenhuma comprovação se exige, anotando-se, entretanto, que por essa declaração ficará civil e criminalmente responsável.

Discute-se se a emancipação voluntária exonera os pais da responsabilidade civil pelos atos ilícitos praticados pelos filhos. Ilustro da seguinte forma: rapaz de 17 anos, planejando passar o final de semana em outra cidade, apodera-se às ocultas de automóvel de seu pai, e acaba por se envolver em acidente, causando lesões a duas

---

27. Maria Helena Diniz observa que a fixação dessa idade é a tendência no direito estrangeiro: "Assim estabelecem o Código Civil italiano, de 1942 (art. 2º), o português (de 1966), com as alterações de 1977 (art. 130), o francês, com as inovações da Lei de 1974 (art. 488). Essa é a consagração, também, da Constituição espanhola de 1978 (art. 12)" (*Novo Código*, p. 12).

28. Evidente que não vai aqui nenhuma crítica. A mentalidade do jovem na década de 1910 certamente era outra. O elogio refere-se à oportunidade – aproveitada – pelo legislador para adequar a idade aos modernos padrões de vida.

III – DOS SUJEITOS DE DIREITO   **55**

pessoas que, internadas para tratamento, gastam vultosa quantia para tal mister. Por ser menor, ainda que púbere, deverão seus pais arcar com o ressarcimento de tais valores[29]. Acontece que, dias após o evento, os pais do rapaz resolvem emancipá-lo, adquirindo, ainda que menor, plena capacidade. A questão é a de se saber se, nesse caso, os pais ainda podem ser responsabilizados pelo prejuízo causado ou se o único responsável é o menor, porque agora emancipado. Doutrina e jurisprudência, com as quais concordo, têm entendido que a emancipação voluntária não libera os pais da responsabilidade civil pelos atos dos filhos emancipados. A mesma solução será dada para o já emancipado.

Emancipação judicial. O segundo caso é o que se denomina de **emancipação judicial**, isto é, decretada pelo juiz, provocado a tanto quando o menor estiver sob tutela. Note-se, portanto, que o tutor não pode, voluntariamente, como fariam os pais, conceder emancipação. É requisito, a exemplo do que acontece na emancipação voluntária, que o menor já tenha 16 anos.[30] A regra é razoável na medida que impede possa o tutor desobrigar-se, por má-fé, do ônus que sobre ele pesa, em prejuízo do menor. O juiz, juntamente com o Ministério Público e equipe multidisciplinar, poderão melhor avaliar a situação.

Emancipação legal. Por último, tem-se a **emancipação legal**, assim classificada porque decorrente de uma situação prevista em lei. Por outras palavras, trata-se de emancipação automática quando o menor se encontra em determinada situação previamente constante no ordenamento positivo. São os seguintes casos:

a) Casamento. O menor que se casa alcança, com o ato, a plena capacidade. Considera o legislador que a constituição de matrimônio é incompatível com a condição de incapaz. Não podia mesmo ser diferente. Incompreensível que alguém venha a iniciar nova família ainda amarrado à autoridade de terceira pessoa.

Importante salientar que tal causa de emancipação pode atingir menores de 16 anos. E isso porque se permite o casamento de tais incapazes, desde que exista suprimento judicial da idade.[31]

Poder-se-ia indagar: e se após o casamento e consequente emancipação o vínculo matrimonial for dissolvido pela morte de um dos cônjuges ou seu divórcio, ainda antes do menor completar 18 anos? A capacidade adquirida com a emancipação será mantida. Entretanto, se o casamento foi anulado, considerar-se-á a emancipação apenas se for reconhecida a putatividade do enlace em relação ao cônjuge menor. Casamento nulo, lembre-se, não produzirá qualquer efeito.

---

29. A regra ainda é essa, em que pese o nosso ordenamento, atualmente, adotar, em matéria de responsabilidade civil de incapaz, o princípio da *irresponsabilidade mitigada* (na verdade, trata-se de responsabilidade subsidiária do menor), nos termos do art. 928 do Código Civil, a ser oportunamente estudado.

30. O procedimento a ser adotado é o de jurisdição voluntária, previsto nos arts. 719 e seguintes do Código de Processo Civil.

31. O ponto virá aprofundado no volume de Direito de Família. Mas para que não fique largada a informação, deixo registrado desde já que é possível o casamento do menor de 16 anos (*idade núbil*, na linguagem técnica da lei), desde que se trate de caso de gravidez e que haja autorização judicial para tanto (art. 1.520).

b) Exercício de emprego público efetivo. Pelo mesmo motivo apontado acima, o exercício de emprego público efetivo também emancipa o menor. Não se compatibiliza a tarefa pública com a incapacidade. Entretanto, é de se lembrar que a Constituição Federal, em seu art. 37, I, refere-se a cargos, empregos e funções públicas, quando trata do acesso ao serviço público. Daí porque a expressão do Código Civil deve ser lida para alcançar os ocupantes de cargos e funções públicas. Mais do que isso: bastará, para a emancipação a nomeação para cargos em comissão. Tenha-se presente, no entanto, que, como regra, exigem os editais de concursos públicos a idade mínima de 18 anos do postulante, razão pela qual o dispositivo terá pouca aplicação.

c) Colação de grau em curso de nível superior. A presente situação certamente encontrava maior probabilidade de ocorrência no regime do Código Civil de 1916, em que a maioridade se alcançava aos 21 anos. Atualmente, com a carga curricular aumentada e a diminuição da maioridade para 18 anos, a hipótese é também figura esvaziada.

d) Estabelecimento civil ou comercial, ou existência de relação de emprego, desde que, em função deles, o menor com 16 anos tenha economia própria. O pano de fundo da regra é que o menor seja financeiramente independente, mas por meio de seu emprego ou de estabelecimento civil ou comercial, desde que já completados 16 anos. Se teve condições de se estabelecer e se tornar provedor de suas necessidades, pressupõe-se que tenha maturidade suficiente para que se considere capaz. É também hipótese, como todas as outras formas de emancipação legal, que dispensa pronunciamento judicial, verificando-se automaticamente.[32]

Poder-se-ia argumentar que o caso gera insegurança jurídica, uma vez que se poderia contestar a validade dos negócios realizados pelo menor. Em casos tais, haverá necessidade de prova do estabelecimento, emprego e suficiência financeira do incapaz para que se tenham por válidos os atos por ele praticados. E isso porque, como o dispositivo exige a idade mínima de 16 anos, o vício decorrente da incapacidade seria a anulabilidade, o que equivale a dizer que os efeitos do negócio celebrado seriam produzidos de qualquer maneira, tivesse ele, ou não, economia própria, até que se buscasse a invalidade em juízo. Nessa oportunidade, caberá à parte interessada demonstrar que o menor se encontrava na situação ora analisada.

1.3. Fim da personalidade

A existência da pessoa natural, diz o art. 6º, termina com a morte. É ela, portanto, que põe termo à personalidade. E com a extinção da personalidade, desaparece seu substrato, que é, como visto, a disposição inata de adquirir direitos e contrair

---

32. Muito embora assim seja, fato é que, na prática, a emancipação será *reconhecida* judicialmente. É que os casos surgirão na medida em que alguém que contrate com o menor venha a suscitar incapacidade, demandando pronunciamento do juiz que presidir o caso. O magistrado, entretanto, não *constituirá* a emancipação, mas apenas a *declarará* para, então, evitar o decreto de invalidade.

III – DOS SUJEITOS DE DIREITO **57**

obrigações. Por essa razão costuma-se dizer que *mors omnia solvit* (em vernáculo, a *morte tudo resolve*).

Com o passamento, e em relação ao falecido, desaparecem seus direitos e obrigações. Mas a assertiva deve ser melhor explicada. É que a pessoa pode titularizar, ao mesmo tempo, obrigações e direitos não personalíssimos, obrigações e direitos personalíssimos e direitos da personalidade, classificação cujos rótulos não se confundem. Os primeiros – obrigações e direitos não personalíssimos – são transferidos, com a morte, para os sucessores do falecido. Assim, por exemplo, um seu imóvel, cuja propriedade será transferida aos seus herdeiros. Os segundos, classificados como personalíssimos porque só o defunto poderia usufruir ou cumprir, desaparecem efetivamente, e não são transferidos a ninguém. Cito o exemplo do famoso pintor contratado para elaborar o retrato do Duque de Milk que, antes de finalizar a tarefa, vem a falecer. A obrigação de finalizar o quadro não se transfere aos herdeiros porque, evidente, almejava-se que o pintor o fizesse. Os últimos, direitos da personalidade, deixam alguns resquícios, mesmo após a morte, e em razão da sua natureza. Cuidarei do assunto adiante, mas já deixo adiantado, por exemplo, que tais direitos podem se projetar para além da morte, como acontece com a proteção à honra do falecido. Retomarei a discussão oportunamente.

1.3.1. Classificação jurídica da morte

Classificação. A classificação a seguir analisada encontra justificativa apenas no plano jurídico. É claro que, na natureza, morte é apenas uma, consubstanciada no fim da vida animal ou vegetal. Entretanto, para o Direito, é possível qualificá-la em três diferentes espécies:[33] morte *real*, morte *civil* e morte *presumida*.

Morte real. Define-se *morte real* em função da possibilidade de constatar a certeza de sua ocorrência. É real a morte, portanto, que se comprova fisicamente, atestando-se a certeza de sua ocorrência (por meio do atestado de óbito).

Alguns aspectos registrários do óbito. Determina a Lei 6.015/1973 (Lei dos Registros Públicos – LRP), que nenhum sepultamento será feito sem certidão do oficial de registro do lugar do falecimento, extraída após a lavratura do assento de óbito, o que é feito em vista do atestado de médico, se houver, ou, em caso contrário, de duas pessoas qualificadas que tiverem presenciado ou verificado a morte (art. 77). O registro do falecimento é imprescindível, e deverá ser anotado, com as pertinentes remissões recíprocas, nos assentos de nascimento e casamento (art. 107, da LRP).

---

33. Outras *espécies* de morte existem que, a despeito de não interessar diretamente ao jurista, demonstram a necessidade de classificá-la, mesmo considerando a advertência feita no texto. Fala-se em medicina, entre outras modalidades, de *morte agônica* e *morte súbita*: esta a brusca, repentina, terminação imprevista da vida por processo mórbido; aquela a paulatina, prevista, o oposto da súbita. A astronomia fala em *morte cósmica*, ou *morte térmica*, o fenômeno por meio do qual o Universo tenderá a um estado de equilíbrio térmico. A filosofia, ainda, trata da *morte moral* como a perda de todos os sentimentos de honra. Usual, portanto, a catalogação *doutrinária* do fato *morte* sob os mais diversos enfoques.

O óbito deve, ainda, ser objeto de comunicação à Justiça Eleitoral, à respectiva Circunscrição do Recrutamento Militar e ao Instituto Nacional de Seguro Social. No Estado de São Paulo, anota Márcio Martins Bonilha Filho, que *"os Oficiais de Registro Civil dos municípios onde haja Serviço de Verificação de Óbitos (SVO), não registrarão os óbitos, cujos atestados fazem referência à moléstia mal definida, encaminhando os interessados ao SVO. Após a necropsia, mesmo que a moléstia não seja esclarecida, o óbito será registrado com base no atestado expedido pelo SVO ou pelo Instituto Médico-Legal (Prov. CGJ-SP 41/2012, item 91.2). Nos municípios que não disponham do Serviço mencionado, o registro de óbito fundar-se-á no atestado respectivo, mas ficando na dependência necessária de eventual necropsia, para o esclarecimento da moléstia considerada mal definida (item 91.3)."*[34] Ainda fazendo referência às Normas de Serviço da Corregedoria Geral da Justiça do Estado de São Paulo, determinam os itens 92 e 92.1 que na impossibilidade de ser feito o registro dentro de 24 horas do falecimento, pela distância ou por qualquer outro motivo relevante, o assento será lavrado depois, com a maior urgência, sempre dentro do prazo máximo de 15 (quinze) dias, ou até dentro de 3 meses para os lugares distantes mais de 30 (trinta) quilômetros da sede do Registro Civil das Pessoas Naturais. Ultrapassados os prazos acima estipulados para o registro do óbito, o Oficial deverá requerer a autorização do Juiz Corregedor Permanente.

Momento da morte. Esta definição jurídica de morte, entretanto, não nos dispensa de conhecer *quando* a morte ocorre, porque dessa constatação decorrem inúmeras consequências jurídicas, tal como a extinção da personalidade. Daí a necessidade de buscar alguns conceitos científicos. Há morte quando se verifica parada cardíaca prolongada e ausência de respiração, o que equivale à cessação completa das atividades vitais. É esse o momento do falecimento. Não parece adequado considerar, de forma generalizada, o instante da morte tal como descrito no art. 3º da Lei 9.434/1997, que considera suficiente, para prefigurar o óbito, o diagnóstico de morte encefálica. E isso porque a referida lei trata dos transplantes de tecidos, órgãos ou partes do corpo humano.

A morte descrita na Lei 9.434/1997 é a *morte cerebral*, considerada pela neurologia como o conjunto de alterações neurológicas irreversíveis, mas desde que tal quadro não seja decorrência de hipotermia ou a intoxicação por substâncias depressoras do sistema nervoso central. E quais são as *alterações neurológicas irreversíveis* que caracterizam a morte encefálica? Pode ser a ausência de resposta a qualquer estímulo, ausência de qualquer atividade muscular espontânea (inclusive de respiração, calafrios etc.) e, pelo eletroencefalograma, completa falta de atividade cerebral.

Morte Civil. Morte civil, também chamada de morte *fictícia*, é a imposta a alguém, ainda vivo, mas tratado como se morto fosse. Basta isso para perceber a razão do instituto ter sido abolido dos sistemas jurídicos modernos: sua adoção afrontaria os mais básicos princípios do ser humano. Lembre-se, porém, que já se utilizou,

---

34. Lei de Registros Públicos Comentada, cit., p. 273.

III – DOS SUJEITOS DE DIREITO **59**

mesmo em nosso país, de forma da morte fictícia quanto aos escravos e, também, por razões políticas ou religiosas.

Em que pese não mais se justificar, e mesmo existir em nosso sistema nos moldes outrora adotados, costuma-se apontar pelo menos duas situações em que se trata pessoa viva como se falecida fosse. São os casos, ambos extraídos do direito sucessório, em que o herdeiro é excluído da sucessão por indignidade (art. 1.814 e ss.) ou por deserdação (art. 1.961). Nessas situações, que serão oportunamente estudadas, o herdeiro é ignorado para fins de sucessão, realmente como se morto fosse, expressão usada pela própria lei (art. 1.816, *caput*). E não se poderia considerar atentatório à dignidade da pessoa tal situação? Na verdade, não, porque a medida, tanto na indignidade como na deserdação, tem natureza de sanção àquele que, nos casos listados em lei, atacou de alguma forma a pessoa de cuja sucessão se tratar. E o resquício, a bem da verdade, não é da situação de morte civil em si, mas sim da expressão *como se morto fosse* que passou, e ficou, em nossa legislação.

Morte presumida. Há, por fim, a *morte presumida*, assim denominada porque referentes às situações em que não existe certeza da ocorrência do óbito, mas apenas alta probabilidade de que tenha acontecido. Coloque-se assim: é muito provável que o sujeito tenha falecido, mas não há possibilidade física, por razões diversas, de assim se constatar fisicamente, e o direito, que não pode permitir agressões ao princípio da segurança jurídica, presume o óbito para que se produzam os efeitos disso decorrentes. Não se poderia admitir, por exemplo, que a família daquele que estava em vagão de trem que colidiu com outro, em completa destruição, ficasse aguardando a improvável descoberta do corpo, para só então providenciar seu inventário e a partilha de seu patrimônio. Reinaria a insegurança.

Para evitar casos tais, há a morte presumida, que se pode apresentar com ou sem declaração de ausência.

Na primeira, analisada adiante, o sujeito desaparece sem deixar notícias e representante. Nessa situação, será indispensável o decreto judicial de ausência. Mas a presunção de morte, ponto que ora nos interessa, somente ocorrerá com a abertura de sucessão definitiva que, como se verá, representa a terceira fase do processo de ausência. Até essa etapa, é o ausente considerado vivo.

Morte presumida sem decretação de ausência. Na segunda, presume-se a morte sem o decreto de ausência. Entretanto, será declarada judicialmente. Regula o assunto o art. 7º, que prevê duas situações que autorizam a medida: (i) se for extremamente provável a morte de quem estava em perigo de vida e (ii) se alguém, desaparecido em campanha ou feito prisioneiro, não for encontrado até 2 anos após o término da guerra.

Fácil é imaginar situações concretas para o primeiro caso: pense-se em alguém que foi sequestrado já há muito tempo, ou, como no caso acima, naquele que desapareceu após acidente. O segundo é hipótese específica, dispensando exemplos.

Como dito, será também decretada pelo juiz de direito. Aplicava-se, para tanto, o procedimento das justificações judiciais previsto nos arts. 861 a 866, do CPC/1973. Atualmente a matéria vem tratada no art. 381, § 5º, do CPC/2015, inserido no regime da produção antecipada de provas. De qualquer forma, competirá ao magistrado verificar se foram esgotadas as buscas e averiguações pelo sujeito que se presume morto e, ainda, fixar, na sentença, a data provável do falecimento, como manda o parágrafo único do art. 7º.

A opção da nossa lei quanto à fixação da *data provável do óbito* conferiu maior poder de investigação por parte do magistrado sentenciante. Poderá ele colher, durante a instrução, elementos que permitam calcular, com maior precisão, a data e o momento do perecimento. É diferente, pois, do sistema italiano, que claramente, para evitar discrepâncias em decisões judiciais baseadas em critérios distintos, fornece os parâmetros para tanto (art. 61 do Código Civil italiano).

Em que pese o art. 7º não encontrar correspondente no Código Civil revogado, a regra não é exatamente novidade do diploma atual. A Lei 6.015/1973 (Lei dos Registros Públicos) já previa, em seu art. 88, o assentamento de óbito, por meio de justificação em juízo, de pessoas desaparecidas em naufrágio, inundação, incêndio, terremoto ou qualquer outra catástrofe, quando estiver provada que a pessoa que se presume morta estava presente no local do desastre e não for possível encontrar o cadáver para exame. O parágrafo único do dispositivo trata dos casos de desaparecimento em campanha, admitindo a mesma solução. Não se considera revogado o art. 88 da Lei de Registros Públicos com o advento do art. 7º do Código Civil. Ainda que tratem do mesmo assunto, os dispositivos se completam. O que um não disse, o outro falou. E vice-versa.

1.3.2. Comoriência

Definição. Já se acentuou que o falecimento de alguém é fato relevante para o direito. É preciso saber, entretanto, quando, exatamente, a morte ocorreu. Tanto é assim que, como visto, o ordenamento não permite deixar situação em estado de *possibilidade* de um óbito, o que faz por meio da presunção de morte e da decretação da ausência. E o fundamento desses institutos (segurança jurídica) é, em última análise, o mesmo da comoriência, que se pode definir como a presunção de falecimento simultâneo de duas ou mais pessoas que morreram na mesma ocasião sem que se possa determinar qual óbito precedeu a qual.

É o que acontece quando dois irmãos vão escalar montanha mas acabam perecendo em razão de um deslizamento de terra, sem que o socorro médico ou a polícia consiga identificar quem morreu primeiro. Os irmãos são, nesse caso, chamados de comorientes. Situação comum, também, em acidentes de veículos que levam à óbito membros da mesma família.

Comoriência: ficção jurídica. Não deixa de ser uma ficção jurídica em que se presume ter morrido ao mesmo tempo pessoas que muito provavelmente não faleceram exatamente no mesmo instante. Mais uma vez, trata-se de conceito jurídico. Para o direito, os comorientes passaram ao mesmo tempo.

Comorientes que são parentes entre si. O problema se coloca, em realidade, quando os comorientes têm laços familiares entre si. E isso porque é imperioso saber quem herda de quem. Veja-se que se marido e mulher vêm a sucumbir em acidente de carro, é extremamente relevante descobrir quem morreu primeiro porque este transmitiu sua herança para o outro. E qual é, então, a solução? Como dito, presumindo-se que tenham falecido ao mesmo tempo, os comorientes não transmitirão direitos entre si, é dizer, o marido e a esposa que faleceram na mesma oportunidade sem que se pudesse determinar quem veio a óbito antes, não transmitirão entre si seus direitos.

Ainda neste exemplo, note-se como a solução seria completamente diferente se a situação fosse outra sem a aplicação da comoriência: imagine que, no acidente citado, o marido tenha falecido imediatamente e a mulher depois, já a caminho do pronto-socorro. Sem ascendentes e sem descendentes, o marido transmitiu à mulher seu patrimônio, uma vez que ela morreu depois. Nesse caso, e considerando que se pode averiguar quem faleceu em primeiro lugar, não aplica a presunção legal, de maneira que os colaterais do homem nada herdarão, ao passo que os colaterais da esposa herdarão os seus bens já acrescidos daqueles transferidos por seu marido.

Poder-se-ia levantar ainda outra questão: e se os familiares vierem a falecer simultaneamente, ou em momentos próximos, mas sem que haja exata precisão de tempo, e em eventos diferentes? Pergunto de outro jeito: é necessário que as mortes tenham ocorrido no mesmo evento? Não é questão nova e a doutrina já se manifestou em uma ou outra posição. Parece, entretanto, que em face do Código Civil, que se refere à *mesma ocasião*, em seu art. 8º, não é requisito que os falecimentos tenham ocorrido no mesmo evento.

1.3.3. Ausência

Declaração de ausência. A presunção de morte, como dito, pode existir tanto com declaração de ausência, como sem, hipótese analisada antes e prevista no art. 7º do Código Civil. Importa agora verificar a situação em que se presume o perecimento de alguém somente depois de que se declara sua ausência.

Fundamento. Inicialmente, é de se registrar o fundamento do instituto em estudo. É fácil perceber que se alguém desaparece, sem deixar notícias e sem que se saiba o seu paradeiro, surgirão diversos transtornos de ordem variada para os seus parentes. Do ponto de vista estritamente jurídico, importará saber o que fazer com os bens do desaparecido. E isso por duas razões: primeiro porque ele próprio pode reaparecer e, então, sem cuidados, o seu patrimônio poderá sofrer perdas; segundo porque os seus herdeiros têm todo o interesse em que esse mesmo patrimônio fique conservado para que, eventualmente, seja a eles transferido. Vislumbra-se, portanto, duas ordens de interesses protegidos e que fundamentam o decreto de ausência: a defesa patrimonial dos bens do ausente e a proteção da expectativa de direito dos seus herdeiros.

Conceito de *ausente*. Fixadas tais premissas, pode-se definir ausente como aquele que desaparece de seu domicílio sem deixar notícias de seu paradeiro e sem representante ou mandatário para a administração de seu patrimônio. A parte final do conceito é de suma importância porque mostra que não basta o sumiço da pessoa: é indispensável, ainda, que ela não tenha deixado ninguém com poderes de gerência. É claro: se o sujeito desaparece e deixa em seu domicílio um preposto que cuidará de suas coisas não há se falar em ausência; não há aqui necessidade de proteção do patrimônio. Privilegia-se, nesse caso, a vontade de quem desapareceu, mas antes disso deixou um procurador.

Pode acontecer, ainda, de que esse representante, mandatário ou procurador não queira ou não possa exercer os poderes que lhe foram outorgados. Ai então falar-se-á, novamente, em ausência, porque surge interesse de proteção do patrimônio.

Como já se deixou transparecer, a ausência somente será reconhecida e declarada por meio de procedimento judicial (v. CPC, 744 e 745). Tal procedimento mostra, nitidamente e bem delimitadas, três etapas: curadoria de ausentes, sucessão provisória e sucessão definitiva.

a) Curadoria de ausentes. Em primeiro lugar, é de se registrar que, nos moldes do art. 49, CPC, será competente para o procedimento o juízo do último domicílio do desaparecido. Ainda que não esteja expresso, se o ausente não tiver domicílio certo, será competente o foro da situação dos bens.

Nessa fase, também chamada de *administração temporária* ou *provisória*, sobressai o interesse do ausente, posto que há ainda esperanças de seu retorno. Daí porque a preocupação, em princípio, é a preservação de seus bens para eventual retorno. Terá início com a informação de qualquer interessado ou do Ministério Público sobre o desaparecimento e o juiz, após averiguar a veracidade dos fatos, proferirá sentença de declaração de ausência. Na mesma oportunidade, determinará a arrecadação dos bens do ausente e a nomeará um curador que, desta data em diante, representará os interesses do desaparecido e administrará seus bens (art. 744, CPC).

Ponto importante é a ordem de preferência para a nomeação do curador. Veja-se que não está livre o magistrado para nomear quem bem entender. Fica adstrito à ordem legal, posta no art. 25 e parágrafos do CC, enumerando-se as seguintes pessoas: cônjuge não separado judicialmente ou de fato por mais de dois anos; pais do ausente ou algum dos seus descendentes, preferindo-se os mais próximos. Apenas se não houver ninguém nessas condições caberá ao juiz escolher o curador (art. 25, § 3º).

Apesar da lei não mencionar, é de se considerar o companheiro como apto, ao lado do cônjuge, para exercer preferencialmente a curadoria. O atual estágio da nossa jurisprudência, em especial a do Supremo Tribunal Federal, permite assim concluir.

Como ainda há maiores chances de retorno do ausente, deverão ser publicados editais durante um ano, reproduzidos de dois em dois meses, fazendo-se expressa referência à arrecadação dos seus bens e chamando-o para retomar o patrimônio. O Código de Processo Civil de 2015 permite a publicação de editais na *internet*, o que se efetivará por meio do *site* do respectivo Tribunal a que estiver o caso vinculado e na "*plataforma de editais do Conselho Nacional de Justiça*" (art. 745, *caput*). Nesse caso, não haverá necessidade das sucessivas publicações, bastando que fique disponibilizado *on-line* por um ano.

Anote-se, por fim, que nos termos do art. 94 da LRP, é necessário que a declaração de ausência seja registrada no Registro Civil de Pessoas Naturais. A providência já deverá ser tomada pelo juiz quando da prolação da sentença, determinando-se a expedição de mandado para o registro civil.

b) Sucessão provisória. Se na primeira fase a preocupação essencial recai sobre o ausente e seus bens, é adequado afirmar que, nessa segunda fase, há maior preocupação com os interesses dos seus herdeiros, posto que se considera mais remota a possibilidade de seu retorno. Daí porque a lei dita as regras para o início da sucessão de seu patrimônio que, no entanto, e por ainda proteger o interesse do desaparecido, é provisória.

A etapa será aberta, segundo o art. 26 do Código Civil, após um ano da arrecadação dos bens. O dispositivo substituiu a orientação do revogado Código de Processo Civil, que em seu art. 1.163 determinava como marco inicial do prazo a publicação do *primeiro edital*. O atual Diploma de processo, no § 1º do art. 745, manteve como termo de fluência o fim *do prazo previsto no edital*. Faço, entretanto, duas observações: aplica-se, então, o critério fornecido pela lei mais nova, o CPC/2015 (o prazo ânuo conta-se do término do prazo previsto no edital); mas note-se que o atual Diploma de processo fala em "findo o prazo *previsto no edital*" e não, como no anterior, "passado um ano da publicação do *primeiro edital*" (art. 1.163). Inteligência adequada do dispositivo é considerar que a fluência acontece *ao término de um ano*, seja no caso de disponibilização *on-line* (em que o edital fica permanentemente, durante um ano, nos respectivos *sites*), seja no caso das publicações sucessivas de dois em dois meses (art. 745, *caput*). A segunda observação é a de que me parece mesmo melhor o critério processual do que aquele do art. 26 do CC, porque mais favorável ao ausente. A arrecadação do bem é ato anterior aos editais e, assim, fluiria antes o prazo para a abertura da sucessão provisória. Ainda que desfavoreça os interesses dos herdeiros, tenha-se presente que até a presente etapa, o principal interesse protegido é o do desaparecido.

O prazo será de 3 anos quando o ausente deixou procurador ou mandatário, mas este não puder ou não quiser exercer o encargo. É evidente o motivo da regra:

se a pessoa deliberadamente deixou um seu representante é porque, a princípio, pretende voltar e retomar a administração dos seus bens. Sendo assim, é de se conferir maior prazo de espera antes de se dar início à sucessão provisória. O prazo de 3 anos previsto na Lei civil permanece aplicável, até porque o CPC diz que haverá de se observar o quanto previsto em lei (art. 745, § 1º, *in fine*).

Quanto à legitimidade para se requerer a abertura da sucessão provisória, cuida o art. 27 do Código Civil de enumerar aqueles que têm tal direito. Figuram, nesta condição, o cônjuge não separado judicialmente – com nova observação de que o convivente tem o mesmo direito, ainda que não referido pelo dispositivo –, herdeiros presumidos, legítimos ou testamentários, os que tiverem sobre os bens do ausente direito dependente de sua morte e/ou os seus credores de dívidas vencidas e não pagas. Tem legitimidade, também, o Ministério Público, mas de forma subsidiária. O *parquet* somente poderá pleitear a abertura da sucessão provisória se não houver pedido daqueles legitimados ou se não existir ninguém naquelas condições.

Serão pessoalmente citados os herdeiros presentes e o curador dos bens arrecadados e, por editais, os herdeiros ausentes. A finalidade é a apresentação, por eles, de habilitação para receber seu quinhão do patrimônio do ausente. O prazo para o oferecimento da habilitação é de 5 dias (prazo que foi mantido pelo CPC/2015, em seu art. 690, *caput*) e, uma vez transcorridos, será proferida sentença de abertura da sucessão provisória.

Com o trânsito em julgado da sentença, abrir-se-á eventual testamento e ao inventário e partilha dos bens. Anoto que, para tal mister, dever-se-á observar as regras que ditam a ordem de vocação hereditária, previstas nos arts. 1.790 e 1.829, do Código Civil.

A lei impõe, ainda, como cautela, o prazo de 180 dias, a contar da publicação da sentença pela imprensa, para que os herdeiros possam entrar na posse dos bens. Ao lado disso, se nenhum deles comparecer no prazo de 30 dias depois do trânsito em julgado da sentença que decreta a sucessão provisória, os bens do ausente serão arrecadados nos moldes do que acontece com a herança jacente.

Nesse ponto, merece referência a necessidade de caução oferecida pelos herdeiros antes que eles entrem na posse dos bens do ausente. Veja-se que, quando da abertura da sucessão provisória, os herdeiros não têm direito de propriedade sobre o acervo patrimonial do ausente, mas apenas posse. Isso significa que o desaparecido ainda é o proprietário dos bens, de maneira que se retornar, seus pertences a ele serão devolvidos. Assim é que exige a lei o oferecimento de caução, por parte dos herdeiros, para que eles tomem posse dos bens do ausente. Mais uma vez surge acentuado a defesa dos interesses daquele que está sumido. O sistema busca proteger os seus interesses, ao mesmo tempo em que concilia os dos herdeiros, que passarão a usufruir dos bens imediatamente.

Entretanto, o Código Civil, privilegiando os parentes mais próximos, não faz tal exigência dos descendentes, ascendentes e do cônjuge. Novamente, em que pese a omissão legislativa, é de se incluir nesta lista o companheiro do ausente. Estes, portanto, para entrar na posse dos bens do ausente, estão dispensados de prestar caução que, residualmente, será exigida dos seus colaterais e dos eventuais herdeiros testamentários ou legatários. Caso estes não prestem qualquer caução – seja penhor ou hipoteca – os bens que lhe caberiam ficarão aos cuidados do curador ou de outro herdeiro, para tanto designado pelo juiz.

Efeito importante da imissão na posse dos bens é de que os herdeiros passam a representar ativa e passivamente o ausente (art. 32).

Há outra distinção, ainda, que se faz entre os ascendentes, descentes, cônjuge ou companheiro e os outros herdeiros. Os primeiros têm direito aos rendimentos e demais frutos dos bens em cuja posse estiverem. Os últimos, diferentemente, deverão capitalizar metade desses rendimentos que, em caso de retorno do ausente, ser-lhe-ão devolvidos, salvo se o seu sumiço tiver sido intencional e injustificado, hipótese em que perderá, em favor do sucessor, a metade reservada (art. 33, parágrafo único).

Acentue-se novamente: se o ausente retornar, os bens lhe deverão ser devolvidos.

c) Sucessão definitiva. Em primeiro lugar, deve-se observar que apenas a partir da abertura da sucessão definitiva é que se presume a morte do ausente. Nem antes, nem depois. E não se trata de simples detalhe. Um bom exemplo disso é que o cônjuge do ausente, até esse momento, não tem o seu estado civil modificado. O vínculo matrimonial, segundo o art. 1.571, o§ 1º, termina com o divórcio ou com a morte. Somente será considerado viúvo, ou viúva, do ausente, com a abertura da sucessão definitiva.

Dentro da escala de proteção dos interesses, poder-se-ia dizer que nessa fase a chance de retorno do ausente é quase nenhuma. Daí porque os interesses primordialmente protegidos na etapa são os dos herdeiros.

A fase não é iniciada propriamente por meio da propositura de nova ação. Em verdade, trata-se de *conversão* da sucessão provisória em definitiva, o que pode ser feito, nos termos do art. 37, passados 10 anos do trânsito em julgado da sentença de abertura da sucessão provisória ou, ainda, antes desse prazo, quando o ausente contar com 80 anos de idade e já fizer 5 de suas últimas notícias.

Sucessão definitiva antecipada. A possibilidade de se declarar aberta a sucessão definitiva antes de passados os referidos 10 anos do trânsito em julgado da sentença de sucessão provisória é situação que nitidamente protege a segurança jurídica, vetor que, como apontei no início do estudo sobre ausência, é um dos seus fundamentos. Perceba que se após a abertura da sucessão provisória o ausente já contar com 80 anos ou mais, e as suas últimas notícias tiverem sido recebidas há pelo menos 5 anos, não se justifica a permanência do estado de provisoriedade que, como referido, é gerador, sempre, de instabilidade jurídica.

Nesses casos, será necessário, também, que o juiz, na sentença, fixe a data provável da morte, tal como acontece nos casos de morte presumida do art. 7º (e seu parágrafo único). É de se reconhecer, entretanto, que aqui a tarefa será mais difícil, eis que não há os referenciais do art. 7º – como o *perigo de vida* do inciso I, ou a *guerra*, do inciso II. Competirá ao magistrado investigar, por meio da prova produzida, quando aproximadamente sucumbiu o desaparecido. E se nada nos autos mostrar, sequer aproximadamente, quando aconteceu o falecimento? É possível que isso aconteça, restando provados apenas o sumiço, as suas últimas notícias, a idade avançada e que tudo foi feito para encontrá-lo. Alberto Trabucchi afirma que se deve considerar o dia em que se teve, do ausente, a última notícia.[35] Em face do nosso direito positivo, parece-me que esse critério deve ser adotado quando as últimas notícias – que já terão mais de 5 anos – forem mais recentes do que a data em que o desaparecido completaria 80 anos.

Qual é a solução se, de outro modo, se descobre, durante a fase provisória, a morte real do ausente? É caso de conversão em sucessão definitiva.

Ao lado do efeito jurídico de se considerar morto o ausente, a declaração de sucessão definitiva tem outro importante efeito, este prático: o decreto autoriza o levantamento de quaisquer cauções que tenham sido prestadas quando da abertura da sucessão provisória. E isso porque a sentença proferida nessa fase tem o condão de transferir a *propriedade* dos bens para os herdeiros. Note, em contraste com a sucessão provisória em que os herdeiros tornam-se *possuidores*, que aqui eles se transformam em verdadeiros donos dos bens. Sendo assim, não há razão para a manutenção ou oferecimento de caução.

E isso significa, então, que a propriedade dos bens é definitiva em favor dos herdeiros? A resposta é negativa. Se o ausente retornar, ou aparecer um seu descendente ou ascendente, dentro dos próximos 10 anos a contar da abertura da sucessão definitiva, os bens deverão ser entregues no estado em que se encontrarem. Se por acaso tiverem sido vendidos, será restituído o preço recebido pela alienação ou os bens sub-rogados em seu lugar. O CPC determina que regressando o ausente ou algum de seus descendentes ou ascendentes para requerer ao juiz a entrega de bens, serão citados para contestar o pedido os sucessores provisórios ou definitivos, o Ministério Público e o representante da Fazenda Pública, seguindo-se o procedimento comum (art. 745, § 4º).

Por fim, há importante regra sobre o destino dos bens caso ninguém peça a decretação da sucessão definitiva. Se ela não for pleiteada por algum interessado no prazo de 10 anos a contar da data em que o pedido poderia ter sido feito, os bens passarão ao patrimônio público. Irão para o Município ou Distrito Federal, se localizados nas respectivas circunscrições, ou para a União, quando situados em território federal.

1.4. Direitos da Personalidade

1.4.1. Generalidades

Código Civil de 1916. O Código Civil vigente regulou, expressamente, os denominados *direitos da personalidade*, diferindo do Diploma de 1916, que nada trouxe a respeito. Por tal razão, é apontado como inovador quanto à matéria. Mas

---

35. *Istituzioni di Diritto Civile*, 44ª Ed., atualizada por Giuseppe Trabucchi, Padova: Cedam, 2009, p. 257.

devemos compreender bem essa inovação. É que não se pode dizer que o nosso atual Código tenha trazido para o sistema, como novidade, a proteção aos direitos da personalidade. Sem dúvida, representa uma mudança ideológica, mas longe está de ser novidade.

Código Civil de 2002. Já antes do advento do Código Civil de 2002 a doutrina construiu os alicerces dos direitos em estudo. Em nosso ordenamento, a Constituição Federal de 1988 trouxe diversas referências à tais direitos, ainda que sem mencionar expressamente o seu nome doutrinário. Basta verificar que um dos fundamentos do nosso país é a dignidade da pessoa humana (art. 1º, III, da CF/1988). Erigir tal princípio à fundamento da República nada mais é do que colocar a pessoa como o eixo central do ordenamento jurídico. E se é assim, para que tal diretriz não se esvazie, nada mais lógico do que se proteger, de forma integral, os direitos que cercam e preenchem a personalidade do ser humano.

Mas não é só. Em diversos outros dispositivos a CF/1988 protege a pessoa e, dessa forma, sua personalidade. Por exemplo: o inciso X, do art. 5º, da Carta Maior, determina que são invioláveis a intimidade, a vida privada, a honra e a imagem das pessoas, assegurado o direito à indenização pelo dano material ou moral decorrente dessa violação.

O que se pretende demonstrar, portanto, é que o Código Civil de 2002 não *criou*, em nosso ordenamento, os direitos da personalidade, mas sim estendeu sua proteção para casos específicos. A confirmar o que estou a dizer, e como se verá adiante, o Diploma de 2002 trouxe, em seus arts. 11 a 21, casos específicos de proteção, sem uma sistematização exauriente dos direitos da personalidade, o que seria, em verdade, impossível. Assim fazendo, com total acerto, o legislador quis mostrar que existe outra gama de direitos da personalidade não previstos no Código Civil, mas igualmente protegidos, e que ele selecionou alguns, de maior sensibilidade, para que sua proteção constasse expressamente da lei.

1.4.2. Conceito e classificação dos direitos da personalidade

Conceito e entendimento. Direitos da personalidade são aqueles que, dizendo respeito aos elementos básicos da condição humana, dão sustentação à própria existência da pessoa ou, nas palavras de Adriano de Cupis, são direitos sem os quais a *personalidade* da pessoa restaria esvaziada.

Fazer referência aos elementos básicos da condição humana quer significar os atributos físicos, psíquicos e morais da pessoa em si e em suas relações sociais. Veja que é nesse sentido que os direitos da personalidade acabam por proteger o direito à vida, à integridade física e moral, à liberdade, à imagem, à voz, ao nome e à honra, apenas para citar alguns exemplos.

Como se vê, são direitos tão básicos do ser humano que sem eles sequer se falaria em condição humana e, por consequência, em personalidade.

Classificação. Não há, entre nossos doutrinadores, uniformidade na classificação dos direitos da personalidade. Parece-me mais adequada catalogação simplificada, que divide os direitos da personalidade em *direito à integridade física* e *direito à integridade moral*.

Direitos inatos e direitos adquiridos. Considero, antes, que também se podem dividi-los em *direitos inatos* e *direitos adquiridos* da personalidade. Os primeiros dizem respeito àqueles inerentes, desde sempre, a todo ser humano nascido com vida e, mais modernamente, a todo nascituro, tais como o direito à vida, à saúde, à honra e dignidade, direito ao nome etc. Os segundos são aqueles conquistados pela pessoa ao longo de sua existência, tais como sua reputação, boa-fama, direito a um nome[36] etc.

Interessante pergunta é a seguinte: inatos e adquiridos, uns valem mais do que os outros? E a resposta é negativa. Não há distinção valorativa entre eles. Protegem-se da mesma forma e somente se apartam em função do momento em que são adquiridos, e por quem.

a) Direito à integridade física

Abrangência. Abrange-se, nesta categoria, a proteção à vida, em seu sentido mais amplo, para alcançar também a defesa do corpo humano, vivo ou morto.

É possível afirmar que a tipificação de diversos crimes encontra fundamento justamente nesse direito da personalidade. Cito, como exemplo óbvio, o homicídio, tipo penal que tem por objetividade jurídica precisamente a vida humana. Mas merecem menção, igualmente, já que tutelam e encontram fundamento nessa categoria de direitos da personalidade, a participação em suicídio, o aborto e as lesões corporais, por exemplo.

Ato de disposição do corpo. Como já se referiu, o Código Civil não esgotou a tutela dos direitos da personalidade – o que, aliás, seria mesmo impossível – trazendo dispositivos que tratam, dentro do tema, de questões sensíveis. É o que acontece com o art. 13, combinado com o seu parágrafo único, ao determinar que *é defeso o ato de disposição do próprio corpo, quando importar diminuição permanente da integridade física, ou contrariar os bons costumes*. Como regra, portanto, não é lícito abrir mão do próprio corpo, ou de parte dele. Evidentemente a questão é polêmica. Vejamos alguns desdobramentos.

Em primeiro lugar, fixemos bem a regra geral: é vedada a disposição do próprio corpo, mas somente quando tal ato significar (i) diminuição permanente da integridade física ou (ii) contrariar os bons costumes. Daí que, evidentemente, se o ato invasivo não acarreta diminuição da integridade física ou não contraria os bons costumes, não há qualquer proibição.

A norma, assim entendida, bem explica algumas situações cotidianas. É em face dela que não se considera atentatório ao direito de personalidade, e portanto não

---

36. Direito *ao nome* e direito *a um nome* são ideias distintas, melhor abordadas adiante.

III – DOS SUJEITOS DE DIREITO   69

se proíbe, a colocação de *piercings* e tatuagens.[37] Pela mesma razão não se veda aos índios que, em razão de sua cultura, façam uso de argolas e brincos que, a princípio, representam disposição do próprio corpo.

Disposição por exigência médica. Em segundo, há que se chamar a atenção para as exceções à regra, isto é, a possibilidade de disposição do corpo humano ainda que isso represente, no caso concreto, diminuição permanente da integridade física e, eventualmente, ataque aos bons costumes. Os dispositivos citados, combinados, fixaram duas ressalvas àquela regra geral (de que não se pode dispor do próprio corpo), isto é, poder-se-á ferir a própria integridade física por *exigência médica* ou *para fins de transplantes*, nos termos da legislação específica.

E qual o alcance da expressão *exigência médica*? Segundo o Enunciado 6 das Jornadas de Direito Civil (setembro de 2002), a locução refere-se tanto ao bem-estar físico quanto ao bem-estar psíquico da pessoa. Segundo o entendimento, estaria abarcada pela regra a cirurgia de transgenitalização, operação plástico-reconstrutiva da genitália externa, interna e caracteres sexuais secundários de paciente transexual[38] portador de desvio psicológico permanente de identidade sexual. Nesses casos, já se demonstrou que necessidade de alteração decorre diretamente do bem-estar psicológico da pessoa.

Há, entretanto, entendimento restrito, para o qual *exigência médica* quer significar a necessidade imperiosa de transformação ou de remoção de órgão do corpo, cientificamente provada, em decorrência de patologia grave e curável, exclusivamente, por meio de procedimentos cirúrgicos extremos.[39]

O Conselho Federal de Medicina, em 2002, editou a Resolução 1.652, posteriormente substituída pela Resolução 1.955/2010, estabelecendo os critérios[40]

---

37. Há discussão, que me parece situar-se mais no campo social do que no jurídico, sobre até que ponto a elaboração de tatuagens e colocação de *piercings* não ofende os bons costumes. Vou um pouco mais longe para lembrar a situação daqueles que se denominam *body transformers* e que tem por *hobby* justamente a alteração drástica do próprio corpo, não só por meio de pinturas, *body paints*, tatuagens, *piercings* e bifurcação da língua, mas com a colocação de placas de metal e outros materiais que alteram a conformação física do praticante. Sob o prisma jurídico, não me parece haver qualquer vedação, pese a opinião de quem considera o ato como atentatório aos costumes. Mas se as alterações importarem em redução permanente da integridade física, aí haverá, sem qualquer dúvida, afronta à norma em comento.

38. Quanto à distinção entre transexual e homossexual, acrescento a lição de Antônio Chaves, em palestra proferida no XI Congresso da Associação Médica Brasileira, em 8 de janeiro de 1992: "*Transexual, não será preciso dizê-lo, é indivíduo de personalidade completamente diferente da do homossexual. Enquanto que este está perfeitamente identificado com a sua condição, aquele – alma feminina aferrolhada em corpo masculino – apresenta uma tal inconformidade que procura livrar-se da loucura ou do suicídio submetendo-se a um dos mais dramáticos atos médicos, muitas vezes viajando para conseguir o seu intento quando as leis do seu país não autorizem a operação de 'mudança' de sexo, cujos efeitos não são, no entanto, admitidos pelos nossos Tribunais e, consequentemente, pelos nossos Conselhos de Medicina.*"

39. TJMG, Processo 1.0672.04.150614-4/001(1), rel. Almeida Melo, j. 12.05.2005, p. 14.6.2005.

40. A Resolução fala em (i) desconforto com o sexo anatômico natural; (ii) desejo expresso de eliminar os genitais, perdendo as características do próprio sexo e ganhando as do sexo oposto; (iii) permanência de tais distúrbios por pelo menos 2 anos; (iv) ausência de transtorno mental (art. 3º). A avaliação, segundo a Resolução, será feita por equipe multidisciplinar, formada por médico psiquiatra, cirurgião, endocrinologista, psicólogo e assistente social.

para a definição de transexualismo e consequente possibilidade de se proceder à *neocolpovulvoplastia e neofaloplastia*. Uma vez preenchidos os requisitos, a operação tornar-se-ia viável do ponto de vista médico.

Transplantes. A outra ressalva da regra exposta no *caput* do art. 13 vem mencionada no seu parágrafo único, possibilitando a disposição do próprio corpo para fins de transplante de órgãos.

Já existe em nosso ordenamento legislação específica para casos tais. Trata-se da Lei 9.434/1997, que dispõe sobre a remoção de órgãos, tecidos[41] e partes do corpo humano para fins de transplante e tratamento.

Da leitura da referida lei, é possível extrair, em linhas gerais, os requisitos para a realização de transplante.

Em primeiro lugar, a disposição será sempre gratuita, vedando-se, evidentemente, o comércio de órgãos e tecidos (art. 1º da Lei 9.434/1997). Se a doação for em vida, somente será permitida a remoção de órgãos duplos ou partes de órgãos, tecidos ou partes do corpo que não impeça o organismo de continuar a funcionar normalmente (art. 9º e o § 3º, da lei citada). Além disso, se a doação for para pessoa estranha, haverá necessidade de autorização judicial, salvo se se tratar de remoção de medula óssea.

A retirada de órgãos de pessoa falecida, também chamada de doação *post mortem*, possui outros requisitos. Inicialmente, a operação deverá ser precedida de diagnóstico de morte encefálica, constatada e registrada por dois médicos não participantes das equipes de remoção de transplante, facultando-se o acompanhamento por médico de confiança da família (art. 3º e seu § 3º).

Além disso, há que concorrer com a autorização dada em vida pelo doador. A questão, entretanto, tornou-se polêmica com a alteração da Lei 9.434 pela Lei 10.211-01. É que esta última deixou o art. 4º assim redigido: "*A retirada de tecidos, órgãos e partes do corpo de pessoas falecidas para transplantes ou outra finalidade terapêutica, dependerá da autorização do cônjuge ou parente, maior de idade, obedecida a linha sucessória, reta ou colateral, até o segundo grau inclusive, firmada em documento subscrito por duas testemunhas presentes à verificação da morte*". Daí a indagação: mesmo que o doador tenha manifestado positivamente sua vontade para a retirada de seus órgãos após sua morte, será necessária, após o falecimento, nova autorização de seu cônjuge ou, na sua ausência, de outro parente sucessível? Interessante a questão porque, dentro do rigor da recente regra, fica a vontade do principal interessado praticamente reduzida a nada, visto que, após seu perecimento, ficará a mercê de outra manifestação volitiva. Tenho que a melhor interpretação é aquela que privilegia a vontade do doador, manifestada em vida. E isso porque o princípio da dignidade humana assim indica, isto é, a vontade que deve pesar é a de quem disporá dos seus órgãos

---

41. A própria lei, no parágrafo único do art. 1º, cuidou de tirar do seu alcance o sangue, o esperma e o óvulo, que também são tecidos, mas que merecem, por suas características e finalidades, regramento especial.

ou tecidos. Além disso, sabe-se que no momento do falecimento, os parentes, ainda consternados e sob o pesado manto do luto, poderão não refletir adequadamente e talvez não tenham o bom senso de validar a vontade do falecido. Para além disso, como se sabe, a decisão, nessa fase, tem que ser rápida, por conta da durabilidade dos órgãos, fato que não permitirá maior tempo para a tomada de decisão em favor da doação. Acrescente-se, por fim, que quando o doador, em vida, declara a intenção de doar seus órgãos para depois da morte, certamente o faz após sopesar e meditar a respeito.[42]

Tratamento médico de risco. Ainda dentro do direito à integridade física, há a norma do art. 15 do Código Civil, a garantir que *"ninguém pode ser constrangido a submeter-se, com risco de vida, a tratamento médico ou a intervenção cirúrgica"*.

Assegura-se, portanto, que ninguém será submetido a qualquer tipo de tratamento, operação ou cirurgia, sem o seu devido consentimento. É preciso, entretanto, bem compreender a regra.

Primeiro porque sua finalidade é permitir ao paciente que tenha conhecimento dos riscos que corre, até para que possa optar pelo tratamento, ou não, decisão que está em sua órbita de disposição. Impõe-se, assim, ao profissional médico e outros, que forneçam sempre pormenorizadamente todas as informações necessárias acerca dos riscos e possíveis benefícios. Desse modo, são inválidas autorizações genéricas ou pré-formuladas, porque não alcançam o desiderato da norma.

Em segundo porque tal autorização nem sempre poderá ser obtida e nem por isso o profissional da saúde estará cometendo ilícito. É certo que em situações excepcionais – tais como aquelas cotidianamente vivenciadas em prontos-socorros e hospitais – o paciente não terá condições de tomar conhecimento da intervenção que sofrerá. Se estiver desacordado, por exemplo, e necessitando de procedimento cirúrgico urgente. Lembre-se que havendo conflito de direitos, é preciso usar ponderação para harmonizá-los (em regra, fazendo prevalecer o de maior envergadura).

b) Direito à integridade moral

Abrangência. Estão abarcados nessa categoria todos os atributos morais da pessoa humana, isto é, tutelam-se os elementos imateriais que constituem o próprio núcleo de existência do homem. Daí a razão de dizer que estão englobados nesse grupo a proteção à honra, à liberdade (em sua acepção mais ampla, para proteger a escolha da religião, de pensamento, de locomoção, de orientação sexual etc.), à privacidade e à intimidade.

Mas não é só. Confere-se segurança, também, a todos os atributos individualizadores da pessoa, ou atributos de identidade, tais como o nome e estado civil. Igualmente, e pelos mesmos motivos, tutela-se a imagem do homem. É interessante a classificação doutrinária de imagem ou, por outras palavras, os aspectos por meio

---

42. Nesse sentido, também, ensinou Caio Mário da Silva Pereira, *Instituições de Direito Civil*, 2004, p. 224, nota 20.

dos quais pode ser encarada: imagem-retrato, que se constitui nos atributos físicos, na forma física do ser humano ou percepção visual que dele se tenha; imagem-atributo, que se refere ao modo como a pessoa é vista no meio social.

1.4.3. Características dos direitos da personalidade

Não é uniforme a lista de características dos direitos da personalidade apontada pela doutrina. De minha parte, parece essencial enumerar os seguintes:

a) extrapatrimonialidade: patrimônio é o complexo das relações jurídicas de uma pessoa, apreciáveis economicamente.[43] Afirmar que os direitos da personalidade são extrapatrimoniais significa dizer que eles se localizam na esfera de direitos que não podem ser mensuráveis economicamente. De um lado, eu tenho minha casa, meu carro, minha coleção de CDs e DVDs, livros. Todos bens economicamente apreciáveis. De outro, tenho minha vida, minha honra, minha privacidade, direitos que, a princípio, não podem ser exprimidos economicamente. Como dizer quanto vale a vida de alguém? Mas faça-se o necessário alerta: se qualquer dos direitos da personalidade for violado, poderá existir reparação pecuniária por parte daquele que o feriu, por meio de ação indenizatória. Não há contradição. É que, pelo mal sofrido, o juiz haverá de tentar, dentro do possível, compensar a vítima do dano.

b) absolutismo: em segundo, os direitos da personalidade devem ser respeitados por todos. Não há exceção. São, portanto, oponíveis *erga omnes.*

c) generalidade: assim se afirma porque se tratam de direitos inerentes a todas as pessoas. Como já dito, decorrem da personalidade, que por sua vez, decorre do nascimento com vida. Logo, todo ser humano, sem exceção, detém todos os direitos da personalidade.

d) incaducáveis: os direitos da personalidade duram enquanto existir personalidade, que só se extingue com a morte. Alguns efeitos, aliás, ficam mesmo após o fim da vida. Nesse sentido, é correto afirmar que não há outra forma de extinção dos direitos da personalidade. Mais especificamente, eles não desaparecem com o não uso. Poder-se-ia mesmo acrescentar outra característica, como espécie da presente: são direitos vitalícios e, portanto, tutelados enquanto houver vida e, sob alguns aspectos, mesmo após a morte.

---

43. A definição é de Clóvis Bevilaqua (*Teoria Geral do Direito Civil*, Campinas: RED Editora, reimpressão de 2003, p. 157). Utilizou o civilista, como se vê, a expressão *complexo das relações jurídicas*, cuja principal virtude está em albergar, na ideia de patrimônio, tanto os elementos ativos quanto os passivos, ou seja, compõem-no as dívidas e os créditos, não se limitando aos bens da pessoa. O acerto em seu emprego bem se verifica quando se constata que uma pessoa, no comércio social, trava diversas relações que produzem efeitos econômicos, seja adquirindo um direito (faculdade de exigir de outrem uma prestação), seja assumindo determinado compromisso de prestar algo em favor de alguém. Qualquer que seja, a realização dessas operações *socioeconômicas* repercutirá no patrimônio de quem as pratica, positiva ou negativamente. No mais das vezes, é impossível saber se o resultado da operação negocial realizada trará ao seu agente lucro e benefícios ou prejuízos. É situação imprevisível, ainda que quando se celebre determinado negócio jurídico, em especial os empresariais, tenham as partes uma perspectiva (quase um seu *desejo*, ou *objetivo*) do que irá acontecer. Eventualmente o negócio que se pretendia lucrativo revela-se extremamente prejudicial. Mas a natureza da repercussão patrimonial, se positiva ou negativa, no patrimônio da pessoa, não importa. Conta, apenas, que algum reflexo patrimonial a relação produzirá. E tudo isso porque o patrimônio é projeção da personalidade jurídica do ser humano, na medida em que ele, vivendo em sociedade, efetua e participa, a todo o instante, de relações jurídicas de expressão econômica.

III – DOS SUJEITOS DE DIREITO

73

e) Impenhorabilidade: tal qualidade decorre, em última análise, da extrapatrimonialidade dos direitos da personalidade. Veja, se são direitos situados fora do patrimônio economicamente apreciável do sujeito, logo, não podem servir de fonte para o pagamento a terceiros.

f) Indisponibilidade: os direitos da personalidade são intransmissíveis e irrenunciáveis (art. 11). Como regra, não se pode abrir mão de um direito da personalidade. Não é possível, por exemplo, renunciar ao direito à vida.[44] Entretanto, trata-se de característica relativa porque, em alguns casos, é possível a cessão do direito, como ocorre, eventualmente, com os direitos autorais, direito de imagem e, como visto, com os transplantes de órgãos e tecidos nos termos da lei própria.

1.5. Pessoa natural e sua individualização

1.5.1. Individualização como direito da personalidade

Individualização. O presente tema bem poderia ser tratado dentro do estudo dos direitos da personalidade. Explico: é que toda pessoa tem o direito de, dentro da coletividade, da multidão, ser devidamente individualizada, isto é, de ser identificada. Nesse sentido, poder-se-ia falar em outro direito da personalidade, este de natureza moral e consubstanciado na *correta e precisa individualização da pessoa natural*.

Aspecto público e privado da individualização. Entretanto, além de se focar o direito à identificação sob o prisma individual, há que se considerar também seu aspecto público – justamente o que sugere o estudo da matéria em apartado –, representado pelo interesse que existe, para o Estado e para a coletividade, na individualização da pessoa. Exemplificativamente, ninguém irá negar que, para o Poder Público, é imprescindível individualizar seus cidadãos, seja para lhes cobrar tributos, seja para fazer incidir as penas criminais. O mesmo se diga dos outros particulares que, eventualmente, precisarão identificar aquele que não respeitou o seu direito para que o faça por meio do Poder Judiciário.

Daí falar-se em duplo interesse na individualização da pessoa: um privado, ligado à personalidade humana, e outro público, ligado às prerrogativas e direitos coletivos.

Elementos de individualização. E como, finalmente, se individualiza uma pessoa, no meio de uma sociedade? Por meio de três elementos: o nome, o estado e o domicílio.

Nome é a designação que separa a pessoa das demais, identificando-a perante a sociedade. *Estado* aponta qual a posição jurídica dela em face de sua família e da sociedade política. *Domicílio*, por fim, é a sua sede jurídica.

---

44. Muito embora o direito brasileiro não puna criminalmente aquele que tenta, sem sucesso, se suicidar, fazendo-o somente a quem induz ou auxilia o suicida (art. 122 do Código Penal), é possível afirmar, em face da regra, que o suicídio é um ato ilícito, ou ilegal, justamente porque a vida, constituindo-se em direito da personalidade, é um bem indisponível.

1.5.2. Nome

1.5.2.1. Generalidades

Conceito. Nome é o sinal que identifica a pessoa publicamente, indicando, ainda, sua origem familiar. Por outras palavras, trata-se de um sinal que identifica o homem ou a mulher perante a família e a sociedade.[45]

> **Direito ao nome e direito a um nome.** É mister, nesse ponto, distinguir o *direito ao nome* do *direito a um nome*. Direito ao nome representa a situação jurídica daquele titular de um direito da personalidade a ter um nome e, assim, ser adequadamente identificado pela (e na) sociedade. O conceito acima esboçado indica justamente essa faceta do nome. Perceba-se que, nesse sentido, o direito ao nome pode ser visto como *pressuposto* da titularidade e exercício de todos os demais direitos. Inconcebível imaginar afetar certo direito a alguém que não se pode identificar. Daí porque se afirma tratar de *direito fundamental, e da mais alta relevância, porque permite, ou ao menos facilita, garantir o respeito aos demais direitos da pessoa.*[46] Em nosso sistema, o direito ao nome está previsto no art. 16, CC. Agora mude-se o enfoque. Imagine o nome da pessoa tal como assentado no Registro Civil. Essa pessoa tem direito ao uso, ao cuidado e à preservação daquele nome, exatamente tal como registrado. Nas palavras de Limongi França, trata-se do direito sobre *certo e determinado nome*, aquele definido especial e definido pelo registro civil.[47] Sob esse prisma *concreto*, o que se tem é direito a um nome, consubstanciado na *preservação, em concreto, do nome de alguém constante do registro civil*. Nesse sentido, o direito brasileiro não reconhece o *nome de batismo* como gerador de efeitos, a ele sempre se sobrepondo o nome jurídico, isto é, aquele devidamente registrado. Assim, se alguém usou outro nome no batismo diferente do registrado, é este que receberá a regular proteção jurídica. Anoto, por fim, que nisso reside outra diferença entre o direito ao nome e o direito a um nome. Aquele é direito da personalidade, de modo que existe para todos os sujeitos de direito. Pode-se dizer que até para o nascituro, que ainda não tem personalidade (em face do nosso direito positivo) já há direito ao nome. O nome especial, entretanto, não se prende diretamente à aquisição da personalidade, mas antes ao ato registrário, de modo que somente a partir do assentamento é que se poderá falar em direito a um nome.

Duplo aspecto: público e privado. O que se disse acima sobre o caráter público e particular do direito à individualização da pessoa tem aplicação máxima no que toca ao nome, precisamente porque, de todos os elementos identificadores, o nome é o único que não poderá – a princípio[48] – ser partilhado por mais ninguém. Por isso se costuma afirmar que o nome tem dois aspectos: um privado, que é o direito que a pessoa tem à identificação, e outro público, consubstanciado no interesse da coletividade e do poder estatal em identificá-la. Prefiro, entretanto, situar esse duplo interesse como uma característica comum aos três elementos identificadores. Inegável que tal situação se aplica, igualmente, ao estado da pessoa e seu domicílio.

---

45. O conceito, a bem da verdade, carrega apenas uma das funções do nome: servir de *instrumento de individualização*, como bem salientado e aprofundado por Adolfo Pliner, em *El nombre de las personas*, 2ª ed., Buenos Aires: Astrea, 1989, p. 41. A doutrina brasileira, em quase sua totalidade, chama a atenção para esse aspecto.

46. Leonardo Brandelli, *Nome civil da pessoa natural*, São Paulo: Saraiva, 2012, p. 34.

47. *Do nome civil das pessoas naturais*, 2ª ed., São Paulo: RT, 1964, p. 177.

48. A princípio, porque sempre existirá o problema dos *nomes homônimos* ou *homonímias*.

III – DOS SUJEITOS DE DIREITO | 75

Natureza jurídica. Costuma-se discutir qual a natureza jurídica do nome. Para a teoria dominial, o nome era uma propriedade da pessoa. A teoria, entretanto, se derruba ante a constatação de que o nome é intransferível e inalienável. Além disso, o nome é imprescritível: não se perde pelo não uso e não se adquire pelo uso prolongado. Finalmente, o nome não tem valor econômico e não está inserido no patrimônio da pessoa. A única semelhança com o direito de propriedade reside no fato de que a proteção ao nome é, também, oponível *erga omnes*.

Já se sustentou, igualmente, que o nome era simples questão de estado, sem que chegasse a ser verdadeiro direito, servindo simplesmente para distinguir uma pessoa da outra. A concepção é falha porque, ao adotá-la, haverá a consequente negação de sua proteção: se o nome serve somente para diferenciar pessoas, a utilização indevida do nome alheio não representará qualquer agressão, já que, segundo a teoria, não seria ele propriamente um direito.

Finalmente, considera-se o nome como um direito da personalidade. A ele estão agregadas todas as características anteriormente vistas dos demais direitos da personalidade. Para além disso, foi a concepção que o nosso legislador adotou, reservando os artigos 16 a 19 do Código Civil para o seu tratamento, todos dentro da regulamentação dos direitos da personalidade.

1.5.2.2. A estrutura do nome

Elementos essenciais e facultativos. O nome é formado por elementos essenciais e, eventualmente, facultativos. Os primeiros são indispensáveis, fundamentais. Os segundos surgem ocasionalmente e a sua ausência não representa a descaracterização do nome como tal.

Elementos essenciais. São elementos essenciais do nome o *prenome* e o *sobrenome*.[49] O prenome é o primeiro nome, tradicionalmente chamado de nome de batismo (ainda que, como visto, com ele não se confunda). Pode ser *simples* (como João), ou *composto* (como João Walter). Este nome composto, note-se bem, pode ser duplo, como no exemplo dado, mas poderá, eventualmente, ser triplo ou mesmo quádruplo.[50]

---

49. Utilizo no texto o termo *sobrenome* porque foi a opção do legislador civil de 2002 (art. 16, CC). Ressalvo, entretanto, que estou de acordo com a doutrina que diferencia *sobrenome* de *nome de família*. Para a lei, sobrenome é patronímico, também conhecido por cognome. Em melhor técnica, entretanto, patronímico é o nome de família. Neste sentido, v. Leonardo Brandelli, ob. cit., p. 92, citando lição de Serpa Lopes. Já a Lei de Registros Públicos fala em *nome e prenome* (v. g., arts. 54, 4º, 7º, 8º, 9º, 55, *caput*, e 59). Ao assim fazer, trata de *nome* como sinônimo de *sobrenome* (nos termos do atual Código Civil). Em outros momentos, a mesma lei usa o termo *nome* em sentido lato, como no n. II, do § 1º, do art. 54, acrescentado pela Lei 12.662/2012.

50. Não há, por certo, limite para tal conformação. Servirá, assim, o bom senso de quem coloca o nome e do próprio registrador, que qualificará o registro. Não será apenas um prenome mal escolhido ou de gosto duvidoso que poderá gerar constrangimento à pessoa. Eventualmente a própria *conformação* do nome terá tal condão, fazendo incidir, em tese, o parágrafo único do art. 55 da Lei de Registros Públicos.

Características do prenome e do sobrenome. Vige, em nosso sistema, a princípio, grande liberdade na escolha do prenome. Entretanto, essa liberdade não é absoluta. Prova disso é que o oficial do registro civil deve negar o registro quando verificar que o nome poderá expor a pessoa ao ridículo (art. 55, parágrafo único, da Lei 6.015/73 – LRP). Outra característica do prenome, que também não é absoluta como se verá adiante, é que ele é, a princípio, imutável, nos termos do art. 58 da Lei de Registros Públicos.

O sobrenome, também denominado patronímico ou nome de família, é o segundo elemento essencial da composição do nome. Em nosso regime, pode ser somente o do pai, somente o da mãe, ou de ambos.

Elementos facultativos. De outro lado, há os elementos facultativos, ou secundários.

a) Agnome. Refira-se, inicialmente, o *agnome*, que se pode definir como a partícula que se acrescenta ao nome completo para distinguir o seu titular de parentes próximos (por exemplo, filho, júnior, neto, segundo, terceiro).

b) Cognome. O *cognome*, ou epíteto, é o que ordinariamente se chama de apelido ou alcunha. Digno de nota é o fato de que se tais apelidos atingirem o patamar da notoriedade, poderão, eventualmente, ser incluídos no nome (art. 58 da LRP). São diversos os exemplos, como Lula, Xuxa etc.

c) Pseudônimo. Chama-se *pseudônimo* ou *codinome*, o nome escolhido por alguém para o exercício de determinada atividade lícita. É muito comum no meio artístico (como atores, autores, articulistas, cantores, compositores etc.). O codinome, nessas condições, gozará da mesma proteção que o nome (art. 19, CC) porque, igualmente, tem natureza de direito da personalidade.

d) Axiônimo. Fala-se em *axiônimos* para designar os títulos eclesiásticos, de nobreza, títulos acadêmicos ou títulos honoríficos, tais como barão, marquês, duque, bispo, mestre ou doutor.

e) Hipocorístico. Finalmente, são apelidos *hipocorísticos* as denominações, normalmente formas abreviadas do prenome, utilizadas como forma de expressar intimidade ou carinho. São diversos os exemplos: Nãna, para Mariana; Nina, para Marina; Chico, para Francisco etc.

1.5.2.3. *Alteração do nome e o princípio da imutabilidade*

Princípio da imutabilidade do nome. A princípio, em decorrência da natureza jurídica do nome, é ele imutável. Tratando-se de fator de identificação da pessoa, com aspecto público e privado, não pode ser alterado em regra porque, obviamente, representaria evidente insegurança jurídica.

III – DOS SUJEITOS DE DIREITO **77**

Excepcionalmente, entretanto, é possível a sua alteração. São situações que justificam quebrar o princípio da imutabilidade e que podem dividir-se em causas *necessárias*[51] e causas *voluntárias*.

Causas necessárias de alteração. São necessárias:

a) a modificação do estado de filiação: como já se ressaltou, a formação do nome considera, com destaque, a sua origem familiar. É certo, pois, que a modificação do estado de filiação repercutirá no apelido familiar. Daí que, *necessariamente*, o nome será alterado. O exemplo é simples: quando se julga procedente ação de negatória de paternidade. Aquele que era considerado juridicamente pai, deixa de sê-lo e, assim, impõe a retirada do seu apelido familiar da composição do nome do réu da ação, até então considerado seu filho. Existem outros casos, tais como os reconhecimentos de paternidade, sejam eles judiciais ou extrajudiciais.

Inclui-se também nessa hipótese, a alteração do nome de um dos pais porque, justamente, alterou-se o seu estado de filiação. Se houve alteração do nome dos pais, como consequência haverá modificação também no dos filhos. Imagine-se que em razão de procedência de investigação de paternidade movida por Carlos, que é pai de Jônio, em face de Leônidas, o seu sobrenome venha ser alterado (acrescentou-se, pois, ao seu nome o apelido familiar de Leônidas). É certo que, como reflexo, alterar-se-á o nome de Jônio, que também passará a ter o apelido familiar do agora juridicamente declarado avô.

b) Irmãos com nomes idênticos: a exigência decorre do direito à individualização. Não se poderia admitir dois irmãos, que já possuirão o mesmo apelido familiar, com o mesmo nome. Em casos tais, impõe-se a modificação, interpretando-se, *a contrario sensu*, a norma do disposto no *caput* do art. 63 e seu parágrafo único, da Lei dos Registros Públicos: "*No caso de gêmeos, será declarada no assento especial de cada um a ordem de nascimento. Os gêmeos que tiverem o prenome igual deverão ser inscritos com duplo prenome ou nome completo diverso, de modo que possam distinguir-se.* **Parágrafo único.** *Também serão obrigados a duplo prenome, ou a nome completo diverso, os irmãos a que se pretender dar o mesmo prenome.*"

Causas voluntárias de alteração. Além das causas necessárias, há as voluntárias, assim denominadas porque decorrem, todas, da vontade da pessoa quando certas circunstâncias estão presentes. São elas:

a) Casamento e sua dissolução: nos termos do art. 1.565, § 1º, do Código Civil, qualquer dos nubentes pode adotar o nome do outro.

Ocorrendo separação[52] ou divórcio e se, pelo matrimônio, um dos cônjuges houve acrescido o nome do outro, poderá, novamente, ser modificado. Veja-se, entretanto, e

---

51. Prefiro o termo *necessário* no lugar de *legal*. É que todas as causas que possibilitam a alteração do nome são, evidentemente, conforme a ordem jurídica e respaldadas em lei e, portanto, legais.

52. Cuja existência, hoje, é controvertida em razão da Emenda Constitucional 66. Faço a menção porque aproveito para adiantar a minha opinião no sentido da sua permanência no ordenamento, o que será oportunamente aprofundado.

ainda que se venha a discutir o assunto no volume apropriado, que atualmente a perda do nome do outro cônjuge não é obrigatória. E isso mesmo na separação culposa,[53] já que a perda do nome dependerá, neste caso, de pedido por parte do inocente, de acordo com os arts. 1.578 e 1.571, § 2º, do Código Civil.

Há, ainda, julgado do Superior Tribunal de Justiça autorizando a alteração do nome também em casos de viuvez, para que se restabeleça aquele anterior ao matrimônio (RSTJ 162/171).

b) União Estável: a própria Lei de Registros Públicos, em seu art. 57, § 2º, determina que a companheira pode pedir ao juiz a averbação do patronímico do convivente no seu registro de nascimento. Atualizando-se a redação do dispositivo, que ainda fala em *desquite*, tem-se o seguinte:

– há necessidade de autorização judicial;

– deve haver impedimento legal para o casamento, decorrente do estado civil de qualquer um deles ou de ambos;

– deve haver *motivo ponderável* para tanto;

– não pode haver prejuízo os seus próprios apelidos de família;

– exige-se a autorização do outro companheiro.

Observe-se, entretanto, que o§ 3º do dispositivo determina que *o juiz competente somente processará o pedido (...) se da vida em comum houverem decorrido, no mínimo, 5 (cinco) anos ou existirem filhos da união.*

Essa exigência, entretanto, não mais subsiste, a meu sentir. É que o prazo referido não mais é requisito para a configuração da união estável, nos termos do atual Código Civil. O mesmo se diga quanto à existência de filhos. É certo que tais elementos servirão de indícios e provas da existência da convivência, mas não se prestam, mais, a funcionar como requisitos objetivos do pedido de alteração.

c) Alteração Imotivada: diz o art. 56 da LRP que *o interessado, no primeiro ano após ter atingido a maioridade civil, poderá, pessoalmente ou por procurador bastante, alterar o nome, desde que não prejudique os apelidos de família, averbando-se a alteração que será publicada pela imprensa.*

Aqui não há qualquer motivo, ou justificativa exigível do interessado. É um seu direito que, entretanto, encontra limites no próprio dispositivo porque a modificação não poderá suprimir os nomes de família.

Outro ponto a ser destacado é que o pedido pode ser apresentado antes da maioridade, representando-se ou assistindo-se o menor, conforme o caso.

---

53. Trata-se de outra matéria controvertida em direito de família. Escuso-me por não aprofundar o assunto nesse espaço visto que, em razão do que ora se trata, não é oportuno fazê-lo, além de vazar matéria fora dos limites desse volume.

E nos casos de emancipação? Não podemos nos esquecer que já se assentou que *maioridade* não é *emancipação*. Entretanto, parece-me que, interpretando o referido art. 56, pretendeu a lei referir-se, quando disse *maioridade*, à *capacidade*. Daí por que o prazo de um ano passará a fluir a partir a emancipação, isto é, com a cessação da sua incapacidade.

d) Alteração motivada: há situações excepcionais em que a lei permite à pessoa, se presentes certas circunstâncias, a alteração do nome. O procedimento, em qualquer destes casos, é o do art. 57 da LRP: petição inicial dirigida ao magistrado competente que, se em ordem, será encaminhada para a manifestação do Ministério Público resolvendo-se, ao final, por sentença. Se procedente, será expedido mandado para a providência e posterior publicação da alteração pela imprensa.

E quais são essas situações ditas pela própria lei (art. 57, *caput*), excepcionais? Do art. 58, *caput* e parágrafo único, da LRP, retiramos dois exemplos: o prenome poderá ser alterado por apelidos públicos notórios e, ainda, em razão de fundada coação ou ameaça decorrente da colaboração com a apuração de crime.

Mas não são os únicos casos. Será permitida a alteração motivada, igualmente, quando o nome expuser o seu titular ao ridículo ou puder causar-lhe constrangimento em virtude de correção do sexo para casos tais como os dos hermafroditas.[54]

A alteração é permitida, ainda, para evitar os problemas que podem surgir com homonímia.

Anote-se, por fim, que com o advento da Lei 12.100/2009, é possível a retificação *extrajudicial* do nome nos casos de erros gráficos que não demandem qualquer indagação para a pronta constatação de necessidade de alteração. Assim, poderá o oficial registrador atender o pedido imediatamente, após manifestação do órgão do Ministério Público.[55]

1.5.2.4. Nome social

O Decreto 8.727/2016 (de 28 de abril de 2016) cuidou do chamado *nome social* junto com o *reconhecimento da identidade de gênero de pessoas travestis e transexuais* (art. 1º). Tratando-se de norma do Poder Executivo da União, a regulamentação somente produz efeitos nesta esfera.[56]

---

54. Já se permitiu a alteração de nome para os transexuais após a operação de adequação de seu sexo (v., nesse sentido, RT 672/108).

55. Para aprofundar o tema da alteração do nome e sobrenome, com farta jurisprudência e exemplos, sugiro a leitura do quanto escrito por Ronaldo de Barros Monteiro, *Comentários ao Novo Código Civil*, vol. I, ob. cit., p. 200/220.

56. Por tal motivo, dispõe o art. 2º que "os órgãos e as entidades da administração pública federal direta, autárquica e fundacional, em seus atos e procedimentos, deverão adotar o nome social da pessoa travesti ou transexual, de acordo com seu requerimento e com o disposto" no Decreto. O parágrafo único carrega norma imperfeita: "*é vedado o uso de expressões pejorativas e discriminatórias para referir-se a pessoas travestis ou transexuais.*"

De acordo o regramento, e para o que por ora nos interessa, nome social é a *designação pela qual a pessoa travesti ou transexual se identifica e é socialmente reconhecida.*

É de rigor perquirir, entretanto, qual a *natureza jurídica* desse *nome*. Parece certo que não se confunde com o *nome civil*, aproximando-se, quando muito, do *nome vocatório*, este considerado como aquele por meio do qual o indivíduo é comumente conhecido,[57] podendo ser escolhido pela própria pessoa ou colocado por terceiro (neste caso, surgido naturalmente no seio das relações sociais da pessoa).

Não é, entretanto, um *direito da personalidade*. Para tanto, basta verificar o tratamento dado pelo Decreto que, a todo tempo, exige a utilização do *nome civil* acompanhando o *nome social*. O art. 4º é categórico: "*constará nos documentos oficiais o nome social da pessoa travesti ou transexual, se requerido expressamente pelo interessado, acompanhado do nome civil.*"[58]

A despeito disso, merece proteção jurídica se o nome for utilizado de maneira indevida ou ofensiva, mas não por violação ao nome em si, e sim porque, neste caso, ofende-se a honra e a dignidade do seu portador.

1.5.2.5. Alteração do prenome do transgênero (e de seu gênero) independentemente da cirurgia de transgenitalização e processado extrajudicial (diretamente no Registro Civil de Pessoas Naturais)

O Superior Tribunal de Justiça já parecia encaminhar seu posicionamento para permitir que se efetivassem alterações de prenomes e de gênero das pessoas transgêneros independentemente da realização dos procedimentos de *neocolpovulvoplastia* ou *neofaloplastia*. É o que se retira, em certa escala, do REsp 1.626.739-RS, 4ª Turma, Rel. Min. Luis Felipe Salomão, julgado em 09.05.2017.

A possibilidade não é nova perante aquela Corte, mas continha maiores cautelas – de bom-senso, diga-se – conforme se retira deste trecho do REsp 737.993/MG: "*(...) A interpretação conjugada dos arts. 55 e 58 da Lei n. 6.015/73 confere amparo legal para que transexual operado obtenha autorização judicial para a alteração de seu prenome, substituindo-o por apelido público e notório pelo qual é conhecido no meio em que vive. (...)*" STJ. 4ª Turma. REsp 737.993/MG, Rel. Min. João Otávio de Noronha, julgado em 10.11.2009.

Como se vê, observavam-se as recomendações médicas – primeiro da resolução de 2002 e depois de 2010 – condicionando, ainda, a decisão ao crivo do Judiciário.

---

57. Vitor Frederico Kümpel e Carla Modina Ferrari, *Tratado Notarial e Registral* vol. 2 – *Ofício de Registro Civil das Pessoas Naturais*, 1ª ed., 1ª tir., São Paulo: YK Editora, p. 243.

58. Muito embora o art. 5º pareça – até contraditoriamente – atenuar o cuidado, ao determinar que incluído o nome social em documentos oficiais dos órgãos da administração pública federal, o uso do nome civil só será empregado *quando estritamente necessário ao atendimento do interesse público e à salvaguarda de direitos de terceiros.*

III – DOS SUJEITOS DE DIREITO   **81**

Veio, então, a decisão de 2017 (REsp 1.626.739-RS), que certamente deu fôlego para o recente Provimento 73 de 28 de junho de 2018, do Conselho Nacional de Justiça, de legalidade e constitucionalidade[59] duvidosa.

Nos termos do Provimento 73/2018-CNJ, fica viabilizada a averbação da alteração do prenome e do gênero nos assentos de nascimento e casamento de pessoa transgênero no Registro Civil das Pessoas Naturais (art. 1º). Para tanto, bastará que pessoa maior de 18 anos completos habilitada à prática de todos os atos da vida civil requeira ao ofício do RCPN a alteração e a averbação do *prenome* e do *gênero*, a fim de adequá-los à identidade autopercebida.

A participação do Judiciário é quase nula: "*O atendimento do pedido apresentado ao registrador independe de prévia autorização judicial ou da comprovação de realização de cirurgia de redesignação sexual e/ou de tratamento hormonal ou patologizante, assim como de apresentação de laudo médico ou psicológico*", diz o art. 4º, § 1º. A atuação do Juiz (no caso, o corregedor permanente), limitar-se-á à possibilidade de desconstituição na via administrativa, mediante autorização do juiz corregedor permanente, ou na via judicial (art. 2º, § 3º). Tenho que essa possibilidade ficará restrita a algum vício formal ou material. Por exemplo, alteração com prejuízo de sobrenome familiar, ou alteração de prenome que prejudique interesses de terceiros. Mas só. Aqui, de fato, atribuiu-se irrestrita primazia à vontade do requerente.

O que parece afrontar o sistema – e daí a possível inconstitucionalidade – é o tratamento *absolutamente* diferenciado – e *muito* facilitado que se defere ao transgênero, mas não à outras situações que também reclamam alterações de prenomes mais simplificadas e desburocratizadas. Mais do que isso, e fugindo da questão da alteração do prenome, indicação de *gênero* (masculino, feminino) e sua alteração sempre demandou, por sua natureza e imposição de segurança jurídica, *ação de estado* (e não há dúvida que se trata de relação de *estado da pessoa natural*), agora podendo-se alterar mediante simples requerimento (parágrafo único do art. 3º: "*O pedido poderá ser formulado em ofício…*").

Para fins de controle, o Provimento cuidou de, pelo menos, exigir grande quantidade de documentos[60] que, a despeito disso, não garantem o acompanhamento exigido

---

59. É bem verdade que, sobre o assunto, já se manifestou o Supremo Tribunal Federal que conferiu ao art. 58 da Lei n. 6.015/1973 (LRP), interpretação conforme à Constituição Federal, reconhecendo o direito da pessoa *transgênero* que desejar, independentemente de cirurgia de redesignação ou da realização de tratamentos hormonais ou patologizantes, à substituição de prenome e gênero diretamente no ofício do RCPN (ADI n. 4.275/DF).

60. O art. 4º, § 6º lista os documentos que, com o ofício de requerimento, devem ser apresentados ao Oficial do RCPN: § 6º A pessoa requerente deverá apresentar ao ofício do RCPN, no ato do requerimento, os seguintes documentos:

I – certidão de nascimento atualizada;

II – certidão de casamento atualizada, se for o caso;

III – cópia do registro geral de identidade (RG);

IV – cópia da identificação civil nacional (ICN), se for o caso;

V – cópia do passaporte brasileiro, se for o caso;

pelas normas do Conselho Federal de Medicina (Resolução 1.955/2010). Diga-se, ainda, que o registrador tem razoável grau de controle (e de fato deve ter). Quando da análise do pedido formulado, se suspeitar de fraude, falsidade, má-fé, vício de vontade ou simulação quanto ao desejo real da pessoa requerente, deverá ele, fundamentadamente, recusar o pleito, encaminhando o ofício ao juiz corregedor permanente (art. 6º).

Ponto polêmico, sobre o qual ainda serão necessárias maiores considerações, é o sigilo que acoberta a alteração.[61] Nos termos do Provimento, pessoa que se relacione – qualquer forma de relacionamento, diga-se – com o transgênero, não terá condições, por meio do assento de nascimento pelo menos, de conhecer o seu verdadeiro gênero.[62]

1.5.3. Estado da pessoa natural

a) Definição e Espécies

Trata-se de outro elemento que serve para identificar a pessoa natural. Pode-se dizer que é a *situação jurídica da pessoa resultante da análise de sua posição nos planos político, familiar e individual.*

Da definição retiram-se as espécies de *estado*, assim classificadas para fins didáticos, mas que bem demonstram os ângulos por meio dos quais se pode estudar o ponto. São elas:

a) estado político. O que se considera, nesse aspecto, é a posição da pessoa em relação à determinado Estado (país). Sob este prisma, a pessoa pode ser *nacional* ou *estrangeira.*

VI – cópia do cadastro de pessoa física (CPF) no Ministério da Fazenda;

VII – cópia do título de eleitor;

IX – cópia de carteira de identidade social, se for o caso;

X – comprovante de endereço;

XI – certidão do distribuidor cível do local de residência dos últimos cinco anos (estadual/federal);

XII – certidão do distribuidor criminal do local de residência dos últimos cinco anos (estadual/federal);

XIII – certidão de execução criminal do local de residência dos últimos cinco anos (estadual/federal);

XIV – certidão dos tabelionatos de protestos do local de residência dos últimos cinco anos;

XV – certidão da Justiça Eleitoral do local de residência dos últimos cinco anos;

XVI – certidão da Justiça do Trabalho do local de residência dos últimos cinco anos;

XVII – certidão da Justiça Militar, se for o caso.

61. Art. 5º. "A alteração de que trata o presente provimento tem natureza sigilosa, razão pela qual a informação a seu respeito não pode constar das certidões dos assentos, salvo por solicitação da pessoa requerente ou por determinação judicial, hipóteses em que a certidão deverá dispor sobre todo o conteúdo registral."

62. Considera-se *veracidade registral* o princípio segundo o qual nos registros se descreve fielmente a realidade das coisas. Em regra, trata da realidade *dos fatos*. Sob este prisma, o vetor em questão estaria vulnerado em face do Provimento n. 73 (averba-se algo que não é *taticamente* verdadeiro – até porque o regramento pauta-se na ideia de *identidade autopercebida*). Acontece que atualmente também se analisa o princípio sob o aspecto da *verdade jurídica*. O filho adotado, por exemplo, não é filho *biológico*, mas assim figura no registro porque desta forma o direito lhe considera. Este exemplo, entretanto, é retirado diretamente da Constituição Federal, e não serve de comparação com o que se pretende com o Provimento em questão e o cânone da veracidade.

Nacionalidade. A nacionalidade é um vínculo jurídico e político entre o indivíduo e o Estado. Nesse sentido, ter a nacionalidade de determinado país significa fazer parte de seu povo e, dessa forma, adquirir direitos, prerrogativas e deveres inerentes ao cidadão brasileiro.

O povo brasileiro é composto de brasileiros natos e naturalizados. *Nato* é o brasileiro que adquiriu a nacionalidade pelo nascimento. É o nascido na República Federativa do Brasil. Trata-se de *nacionalidade originária*. O brasileiro *naturalizado*, por sua vez, é aquele que, apesar de não nascido em território brasileiro, manifesta a sua vontade no sentido de ter a nacionalidade brasileira. Essa nacionalidade é chamada de *secundária*. A Constituição Federal, em seu artigo 12, § 2°, veda a distinção entre os brasileiros natos e naturalizados, embora preveja quatro situações em que haverá diferenciação no tratamento. A título de exemplo, podemos citar os cargos que são privativos de brasileiros natos (Presidente e Vice-Presidente da República; Presidente do Senado Federal e da Câmara dos Deputados e, ainda, Ministro do Supremo Tribunal Federal). Outra distinção feita pela Carta Magna é a impossibilidade de extradição do brasileiro nato. Vale dizer, não é possível a entrega de um brasileiro nato a outro Estado por ter este praticado um delito. Já no tocante ao brasileiro naturalizado, a extradição será possível em caso de crime comum praticado antes da naturalização, ou se comprovadamente estiver envolvido com tráfico ilícito de entorpecentes e drogas afins, a qualquer tempo, ou seja, antes ou depois da naturalização.

A naturalização (nacionalidade secundária) pode ser adquirida pelos apátridas (*heimatlos*) – que são pessoas sem pátria, sem nacionalidade – ou por estrangeiro, por meio de ato discricionário praticado com exclusividade pelo Chefe do Poder Executivo.

Ainda no que tange a nacionalidade secundária, é de se referir a figura dos *polipátridas*, indivíduos que, tendo requerida a naturalização de determinado país, também conservam a sua condição de nato em seu país de origem, de nascimento.

Ressalte-se, ainda, que as hipóteses de perda da nacionalidade brasileira estão previstas de forma taxativa pelo § 4° do artigo 12 da Constituição. Dessa forma, poderá o indivíduo perder a nacionalidade por *ação de cancelamento de naturalização*, por ter praticado atividade nociva ao interesse nacional ou, ainda, por *naturalização voluntária* a uma nova nacionalidade, perdendo a anterior.

b) estado familiar. Analisa-se, nesse plano, a situação do indivíduo quanto às relações familiares (conjugais e de parentesco, seja este por consanguinidade ou afinidade). Daí classificar a pessoa como solteira, casada, viúva, divorciada; ou ainda, decorrente do estado de paternidade e filiação, catalogar como pai, mãe, filho, filha, avó, avô, neto, neta e, ainda, sogro, sogra, enteado, padrasto etc.

Estado de convivente. Interessante discussão é a que questiona a colocação da relação de *companheirismo*, ou seja, decorrente de *união estável*, como uma forma, ou não, de estado familiar. Haveria, assim, um estado de *convivente*, tal como existe o estado de casado? Me parece que, em face do nosso sistema constitucional, a resposta é afirmativa. A relação entre companheiros gera efeitos jurídicos não perante os envolvidos, mas também em relação à terceiros.

Quem afirma o contrário argumenta que não há na lei previsão expressa criando esse estado. A ideia, com o devido respeito, não convence, eis que os estados de pai e filho ou de marido e mulher, também não são figuras previstas, ou elencadas, expressamente, como *estados da pessoa*, e ninguém negará que assim são consideradas.

Fato é que a lei constitucional considera a união estável entidade familiar (art. 226, § 3°, da CF), derivando daí, sim, o *estado de convivente*.

c) estado individual. Sob tal aspecto, a pessoa é analisada sem comparações com outros sujeitos, isto é, sem ter como perspectiva o Estado a que pertence, com quem é casada, de quem é filho etc. Visualiza-se a pessoa física sem ter qualquer outro paradigma. Nesse sentido, caracteriza-se o ser humano como homem, mulher, capaz ou incapaz (e em que grau), maior ou menor de idade.

1.5.4. Domicílio

a) Conceitos de domicílio e sua fixação

É o último elemento que individualiza e identifica a pessoa natural.

Há duas definições para domicílio: uma doutrinária e outra legal.

Em conceito doutrinário, domicílio é a sede ou o centro dos negócios jurídicos e situações subjetivas da pessoa natural onde ela sempre se presume presente para os fins de direito. Fundamenta-se, sob esse prisma, mais no interesse de terceiros e no princípio da segurança jurídica do que no fato de ser um elemento de identificação. É evidente a necessidade e importância de que terceiros que com a pessoa se relacionem saibam onde ela está domiciliada. Conhecer o domicílio de alguém é, nesse ponto, imperativo de segurança jurídica. Como, por exemplo, demandar alguém em juízo, para a cobrança de um crédito, se eu não sei onde encontrá-la? Daí porque, de um jeito ou de outro, como se verá, todos temos um domicílio.

O conceito legal de domicílio vem estampado no art. 70 do CC: "*o domicílio da pessoa natural é o lugar onde ela estabelece a sua residência com ânimo definitivo*". Em última análise, perceba-se que se trata de um critério para determinar fisicamente o local referido no conceito doutrinário. Sob essa ótica, os conceitos de complementam. Dessa forma, para saber qual é a sede jurídica onde a pessoa se presume presente (conceito doutrinário), eu tenho que saber onde ela estabelece sua residência com ânimo definitivo (conceito legal).

Retira-se desse conceito legal dois elementos formadores do domicílio: um de natureza *objetiva* e outro *subjetiva*.

De natureza objetiva é a fixação do sujeito em determinado local. De ordem subjetiva é o *animus manendi*, ou intenção de no local ficar permanentemente.

O art. 74, ao tratar da mudança de domicílio, confirma os elementos. Dispõe que se muda de domicílio "*transferindo a residência, com a intenção manifesta de o mudar*".

Domicílio, residência e morada. Alguns conceitos usados no dia a dia, indistintamente, têm significado técnico para o direito. A ideia de *domicílio* não se confunde com a de *morada* e *residência*. A morada indica relação fática entre a pessoa e um local onde ela se encontra acidentalmente. Não há aqui qualquer intenção de lá ficar permanente ou definitivamente. Se uma pessoa se hospeda, para as festas de final de ano, em uma pousada na praia, ou até mesmo na casa de amigos, o local é sua morada ou habitação. A relação com o lugar, pois, é fugaz e não há qualquer vínculo. Há ainda uma situação intermediária, em que o sujeito tem ligação com o lugar, permanecendo habitualmente, *mas ainda sem o ânimo de lá permanecer definitivamente*. Esta, então, será a

III – DOS SUJEITOS DE DIREITO

sua residência (elemento objetivo do conceito de domicílio que, logicamente, com ele não se confunde). A partir do momento que nessa residência passar a existir o *animus manendi*, isto é, intenção de lá permanecer definitivamente (elemento subjetivo), então surgirá o domicílio. Agora perceba-se o seguinte: se alguém, em um curto espaço de tempo, morar em diversas localidades com ânimo definitivo, terá ele, neste lapso temporal, domicílios diversos. Imagine-se a pessoa que, pretendendo morar definitivamente em um apartamento, aluga-o. Passado um mês, encontra melhor lugar, mais barato, e para lá se muda, com a mesma intenção. Teve, assim, dois domicílios. Por dificuldades financeiras deixa de pagar o aluguel e é despejado. Sem ter onde morar, vai para a casa de um parente, sem prazo para ficar, mas pretendendo encontrar novo local para residir definitivamente. Durante esse período em que não achar novo lugar, lá não será considerado seu domicílio voluntário.

b) Espécies de domicílio e suas regras específicas

É possível afirmar que toda pessoa – ou em expressão ainda mais ampla, todo sujeito de direitos – tem domicílio. Justamente em razão da segurança das relações jurídicas, é imperativo que todos tenham um domicílio. Para tanto, a lei cuidou de regular casos especiais em que, a princípio, se poderia imaginar não existir domicílio. São, portanto, casos excepcionais, mas importantíssimos, porque não deixam nenhuma lacuna quanto a sua fixação.

Inicialmente, quanto à quantidade de domicílios, além da situação regular e ordinária, daquele que possui apenas um (unidade domiciliar), pode-se falar em domicílio *plúrimo* (pluralidade domiciliar). Dessa maneira, se a pessoa tiver mais de uma residência onde viva alternadamente, qualquer delas será o seu domicílio. É precisamente o que determina o art. 71 do CC. Exemplifico: se um empresário tem, em seu nome, um apartamento na cidade de São Paulo, onde mora duas semanas por mês, e outro imóvel em Campinas em que, por força do trabalho, permanece as outras duas semanas, qualquer das localidades serão consideradas domicílio.

Há também o domicílio *profissional*, previsto no art. 72. De acordo com o dispositivo, considera-se domicílio da pessoa natural, *quanto às relações concernentes à profissão*, o lugar em que a exerce. Perceba-se que não há confusão entre o domicílio residencial e o profissional. Este somente é considerado para fins profissionais, de maneira que não valerá para qualquer outro aspecto da vida jurídica do seu titular. Acrescente-se que o parágrafo único do art. 72 prevê o domicílio profissional plúrimo, ao dita que "*se a pessoa exercitar profissão em lugares diversos, cada um deles constituirá domicílio para as relações que lhe corresponderem.*"

Seguindo-se a ordem do Código Civil, encontra-se no art. 73 o denominado domicílio *ocasional* ou *aparente*. Determina o dispositivo que será "*domicílio da pessoa natural, que não tenha residência habitual, o lugar onde for encontrada*". Não se trata de domicílio plúrimo porque, aqui, a pessoa não tem nenhuma residência. Imagine-se a pessoa que não tem parada em localidade nenhuma (os exemplos sempre fornecidos são o dos artistas circenses e caixeiros viajantes). Será seu domicílio qualquer lugar onde for encontrada. Se uma ação for por contra ela proposta, poderá ser citada para responder à demanda onde for encontrada.

Importante classificação leva em conta a *possibilidade de escolha* do domicílio pela pessoa. Assim, tem-se, como regra, o domicílio *voluntário*, quando sua determinação decorre da vontade do sujeito e, excepcionalmente, o domicílio *legal* ou *necessário*, imposto pela lei e fixado em razão de uma qualidade específica do seu titular. São os casos previstos no art. 76 do CC e referem-se:

– ao incapaz, que tem por domicílio o do seu representante ou assistente;

– ao servidor público, que será o local em que exerce suas funções;

– ao militar, cujo domicílio será onde servir ou a sede do comando a que se encontrar subordinado, se se tratar de Marinha ou Aeronáutica;

– ao marítimo, que terá por domicílio onde o navio estiver matriculado e

– ao preso, no local em que cumprir sua pena.

Ainda quanto ao ponto, é lícito classificar o chamado *domicílio contratual* ou *de eleição*, como forma de domicílio voluntário. Tratam-se dos casos em que fica estabelecido na avença o local em que se devem exercer os direitos e adimplidas as obrigações dela decorrentes.

Eleição de foro. A questão ganha contornos expressivos em face do nosso direito processual. Em primeiro porque o próprio Código de Processo Civil permite a denominada eleição de foro em contrato escrito. Entretanto, a vontade das partes não impera de forma absoluta, e encontra limites na própria lei (art. 63 do CPC). Primeiro, não se admite que a eleição de foro (ou o domicílio contratual) ofenda as regras de *competência absoluta* (por exemplo, quando se trata de ação que versa sobre a propriedade de um imóvel, que inexoravelmente terá de tramitar perante o foro do local do bem). É o que sinaliza o referido art. 61, CPC. Segundo, não é possível eleger foro que torne impossível ou muito oneroso o acesso à jurisdição (por exemplo, contrato de prestação de serviços em São Paulo que elege como foro de eleição a cidade de Manaus, quando as partes estão sediadas na capital paulista). Quando afronta ocorrer, o juiz de direito poderá, de ofício, i. e., sem provocação das partes, remeter o processo ao juízo competente (art. 63, § 3º, do CPC). É o que se chama de *cláusula de eleição de foro abusiva*.

Menciono, por fim, o domicílio das pessoas jurídicas, tratadas a seguir.

É o art. 75 que cuida do assunto.

As pessoas jurídicas de direito público (v. capítulo apropriado) têm como domicílio o lugar de sede do seu governo. Cite-se, por exemplo, o domicílio do Estado de São Paulo é a capital do ente federativo: a cidade de São Paulo. Da União, é o Distrito Federal. Nos Municípios, é o local onde estão estabelecidas as administrações respectivas.

O inciso IV do citado dispositivo cuida das demais pessoas jurídicas. Determina que terão seus domicílios no *"lugar onde funcionarem as respectivas diretorias e administrações, ou onde elegerem domicílio especial no seu estatuto ou atos constitutivos."*

Há, assim, diferentes critérios para se estabelecer o domicílio da pessoa jurídica. Como regra, o domicílio será o de sua sede[63] que, por definição, é o centro de sua

---

63. Os conceitos de sede e domicílio, pois, não se confundem. Para explanação aprofundada, consultar Ralpho Waldo de Barros Monteiro, *Comentários ao Novo Código Civil*, vol. I, Rio de Janeiro: Forense, 2010, p. 652.

III – DOS SUJEITOS DE DIREITO **87**

atividade dirigente. Poderá, ainda, ficar a cargo dos seus fundadores ou instituidores a fixação do seu domicílio, coincidindo ou não com a sede. Por fim, pode-se atribuir como domicílio da pessoa jurídica todos os estabelecimentos que possuir ou que o ente moral estrangeiro possuir no Brasil (art. 75, IV, §§ 1º e 2º).

2. DAS PESSOAS JURÍDICAS

2.1. Generalidades

Fundamento para a existência das pessoas jurídicas. As pessoas físicas, ou naturais, como estudado, são os sujeitos de direito por excelência. Isso, entretanto, não quer significar que sejam os únicos. Ao lado delas, existem as pessoas jurídicas, ou morais que, igualmente, são também sujeitos de direito.

O que se costuma apontar nessa fase do estudo é que as pessoas (físicas) são, por natureza, seres gregários, intuitivamente impulsionados para a união ou parcerias com o próximo, visando a obtenção de certos objetivos que, sozinhos, não poderiam buscar. A constatação é verdadeira e, para assim concluir, basta verificar a existência do próprio Estado, formado que é pela união de pessoas que, isoladamente, não poderiam formar uma nação.

Nesses termos, se tais aglomerações existem – e se assim acontece por verdadeira necessidade – era imperioso que a estes grupos fosse atribuída capacidade jurídica para atuarem no mundo negocial e jurídico, fazendo em seu próprio nome, e não no de seus integrantes. É que de nada valeria a sua existência fática se não se facultasse tais possibilidades. Dessa maneira, as pessoas jurídicas atuam no mundo jurídico como se pessoas físicas fossem e, assim, ostentando personalidade jurídica, têm aptidão para adquirir direitos e contrair obrigações.

Não há proeminência das pessoas físicas sobre as jurídicas. Relembro, ainda, algo que já foi dito quando do estudo das pessoas naturais. O Código regulamenta primeiramente estas e, depois, as pessoas morais. A opção, entretanto, não é casual. É evidente que, muito embora os entes ideais tenham proteção jurídica tal qual as pessoas naturais, estas são, por excelência, os sujeitos de direito, até porque, sem elas, não haveria pessoas jurídicas. Daí porque, corretamente, trata-se primeiro das pessoas físicas e, em seguida, destas últimas. Mas retomo a ideia: para o direito, ambos os sujeitos são merecedores da mesma proteção (claro, com as variantes decorrentes de cada tipo). Não há, portanto, distinção valorativa entre elas. Acontece, como dito, que sem pessoa física não há pessoa moral.

2.2. Conceito e Natureza Jurídica

Conceito tradicional de pessoa jurídica. Muito embora se tenha introduzido o tema afirmando, em certa medida, que as pessoas jurídicas formam-se a partir da natureza gregária do ser humano, é possível, como será visto adiante, que elas existam por força de uma unidade ou conjunto de patrimônio. Por isso a definição de pessoa jurídica sempre passou, inevitavelmente, por tal ponto. Dessa forma, definia-se, tradicionalmente, *pessoa jurídica* como a unidade de pessoas naturais ou de patrimônio que objetiva atingir certos fins, reconhecida pelo ordenamento jurídico como sujeito de direitos e obrigações.

Coloque-se dessa forma: são entidades criadas a partir de um conjunto de pessoas físicas, ou de um patrimônio destacado, a quem a lei confere personalidade jurídica de maneira que, com tal aptidão, podem adquirir direitos e contrair obrigações. O presente conceito é tradicional mas, em meu sentir, não se coaduna com nosso atual sistema. E isso porque existe modelo de pessoa jurídica que não se forma nem pela união de pessoas e nem pela personificação de patrimônio destacado, como acontece com as *empresas individuais de responsabilidade limitada*, formadas por uma só pessoa natural.

Crise das pessoas jurídicas e a dificuldade atual em conceituá-las. É possível identificar, atualmente, o que se pode chamar de *crise da pessoa jurídica* (ou talvez *nova crise*, porque há tempo José Lamartine Correa de Oliveira já apontara outra crise, relacionada ao abuso da personalidade da pessoa jurídica, crise que se superou razoavelmente com os atuais mecanismos de coibição, tais como a *desconsideração da pessoa jurídica*). A crise de hoje diz respeito à proliferação de *tipos autônomos* de pessoas jurídicas, criados pelo legislador sem o devido rigor técnico. A consequência é a existência de inúmeros modelos que, a despeito de sua quantidade, não atendem aos interesses da coletividade. No campo do direito público, talvez até com mais força, o mesmo acontece.

Exemplo desse fenômeno foi a criação das *organizações religiosas* pela Lei 10.825/2003 como pessoas jurídicas autônomas. Apesar de ostentar *status* de pessoa jurídica (art. 44, IV), não há regime jurídico específico para elas (o que acaba por determinar, aos registradores, sua criação como se *associações* fossem).[64] Para o legislador, bastou dar-lhes autonomia.

Consequência da crise é a dificuldade em se conceituar, hoje, *pessoa jurídica*. A doutrina brasileira sempre partiu das ideias de *união de pessoas físicas* (formas associativas ou societárias) ou de *personificação de patrimônio afetado* (fundações) para a consecução de certos fins. Atualmente, em face das empresas individuais de responsabilidade limitada, seria preciso destacar a possibilidade de que a pessoa jurídica possa ser formada por uma só pessoa física (art. 44, VI), fato que, à princípio, quebraria a espinha dorsal do conceito de pessoa jurídica.[65]

Natureza jurídica e teorias. Existem várias teorias que buscam explicar a natureza da personalidade jurídica dos entes morais, a iniciar pelas já ultrapassadas

---

64. *Registro de Títulos e Documentos e Registro Civil de Pessoas Jurídicas, cit.*
65. Aqui não faço crítica à EIRELI em si, mas sim à ansiedade do legislador em criar tipos de pessoas jurídicas, aparentemente sem refletir acerca de sua utilidade para a sociedade.

teorias negativistas que, em síntese, argumentam que as pessoas jurídicas não têm personalidade, mas sim os seus membros. Seriam, pois, as pessoas físicas que as integram que teriam capacidade para atuar no mundo jurídico. Nega-se, portanto, a existência de personalidade jurídica dos entes ideais. A corrente tem atualmente somente valor histórico e não prevalece em face do moderno direito. Basta, para assim concluir, lembrar que são comuns os conflitos de interesse entre a pessoa jurídica e um de seus membros. É possível, pois, que um sócio de certa sociedade venha a propor demanda em face dela. Perceba que se a pessoa moral não tivesse personalidade própria, em última análise, e segundo a presente teoria, estaria a pessoa física a litigar contra ela mesma, o que evidentemente não se pode conceber. A concepção negativista não consegue explicar a hipótese.

Se analisarmos o nosso direito positivo, veremos que a teoria realmente não se justifica. Tome-se por exemplo a desconsideração da personalidade jurídica, que será estudada adiante. Por meio dela, em determinados casos previstos no art. 50 do Código Civil, é possível ignorar a distinção de personalidade entre pessoa jurídica e seus membros para que se atinja o patrimônio pessoal destes, ainda que se refira à débito daquela. Ora, se as pessoas morais não tivessem mesmo personalidade, sequer seria necessário desconsiderar a autonomia patrimonial para se alcançar o patrimônio dos sócios. Como se vê, também em face do direito legislado as teorias negativas não se sustentam.

Ao lado delas, há teoria que já gozou de grande prestígio. Trata-se da *teoria da ficção*. De acordo com ela, a pessoa jurídica não existiria realmente, mas apenas como uma criação artificial, como verdadeira ficção. A teoria desdobrou-se em *ficção legal*, sustentando-se que a criação decorreria da lei, e *ficção doutrinária*, porque encontraria fundamento na doutrina. A concepção, entretanto, é facilmente descartada. O argumento que sempre se utilizou é que o Estado, pessoa jurídica, de acordo com a teoria da ficção não existiria autonomamente, mas por criação da lei. Entretanto, a lei é criada pelo próprio Estado. Mas como, então, conceber que uma entidade que não existe realmente promulgue lei que a crie e a reconheça? O argumento, de fato, quebra a espinha dorsal das teorias ficcionais. Somente teria poder de editar lei um ente autônomo e organizado, detentor, ele próprio, de personalidade jurídica.

Finalmente, a teoria que parece melhor explicar e fundamentar a existência das pessoas ideais e, mais do que isso, a que encontra respaldo em nosso direito positivo é a da *realidade técnica*. De acordo com ela, a pessoa jurídica existe autonomamente, como sujeito de direito, não se confundindo com os seus membros. E isso acontece como expediente técnico-jurídico com o intento de a ela possibilitar justamente sua atuação como sujeito de direito. A teoria prega, pois, a completa separação entre pessoa física e pessoa moral. A vontade e patrimônio desta não se confundem com os daquela.

Em face do Código Civil, é a teoria que parece ter sido adotada, conforme se retira do art. 45, ao dispor que *"começa a existência legal das pessoas jurídicas de direito privado com a inscrição do ato constitutivo no respectivo registro (...)"*.

2.3. CLASSIFICAÇÃO

2.3.1. Pessoas jurídicas de direito público e pessoas jurídicas de direito privado

As pessoas jurídicas classificam-se, inicialmente, em pessoas de *direito público* e de *direito privado*. O que as diferencia é o regime jurídico a que estão submetidas. As de direito público submetem-se às regras de direito público, enquanto às de direito privado regem-se por regras desta última natureza.

> **Regime jurídico.** Ao lado desse critério de distinção, há que se fazer uma observação. Poder-se-ia argumentar que o regime jurídico a que se submetem as pessoas jurídicas não pode ser utilizado como critério de diferenciação porque, nos termos do parágrafo único do art. 41, *"as pessoas jurídicas de direito público, a que se tenha dado estrutura de direito privado, regem-se, no que couber, quanto ao seu funcionamento"*, pelas regras do Código Civil.
>
> Entretanto, a contradição é aparente. É que a pessoa jurídica de direito público a que se confere estrutura de direito privado, *continua sendo de direito público*, apenas montada como de direito privado. Por tal razão, e somente quanto ao seu *funcionamento*, obedecerão às normas do Diploma civil, que, em sua maioria, são direito privado.
>
> Isso significa, na prática, que tais pessoas jurídicas mantêm, em sua essência, a natureza pública e, dessa forma, devem obediência aos ditames do direito administrativo. Por tal razão que o Superior Tribunal de Justiça já decidiu que *"as pessoas jurídicas, quer de direito público interno, quer direito público externo, são obrigadas a prestar contas do seu agir, não se podendo falar em estatuto de economia privada para escapar ao controle estatal"* (REsp 256.185/SP, 2ªT., Rel.ª Min. Eliana Calmon, *DJU* 02.09.2002, p. 155).

Os entes de direito público, a seu turno, dividem-se em pessoas jurídicas de direito público *interno* e de direito público *externo*.

a) Pessoas Jurídicas de Direito Público Externo.

Segundo o art. 42, são os Estados soberanos do mundo, a Santa Sé, as organizações internacionais e todas as demais pessoas de direito internacional público.

As organizações internacionais formam-se por meio de participação de dois ou mais Estados soberanos. São exemplos a Organização das Nações Unidas – ONU (talvez uma das mais importantes em razão da quantidade de Estados integrantes), a Organização do Tratado do Atlântico Norte – OTAN, o Fundo Monetário Internacional – FMI, Organização para Cooperação e Desenvolvimento Econômico – OCDE etc.

A Santa Sé é o órgão político e religioso ligado à Igreja Católica que, a despeito de se localizar em Roma, teve sua soberania reconhecida por meio do Tratado de Latrão, assinado em 1929 entre ela e a Itália.

b) Pessoas jurídicas de direito público interno

De acordo com o art. 41, são pessoas de direito público interno a União, o Distrito Federal, os Estados, Territórios, os Municípios, as autarquias e demais entidades de caráter público (tais como as agências reguladoras).

Sob a vigência do Código Civil de 1916, em face dos seus arts. 14 e 16, chegou-se a afirmar que o rol das pessoas jurídicas de direito público interno seria taxativo, sem que se pudesse incluir qualquer outra entidade que nele não listado. O entendimento acabou superado. Basta lembrar que as autarquias, não incluídas nos dois dispositivos, foram criadas sem qualquer rebuço. O legislador de 2002, para extirpar qualquer dúvida, fez constar, no art. 41, V, a cláusula de *demais entidades de caráter público criadas por lei*. Aliás, é mesmo prudente que assim seja, justamente em razão da complexidade de situações, sujeitos e relações jurídicas dentro do atual direito público.[66]

> **O Estado.** Interessante observar que o Estado pode ser classificado sob duas óticas e, assim, aparecer como pessoa jurídica de direito público interno e externo. Neste último caso, trata-se da entidade que agrega três elementos essenciais: *população, território* e *governo soberano*. Mas também aparece internamente, desdobrando-se, no nosso caso, em União, Estados-membros, Distrito Federal, Territórios e Municípios.

2.3.2. *Pessoas Jurídicas de Direito Privado*

Dividem-se, por sua vez, em *corporações* (*universitas personarum*) e *fundações* (*universitas bonorum*).[67]

As primeiras – corporações – consubstanciam-se em um conjunto de pessoas que se agregam para aumentar as chances de alcançar um determinado objetivo

---

66. Anoto importante crítica, que não é isolada, feita por Paulo Nader quanto à inclusão da classificação das pessoas jurídicas de direito público no Código Civil: "*Sem uma razão plausível, o Código Civil de 2002, a exemplo do anterior, nesta matéria, foi além do Direito Privado. O jurista José Carlos Moreira Alves, membro da comissão elaboradora do Anteprojeto encarregado dos estudos concernentes à Parte Geral, ao explicar a inclusão da classificação das pessoas jurídicas de Direito Público, referiu-se à adoção de igual critério por parte de outros códigos, inclusive do italiano de 1942, não lhe parecendo ainda inconveniente a inserção, uma vez que perduram as razões que levaram o legislador do início do século XX a incluí-la no Código Beviláqua. Tenho para mim que a matéria é de ordem constitucional e pertinente ainda ao campo do Direito Administrativo, além de não apresentar carga normativa, salvo se o propósito for o de considerar a personalidade jurídica daqueles entes, o que me parece despiciendo à vista das disposições da Lei Maior.*" (*Curso de Direito Civil*, vol. 1, 7ª Ed., Rio de Janeiro: Forense, 2010, p. 231). Parece-me, entretanto, que a classificação não é inoportuna. Dada a natureza do Código Civil que, embora lei privada carrega diversas normas de ordem pública e, para além disso, serve de base e parâmetro para outros ramos do direito, é boa providência a de enumerar as pessoas jurídicas de direito público, no mínimo pelo fato de se lhes contrastar com as de direito privado, sistematizando o quadro de pessoas jurídicas existentes em nosso ordenamento. O mesmo acontece, por exemplo, com a classificação dos bens, estudada adiante, quando o Código Civil regulamenta os bens públicos (art. 98 e seguintes). E veja que outros ramos do direito servem-se dessa catalogação. É exemplo a legislação eleitoral que, ao vedar propaganda política nos bens de uso comum, remete ao Código Civil, ao afirmar que "*bens de uso comum, para fins eleitorais, são os assim definidos pelo Código Civil (...)*" (art. 11, § 2º, da Instrução 131 do Tribunal Superior Eleitoral, regulamentado o art. 37, § 4º, da Lei 9.504/1997).

67. Restrinjo-me à classificação básica que, de certa forma, é extraída do Código Civil. Não se ignore, entretanto, que as pessoas jurídicas de direito privado podem, de acordo com o prisma analisado, ostentar outros rótulos.

previamente estabelecido por seus integrantes. Há aqui, ainda, outra subdivisão. Se a corporação visar lucro, teremos *sociedades* (que, segundo nosso sistema, podem ser *simples* ou *empresárias*). Se não houver objetivo econômico, a pessoa jurídica será uma *associação, entidade religiosa* ou *partido político*.

As fundações, por sua vez, não são conjuntos de pessoas, mas um *acervo patrimonial personalizado*, destinado a certo objetivo e previamente estabelecido por seu instituidor. Conforme visto adiante, não se há confundir o patrimônio destacado que ganha personalidade com aquelas pessoas físicas incumbidas de gerir a fundação.

2.4. Formação da pessoa jurídica

Para que o direito empreste personalidade jurídica ao grupo de pessoas ou ao patrimônio destacado, criando, pois, um novo sujeito de direito (pessoa jurídica), é necessário que se preencham certos requisitos de existência que podem ser aglutinados em três rubricas: *manifestação de vontade, licitude do objeto social* e *inscrição do ato constitutivo*.

2.4.1. Manifestação de vontade

Há à base da criação da pessoa jurídica a vontade humana que, nesse caso, significa a intenção do agrupamento de pessoas em atingir certo objetivo por meio da constituição do novo sujeito de direitos. É o que se denomina *affectio societatis* e será demonstrada por meio do ato constitutivo formalizador da pessoa moral.

Importante observar que, a depender do tipo de pessoa jurídica formada, o ato constitutivo poderá ser um *estatuto* (para as associações), um *contrato social* (para as sociedades) ou uma *escritura pública* ou *testamento* (para as fundações).

Fato é que, de um jeito ou de outro, haverá, sempre, subjacente à criação da pessoa jurídica, manifestação de vontade de pessoas naturais.

2.4.2. Licitude do objeto social

O segundo pressuposto guarda próxima relação com requisito que é geral a todos os negócios jurídicos. Tanto em um quanto em outro, o objeto deve ser lícito. Objeto é o escopo almejado pela manifestação de vontade. Não se poderia, pois, criar pessoa jurídica cujo objeto fosse instituir uma entidade paramilitar, ou destinada à distribuição de entorpecentes. Os exemplos, que propositadamente são exagerados, bem demonstram a intenção da lei.

Note-se que, na esfera civil, será ilícito o objetivo social sempre que houver vedação na lei, de maneira que, se não existir proibição, ele será possível e contará com a proteção do direito.

Ao lado desse aspecto, a licitude buscada deve ser encarada também sob o prisma da *adequação*. Nesse sentido, além do objeto não encontrar vedação no ordenamento,

III – DOS SUJEITOS DE DIREITO **93**

deverá ele estar de acordo com o tipo de pessoa jurídica criada. Exemplifico. Como se verá a seguir, as associações são pessoas jurídicas criadas para fins específicos sem objetivo de lucro. O objeto será ilícito, portanto, se a associação tiver a especulação econômica por escopo. O mesmo não acontecerá, entretanto, se o ente moral criado for uma sociedade empresarial, já que, nesta hipótese, há adequação dos objetos.

2.4.3. Inscrição do ato constitutivo

Exteriorização da manifestação de vontade. A existência da pessoa jurídica depende de manifestação de vontade que, ao ser exteriorizada, depende da observância de certos requisitos legais. O mais expressivo deles é a inscrição do seu ato constitutivo no registro competente.

Requisitos do ato constitutivo para o registro. Para que se efetue o registro, por sua vez, são imprescindíveis os pressupostos previstos no art. 46: denominação, finalidade, sede, tempo de duração e fundo social, se houver; nome e individualização dos fundadores ou instituidores, e dos diretores; modo por que se administra e representa; possibilidade e modo de reforma do ato constitutivo; responsabilidade dos membros; condições de extinção da pessoa jurídica e destino do patrimônio.[68]

Deve-se atender também à atribuição do órgão para a inscrição. Assim é que as fundações, associações, sociedades simples, partidos políticos, organizações religiosas e empresas individuais de responsabilidade limitada devem ser inscritas no Registro Civil de Pessoas Jurídicas. As sociedades empresárias, a seu turno, o serão na Junta Comercial. Eventualmente, em casos excepcionais, a pessoa jurídica deverá ser inscrita em outra entidade, como acontece com a sociedade de advogados que o será perante a Ordem dos Advogados do Brasil.

> **Alguns aspectos registrários.** Convém anotar que algumas pessoas jurídicas, em razão de suas finalidades específicas ou setor de atuação, têm requisitos especiais para a sua formação. Tome-se como exemplo as empresas seguradoras e instituições financeiras que dependem de prévia autorização do governo. De forma semelhante acontece com os partidos políticos, que demandam prévia inscrição no Tribunal Superior Eleitoral. Neste caso – dos partidos – a pessoa jurídica é criada pelo registro no Registro Civil de Pessoas Jurídicas do Distrito Federal, de modo que a providência perante o TSE não tem natureza constitutiva. E, por fim, as entidades sindicais devem comunicar a sua criação ao Ministério do Trabalho, muito embora o seu registro não dependa dessa medida. Também nesse caso, a personalidade jurídica é adquirida por meio do registro no Registro Civil de Pessoas Jurídicas, mantendo-se a solenidade perante o Executivo como requisito para o que se chama de *personalidade sindical*.

Anulação da constituição. O registro serve, também, como marco inicial do prazo decadencial para anular a constituição das pessoas jurídicas de direito privado. A partir da publicação de sua inscrição no registro, diz o parágrafo único do art. 45, é de 3 anos o prazo em questão para, em caso de vício, anulá-lo.

---

68. Para aprofundar cada um dos requisitos, remeto ao que escrevi em *Registro de Títulos e Documentos e Registro Civil de Pessoas Jurídicas*, São Paulo: YK Editora, 2017, p. 131-135.

Natureza do ato de registro. Por fim, cabe perguntar: qual o tipo de eficácia do registro das pessoas jurídicas? A pergunta é pertinente porque o nascimento das pessoas físicas também deve ser levado à registro (no Registro Civil das Pessoas Naturais). Para responder à indagação, basta recordar que o registro de nascimento das pessoas físicas não lhes atribui personalidade, posto que ela surge no momento do nascimento com vida (art. 2º). Por tal motivo, diz-se que esse registro tem eficácia *declaratória*, já nada constitui ou atribui, somente atestando determinado nascimento. De outro jeito, e agora respondo à pergunta, a inscrição da pessoa jurídica tem efeito *constitutivo*, porquanto somente a partir dela é que o ente ganha vida, atribuindo-se-lhe personalidade jurídica. Nesse sentido, trata-se de providência indispensável para o surgimento do novo sujeito de direito.

A conclusão, pois, é que antes do registro não se há falar, propriamente, em pessoa jurídica.

> **Sociedade em comum e pessoas jurídicas irregulares.** Embora seja ponto específico de direito empresarial, é de se anotar que a sociedade não personificada é chamada pelo Código Civil de *sociedade em comum*. A figura vem regulamentada nos arts. 986 a 990. A responsabilidade dos sócios, nesses casos, será *ilimitada* e *subsidiária*. Isso quer significar que, ainda que se pretenda adotar um modelo de sociedade de responsabilização limitada, enquanto não se efetivar a inscrição, responderão os sócios ilimitadamente. Outro ponto que merece menção é a possibilidade da presença dessas pessoas irregulares no processo. Ainda que não tenham personalidade jurídica, admite-se sua participação em demanda judicial, seja como autora, seja como ré, nos termos do art. 75, IX, do CPC, que utiliza as expressões *sociedade e associação irregulares e outros entes organizados sem personalidade jurídica*. Daí se poder afirmar que tais sociedades ou pessoas jurídicas irregulares, muito embora não tenham personalidade jurídica, gozam de *personalidade judiciária*.

2.5. Associações

Conceito. Embora já se tenha sinalizado com a ideia de associação, é mister conceituá-la. Associação *é a pessoa jurídica de direito privado formada pela união de pessoas que agregam seus esforços para alcançar objetivo sem caráter econômico.*[69]

Estatuto constitucional. A Constituição Federal carrega regime jurídico para as associações (art. 5º, incisos XVII a XXI). É preciso dizer, entretanto, que essas normas constitucionais de resto se aplicam à todas as pessoas jurídicas de direito privado, visto que o princípio nuclear, nesse ponto, é o da *não ingerência estatal*. Trata-se de verdadeiro estatuto constitucional que alicerça o regime das pessoas jurídicas privadas. Além do direito fundamental de *livre associação*, a Carta garante que as

---

69. O conceito fornecido procura limitar a ideia de associação que, por natureza, é muito amplo. Como anota José de Oliveira Ascensão, acertadamente, ao comentar o art. 157 do Código Civil português, "*todo o grupo não familiar constituído para prosseguir duradouramente um objetivo é uma associação*". O professor luso, depois de sublinhar dispositivo constitucional sobre a liberdade de associação, escreve que "*a associação regulada nos arts. 157 e seguintes é a associação com personalidade jurídica. É cabal o Código Civil, ao regular nos arts. 195 e seguintes a associação sem personalidade jurídica e as comissões especiais.*" (*Direito Civil – Teoria Geral*, vol. 1, 3ª Ed., São Paulo: Saraiva, 2010, p. 237).

III – DOS SUJEITOS DE DIREITO   **95**

associações não serão dissolvidas a não ser por decisão judicial (com efeito a partir do trânsito em julgado), ou mesmo ter suas atividades suspensas (art. 5º, XIX). O Poder Público impõe apenas duas vedações à sua formação: que seus *fins não sejam ilícitos* e que elas *não tenham caráter paramilitar* (art. 5º, XVII).

Finalidade não econômica. A principal marca da associação é, pois, a sua finalidade não lucrativa. Normalmente o seu objetivo é cultural, religioso, beneficente, científico e desportivo. Convém, no entanto, registrar, que isso não quer significar a impossibilidade de a associação angariar fundos para a sua manutenção e consecução de seus fins. Aliás, nesse sentido, é até corriqueiro que assim façam. O que se veda é que a pessoa moral sirva para a obtenção de lucro ou divisão de resultados entre os associados. A proibição, entretanto, não os impedem de obter recursos financeiros para alcançar o escopo da pessoa moral que, necessariamente, deve ser não econômico.[70]

Diversidade finalística das associações. Dada a sua estrutura, seu regramento jurídico e o fato de que basta não ter por objeto atividade lucrativa (além das vedações constitucionais já vistas), as associações são pessoas jurídicas que bem se amoldam a diversas finalidades. São exemplos: *clube social; entidade de radiodifusão comunitária* (a Lei 9.612/1798 exige que esse serviço somente seja explorado por fundações ou associações comunitárias), *juízos arbitrais* (os juízos arbitrais não vêm sendo catalogados como uma determinada espécie de pessoa jurídica, sendo referidos como "entidade privada sem fins lucrativos"; as vezes virão como associações e, é possível, como sociedades; tudo dependerá de suas características e forma de criação); *associações condominiais* ("clubes de campo", e surgem como alternativa aos chamados "condomínios horizontais", que só se estabelecem quando permitido pela legislação urbanística municipal, com venda de lotes e área comum; quando não há tal possibilidade, a formação de um "clube de campo" viabiliza, como alternativa, a venda de títulos, de maneira que o comprador passa uma fração ideal do patrimônio de uma associação, o que é permitido pelo art. 56, parágrafo único, do CC); *sindicatos.*

O estatuto social. O ato constitutivo das associações, como já dito, é o *estatuto.* Nele deverá constar, sob pena de nulidade, e como núcleo mínimo, a denominação da pessoa jurídica; indicação clara e precisa de sua finalidade; local da sede; requisitos para a admissão, demissão e exclusão de associados; direitos e deveres dos associados; fontes de recursos para a sua manutenção; forma de constituição e funcionamento dos órgãos deliberativos; condições para a modificação das disposições estatutárias e para a dissolução da associação e a forma de gestão administrativa e de aprovação das suas contas (art. 54).

---

70. A questão foi melhor colocada por Arnaldo Rizzardo: "*A finalidade pode conter um fundo econômico, isto é, ao lado da finalidade altruística, há uma dimensão lucrativa. Embora não constitua um caráter econômico, a angariação de fundos não o será para os sócios individualmente, e sim para a finalidade social a que se destina a associação. Neste sentido é de se interpretar a parte final do art. 53, onde está assentado que a reunião é para fins não econômicos. Ocorre que o objetivo deve ser altruístico, ou cultural, ou puramente social, nada impedindo que haja contribuições dos sócios, se arrecadem colaborações e mesmo se pratiquem algumas atividades que tragam benefícios econômicos.*" (*Parte Geral do Código Civil*, 6ª Ed., Rio de Janeiro: Forense, 2008, n. 7.2.1, p. 346).

Exclusão de associado. Ponto que costuma causar dúvidas é o da possibilidade de exclusão do associado. Segundo o art. 57, somente poderá ser excluído se houver *justa causa* para tanto, assim reconhecida em procedimento interno e que garanta ao associado amplo direito de defesa e, se o caso, direito de recorrer.

Destituição de administradores e alterações estatutárias. O art. 59 determina que para a destituição dos administradores e alteração do estatuto, deverá ser convocada assembleia geral especialmente para tais finalidades, observando-se o *quorum* estabelecido no estatuto, nos termos do seu parágrafo único.

Dissolução e destinação dos bens. Determina o art. 61, *caput*, que dissolvida a associação, o remanescente do seu patrimônio será destinado à entidade de fins não econômicos designada no estatuto, ou, se este for omisso, à instituição municipal, estadual ou federal, de fins idênticos ou semelhantes. Neste último caso, há necessidade de deliberação dos associados.

Outra possível destinação dos bens vem estampada no o § 1º do citado dispositivo. Por cláusula no estatuto ou, no seu silêncio por deliberação dos associados, podem estes, antes da destinação acima referida, receber em restituição as contribuições que tiverem prestado ao patrimônio da pessoa jurídica.

Finalmente, o § 2º faz previsão da hipótese em que os bens remanescentes não encontram entidade tais como as descritas na cabeça do art. 61. Quando assim acontecer, e pressupondo-se evidentemente que os bens não tenham retornado ao patrimônio dos associados nos termos do referido o § 1º, verterão para o da Fazenda do Estado, do Distrito Federal ou da União. Trata-se, pois, de regra supletiva que somente incidirá em último caso, respeitando-se assim, o direito de propriedade da extinta pessoa moral e seus associados.

2.6. Fundações

Conceito e entendimento. Como já referi, a fundação não é um agrupamento de pessoas, mas um acervo de bens personificado voltado para a busca de certo fim. Lapidando a ideia, pode-se dizer que fundação *é o acervo de bens afetados que recebe personalidade jurídica para a realização de certos objetivos de interesse público.* A afetação de bens não é, entretanto, episódica ou casual, mas permanente e estável no sentido de que, a princípio, só se encerra se atingida a sua finalidade.

Finalidade. Tal como as associações, as fundações não podem ter como objetivo a realização de lucro. É interessante observar que o legislador, no parágrafo único do art. 62, fez inserir expressamente quais as finalidades que podem ser legitimamente buscadas pela fundação. Até 2015, escrevia o dispositivo que esta modalidade de pessoa jurídica somente se constituía para fins *religiosos, morais, culturais* ou de *assistência*. Aparentava, assim, pretender dar tratamento diferente daquele concebido para as associações em que bastava, de acordo com o *caput* do art. 53, não ostentarem fins econômicos.

III – DOS SUJEITOS DE DIREITO **97**

O entendimento, entretanto, e assim sempre me pareceu, era de que não fora intenção do legislador restringir os possíveis objetos das fundações.[71] Daí porque sempre se considerou possível criar fundação para atingir também outros fins, como esportivos, científicos, educacionais, ambientais etc. Até porque, em última análise, essas finalidades acabavam por se adequar à alguma daquelas rubricas (fins religiosos, morais, culturais ou de assistência). Veja-se que *ciência* e *educação* são propósitos abarcados pelos *fins culturais*. O que pretendeu acentuar o Código foi, portanto, que a fundação não pode ter por escopo o lucro.

A Lei 13.151/2015, entretanto, alterou a redação do dispositivo e acrescentou diversos incisos, deixando-o com o seguinte contorno:

"Art. 62. (...).

Parágrafo único. A fundação somente poderá constituir-se para fins de:

I – assistência social;

II – cultura, defesa e conservação do patrimônio histórico e artístico;

III – educação;

IV – saúde;

V – segurança alimentar e nutricional;

VI – defesa, preservação e conservação do meio ambiente e promoção do desenvolvimento sustentável;

VII – pesquisa científica, desenvolvimento de tecnologias alternativas, modernização de sistemas de gestão, produção e divulgação de informações e conhecimentos técnicos e científicos;

VIII – promoção da ética, da cidadania, da democracia e dos direitos humanos;

IX – atividades religiosas;"

Dividiu e detalhou aqueles antigos incisos em outras situações, certamente com a intenção de consagrar o entendimento. O que se fez foi efetivar uma *ampliação finalística do objeto fundacional*. Fica claro que não se presta a sua criação para fins frívolos ou econômicos. Nas palavras de Maria Helena Diniz, a fundação não pode ter *fins econômicos ou fúteis; deve almejar a consecução de fins nobres, para proporcionar a adaptação à vida social, a obtenção da cultura, do desenvolvimento intelectual e o respeito de valores ambientais, espirituais, artísticos, materiais ou científicos.*[72] O que se pretende significar é que não se pode tolerar a criação de fundações para a distribuição de lucros para seus participantes ou para atender interesses pessoais do instituidor ou de seus gerentes.

---

71. Em razão deste entendimento surgiram alguns enunciados do Centro de Estudos Judiciários do Conselho da Justiça Federal. O de n. 8: *"A constituição de fundação para fins científicos, educacionais ou de promoção do meio ambiente está compreendida no Código Civil, art. 62, parágrafo único."*. O de n. 9: *"O art. 62, parágrafo único, deve ser interpretado de modo a excluir apenas as fundações de fins lucrativos."*
72. Curso de Direito Civil Brasileiro, vol. 1, 33ª ed., Saraiva: São Paulo, 2016, p. 282.

Não há mais espaço para discutir qual o alcance das possibilidades do objeto das fundações porque, com esta ampliação, dificilmente existirá escopo não abarcado pelos incisos. Mesmo que se considere aplicável o Enunciado n. 9 do Conselho da Justiça Federal ("*O art. 62, parágrafo único, deve ser interpretado de modo a excluir apenas as fundações de fins lucrativos.*"), sua utilidade é duvidosa.

Ainda sobre o tema, competirá ao Ministério Público analisar a sua constituição e fiscalizar o objeto e, igualmente, ao próprio registrador do Registro Civil de Pessoas Jurídicas, como um segundo soldado, para a final conclusão do registro e criação da fundação.

Relevância do objeto da fundação. O que se poderia discutir é se a *relevância* do objeto de certa fundação que se pretende criar pode ser elemento apto a ensejar sua desaprovação pelo Ministério Público, ou merecer qualificação negativa pelo registrador. Me parece que não. A análise ficará restrita à ausência de escopo lucrativo ou de interesses pessoais, bem como finalidade ilícita (art. 115 e seu parágrafo único da Lei 6.015/1973). A referida relevância, que seria uma espécie de *termômetro da importância* da fundação a ser criada em face da coletividade, não é requisito legal e, pois, não pode ser objeto de análise e nem servir de motivo para sua objeção. Criaria, ademais, requisitos extremamente *subjetivo*, o que sempre é fator de insegurança jurídica.

Etapas de criação. O processo de criação da fundação é mais complexo quanto comparado ao das associações, e desenvolve-se em etapas que podem assim ser distribuídas:

a) *Dotação Patrimonial*: o primeiro ato dirigido para a constituição de uma fundação é a *afetação de bens livres*, o que acontece por meio de dotação patrimonial.

A dotação será feita por *escritura pública* ou por *testamento*, documentos que deverão especificar quais os bens destinados e a sua finalidade, bem como modo de administração, caso assim já queira o seu instituidor (art. 62). Instituidor é, pois, aquele que, por meio da escritura ou testamento, delimita os fins da pessoa jurídica a ser criada, dispondo de bens livres para tanto.

Se os bens separados não forem suficientes para a constituição da fundação, eles serão revertidos e incorporados em outra fundação com fins idênticos ou semelhantes, salvo se o instituidor tiver determinado outra solução (art. 63).

b) *Elaboração dos estatutos*: a seguir será elaborado o estatuto, o que poderá ser feito pelo próprio instituidor, quando então se chama *elaboração direta*, ou por terceiro indicado por ele, denominada, neste caso, *elaboração fiduciária*.

O que se deve observar é que se o trabalho for indicado à terceiro, e ele não observar o prazo assinalado pelo instituidor ou, em caso de omissão, em 180 dias, caberá ao Ministério Público fazê-lo (art. 65, parágrafo único do Código Civil; com conteúdo semelhante o revogado art. 1.202 do CPC/1973; o atual Diploma processual não tem um dispositivo nesse sentido, muito embora trate da elaboração no art. 764, I e II).

c) Aprovação dos estatutos: após a elaboração do estatuto, o instituidor ou interessado deverá encaminhá-lo ao Ministério Público, que verificará se foram observadas as bases da fundação e se os bens são suficientes ao fim a que ela se destina. De certa forma, é o que se retira do art. 765, I e II do CPC.

> **Atuação do Ministério Público.** O que se deve destacar nesse ponto é o fundamental papel desempenhado pelo Ministério Público na fiscalização das fundações. É ele quem deve velar pelo regular andamento dos trabalhos da pessoa jurídica, bem como verificar, se o caso, a impossibilidade de a pessoa jurídica alcançar os seus objetivos. Para além disso, compete ao *Parquet* aprovar qualquer posterior alteração estatutária. Determina a lei, em sua atual dicção, que a alteração será aprovada pelo órgão do Ministério Público no prazo máximo de 45 dias, findo o qual ou no caso de o Ministério Público a denegar, poderá o juiz supri-la, a requerimento do interessado (art. 67, III do CC). Somente poderá o juiz de direito suprir a negativa do órgão se houver fundadas e justificadas razões para tanto. Ainda, o Ministério Público tem legitimidade concorrente para pleitear a extinção da fundação quando o seu objeto se tornar ilícito ou impossível e, igualmente, se vencer o prazo de sua existência (art. 69, do CC, e art. 765 e incisos do CPC). O Ministério Público que atua é o do Estado, em todas as hipóteses, o que ficou muito bem demarcado com a alteração efetivada pela Lei 13.151/2015 (art. 66 e § 1º). Não atua o Ministério Público federal, ainda que as atividades da fundação se espalhem por todo o território (art. 66, § 2º).

d) Registro civil: após o cumprimento das fases anteriores, proceder-se-á ao registro civil do estatuto da fundação no Registro Civil das Pessoas Jurídicas, nos termos do art. 114, I, da Lei de Registros Públicos (Lei 6.015/1973).

Observe-se que dentro das etapas para a constituição da fundação, é somente com este último ato que haverá atribuição de personalidade, criando-se, nesse exato momento, a pessoa jurídica, por força do já citado art. 45. Antes disso, o que se tem é pessoa irregular, desprovida de personalidade jurídica.

Regime jurídico das fundações. Há que se mencionar, ainda, algumas regras especiais.

Quanto à alteração do estatuto da fundação, deve-se observar a norma do art. 67, que exige, para tanto, a deliberação de 2/3 dos componentes para gerir e representar a entidade (inciso I). A alteração, ademais, não poderá contrariar ou desvirtuar a sua finalidade (inciso II) e deverá, ainda, ser aprovada pelo órgão do Ministério Público ou, em caso de denegação, pelo juiz de direito (inciso III). Este último inciso passou a se redigir, a partir da Lei 13.151/2015, dessa forma: "*seja aprovada pelo órgão do Ministério Público no prazo máximo de 45 (quarenta e cinco) dias, findo o qual ou no caso de o Ministério Público a denegar, poderá o juiz supri-la, a requerimento do interessado.*"

O art. 68 trás norma protetiva da minoria em relação à alteração estatutária. Quando a modificação houver sido aprovada por maior, isto é, de forma não unânime, os administradores da fundação, ao submeterem o estatuto ao Ministério Público, requererão que se dê ciência à minoria vencida para impugnar o ato, se o caso, em 10 dias. A ideia é evitar abusos por parte daqueles que, com maioria, possam sempre modificar os estatutos independentemente da vontade da minoria. Cria-se, assim, outra forma de controle da pessoa jurídica, o que se justifica em face do evidente interesse público que há nas fundações.

Extinção da fundação. A fundação será extinta quando a sua finalidade se tornar ilícita, impossível ou inútil, ou vencido o seu prazo de existência, que pode ser previamente fixado no estatuto social. Qualquer interessado ou o órgão do Ministério Público pode promover a extinção (art. 765, *caput*, do CPC). O patrimônio restante, como regra, será incorporado ao de outra fundação designada pelo juiz de direito e que se proponha a fim idêntico ou semelhante, salvo se outra destinação constar no ato constitutivo (art. 69).

Não é incomum, por exemplo, que a fundação criada para a busca de uma cura para determinada doença venha a perder sua razão de ser quando outra entidade alcance o objetivo. Se a fundação foi criada para essa finalidade, seu objeto, com o advento de uma vacina que sane o problema, tornar-se-á inútil.

Também é possível que o seu objeto se torne ilícito. Se a fundação foi criada para testar os eventuais efeitos curativos de certos entorpecentes, mas, posteriormente, veio lei que vedou a prática, a sua finalidade tornou-se ilícita, de maneira que, para aquele determinado objetivo, não mais poderá funcionar.

A providência de extinção será, a princípio, tomada pelo interessado. Entretanto, em vista do papel desempenhado pelo Ministério Público ao longo da formação e gestão da fundação, também o seu órgão poderá diligenciar no sentido de dissolver a pessoa jurídica.

2.7. Organizações religiosas

A lei material conferiu autonomia às organizações religiosas como espécie de pessoa jurídica de direito privado. Inexiste, entretanto, regulamentação específica, dando-lhes regime jurídico próprio, de maneira que são registradas como *associações*, espécie básica de pessoa jurídica de direito privado sem fins lucrativos.

A Lei 10.825/2003 cuidou, essencialmente, de *reafirmar* autonomia às organizações religiosas, passando ideia de se tratar de pessoa jurídica *intocável*, inclusive por parte do Estado. É o que se percebe, nitidamente, do o § 1º do art. 44 do Código Civil: *"São livres a criação, a organização, a estruturação interna e o funcionamento das organizações religiosas, sendo vedado ao poder público negar-lhes reconhecimento ou registro dos atos constitutivos e necessários ao seu funcionamento."* O dispositivo passa equivocada ideia de que as organizações religiosas são *superpessoas jurídicas*, como se fossem intocáveis pelo poder do Estado.

No que pertine ao registro civil, refere-se o dispositivo à *vedação ao poder público de se lhe negar registro dos atos constitutivos* (...). Evidente que a previsão legal não significa *exercício ilimitado* de direito, ou, literalmente, *impossibilidade de se lhe negar registro*. Nesse sentido o Enunciado 143 da III Jornada de Direito Civil: *"A liberdade de funcionamento das organizações religiosas não afasta o controle de legalidade e legi-*

timidade constitucional de seu registro, nem a possibilidade de reexame pelo Judiciário da compatibilidade de seus atos com a lei e com seus estatutos".

A prática do Registro Civil de Pessoas Jurídicas vem *formatando* o registro das organizações religiosas, especialmente quanto à redação de seus estatutos, de acordo com as normas relativas às associações. Nesse sentido, a doutrina afirma que as organizações religiosas foram criadas como um *tipo aberto* de pessoa jurídica, ostentando grande liberdade de criação.

Trata-se, como já ressaltei, de sintoma da crise das pessoas jurídicas: modelo pretensamente autônomo, mas que fica dependendo das normas de outro tipo, as associações.

As organizações religiosas, ora tratadas, não se confundem com as *pessoas jurídicas eclesiásticas*. Estas são formas especiais de pessoas morais e se constituem como instituições da Igreja Católica, com personalidade jurídica criada a partir do direito canônico, desde que não contrariem o nosso ordenamento. Existem no Brasil por força de acordo entre o País e a Santa Sé, chamado de *Estatuto Jurídico da Igreja Católica no Brasil*, aprovado pelo Decreto 7.107/2010. São, depois de criadas pela Igreja Católica, registradas no Registro Civil de Pessoas Jurídicas e só a partir de então é que adquirem personalidade (art. 3º, § 2º, do Estatuto). São exemplos dessas pessoas jurídicas: *Conferência Episcopal, Arquidioceses, Dioceses, Missões, Vicariatos* e *Paróquias.*

2.8. Partidos políticos

Os partidos políticos são pessoas jurídicas autônomas. Têm, entretanto, finalidade muito específica – política –, não se classificando por ter, ou não, fins econômicos. De acordo com nosso direito positivo, destinam-se *a assegurar, no interesse do regime democrático, a autenticidade do sistema representativo e a defender os direitos fundamentais definidos na Constituição Federal* (art. 1º da Lei 9.096/1995).

São pessoas jurídicas de direito privado (art. 44, V, do CC e art. 1º, *caput*, da Lei 9.096/1995), mas já foram considerados pessoas jurídicas de direito público interno com personalidade criada a partir do registro no Tribunal Superior Eleitoral – TSE (Lei 5.682/1971, substituída pela Lei nº 9.096/95).

Determina a Constituição Federal que os partidos políticos, *após adquirirem personalidade jurídica, na forma da lei civil*, registrem seus estatutos no TSE (art. 17, § 2º). A Lei 9.096/1995 regulamentou a matéria, adequando-a à Lei de Registros Públicos (arts. 114 e 120).

Registro dos partidos políticos. Discute-se se a dinâmica de criação dos partidos políticos representaria *ato registral complexo.* E isso porque necessitaria, primeiro, do registro no Registro Civil de Pessoas Jurídicas e posterior registro no TSE. A ideia, entretanto, é equivocada. O registro é simples. Uma vez efetuado perante o RCPJ da Capital Federal – porque a CF exige que eles tenham tenham caráter nacional (art. 17, I) – já há pessoa jurídica criada, com personalidade jurídica e patrimônio autônomos. Já poderá o partido político, então, ser sujeito de direitos. Dependerá, entretanto, de *ato de natureza administrativa*, perante o TSE, para que possa funcionar *como partido político*, nos termos do art. 1º da Lei 9.096/1995. O que se chama de *registro* no TSE não é registro em sentido técnico, mas, sim, providência essencial para que o partido político possa exercer seu mister especial. Nesse sentido, o art. 8º, § 3º, da Lei especial: *"Adquirida a personalidade jurídica na forma deste artigo, o partido promove a obtenção do apoiamento mínimo de eleitores a que se refere o § 1º do art. 7º e realiza os atos necessários para a constituição definitiva de seus órgãos e designação dos dirigentes, na forma do seu estatuto."* A documentação necessária para a criação do partido político – conferindo-lhe existência – vem descrita no art. 8º da Lei 9.09196/95.

2.9. Responsabilidade das pessoas jurídicas

2.9.1. *Distinção patrimonial e responsabilidade civil direta*

As pessoas jurídicas são sujeitos de direito com personalidade e patrimônio distintos dos de seus membros. Como já se ressaltou, são entes autônomos em relação aos seus criadores e associados. Dessa forma, em regra, são responsáveis por seus atos quando, por meio de seus representantes, praticarem um ato ilícito. Será o patrimônio da pessoa moral que suportará a reparação.

Aqui cabe fazer uma distinção. As pessoas jurídicas atuam no mundo jurídico por meio de seus diretores e administradores, pessoas físicas que, juridicamente, são os seus órgãos. Assim, quando eles atuam dentro de suas atribuições, praticando atos de gestão, vinculam contratualmente a pessoa jurídica. Será ela quem responderá em caso de falta contratual.

Mas além dessa responsabilidade *contratual*, há também a *extracontratual*, isto é, a que deriva de atos ilícitos praticados por seus órgãos fora dos atos de gestão. A questão, pois, é de se saber se também nesse caso a pessoa moral estará obrigada a indenizar.

Já se chegou a afirmar, como melhor explicou Ary Brandão de Oliveira, que inexiste responsabilidade civil das pessoas jurídicas na esfera extracontratual.[73]

Entretanto, é correto afirmar que se for praticado pela pessoa jurídica, por meio de seus representantes, diretores ou administradores, ato ilícito, seja ele contratual ou extracontratual, o ressarcimento dos prejuízos será carreado à entidade moral, isto é, o patrimônio dela é que suportará a composição dos danos.

Aplicam-se, pois, às pessoas jurídicas, já que detentoras de personalidade jurídica distinta das de seus membros, os arts. 789 e 824 do Código de Processo Civil.

---

73. *A responsabilidade civil das pessoas jurídicas* in "Responsabilidade Civil", vol. III, org. Nelson Nery Junior e Rosa Maria de Andrade Nery, São Paulo: RT, 2010, p. 94.

III – DOS SUJEITOS DE DIREITO   **103**

Dispõe o primeiro que *"o devedor responde com todos os seus bens presentes e futuros para o cumprimento de suas obrigações, salvo as restrições estabelecidas em lei.".* O segundo preceitua que *"a execução por quantia certa realiza-se pela expropriação de bens do executado, ressalvadas as execuções especiais."*

2.9.2. Responsabilidade civil indireta

Ao lado do quanto visto acima, a pessoa jurídica poderá, ainda, ser responsável *indiretamente*. São os casos em que estará obrigada a reparar um dano que não foi por ela causado, mas por estranhos que com a pessoa jurídica mantêm certos vínculos.

É o que acontece quando o empregado ou preposto da pessoa jurídica, no exercício do seu trabalho ou em razão dele, prática ato ilícito. Repare-se que, neste caso, não foi propriamente a pessoa coletiva que praticou o ato indenizável, mas um seu serviçal, muito embora seja ela também responsável.

O que se deve assinalar nesse ponto, e que será devidamente aprofundado quando do estudo da responsabilidade civil, é que o ente moral responde independentemente de culpa e de forma solidária, isto é, a pessoa que sofreu o dano poderá voltar-se tanto contra a pessoa jurídica como contra o empregado que praticou o ato ilícito.

A pessoa jurídica, por sua vez, poderá posteriormente voltar-se contra o seu empregado, em regresso, buscando indenizar-se daquilo que desembolsou para reparar a vítima.

2.9.3. Desconsideração da personalidade jurídica

Distinção patrimonial, autonomia das pessoas jurídicas e a prática de atos fraudulentos. A essência da pessoa jurídica, como já se fez assinalar por várias vezes, é a distinção de personalidade entre ela e os seus associados. Disso decorre outra sua marcante característica: o patrimônio da pessoa jurídica não se confunde com o patrimônio dos seus membros. Assim é que, por exemplo, uma associação cujo objetivo é abrigar crianças desamparadas pode ser proprietária de um imóvel e veículos para transporte dos menores. Ao lado disso, os associados também são proprietários de outros imóveis e de seus próprios veículos. Tais bens não se misturam.

Mas justamente em razão dessa separação e distinção de personalidades e patrimônios é que atos fraudulentos podem ocorrer. Não é difícil imaginar, pois, que um associado, maliciosamente, aproveite-se do escudo gerado pela distinção patrimonial para praticar atos lesivos à terceiros porque, se for posteriormente acionado para responder por prejuízos, jogará a responsabilidade para o ente moral.

Um célebre caso, em 1897, fez despertar a atenção para tal possibilidade. Neste ano, na Inglaterra, um sócio e administrador de uma empresa, emitiu, em nome dela, diversos títulos creditícios com privilégio para o recebimento e, posteriormente, ele mesmo, pessoa física, os adquiriu. Quando a empresa foi demandada para solver todos os débitos, o sócio que comprou os títulos privilegiados recebeu os direitos com preferência sobre todos os demais credores quirografários, que nada receberam. Ficou evidente a manobra ilícita e fraudulenta. A solução foi *ignorar* a distinção entre os patrimônios da pessoa jurídica e a do seu sócio que, então, poderia ser acionado pessoalmente para quitar os débitos. A partir de então desenvolveu-se o que no ordenamento inglês chamou-se de *disregard doctrine*, aqui *teoria da desconsideração da personalidade jurídica*, hoje expressamente prevista no art. 50 do Código Civil.

Conceito. A desconsideração da personalidade jurídica é a superação episódica e pontual da personalidade jurídica do ente moral de maneira a possibilitar o alcance do patrimônio pessoal do seu membro, em casos de *abuso de personalidade*.

Desconsideração é pontual e episódica. Primeira observação a ser feita – e que na verdade revela justamente uma das grandes virtudes do instituto – é que a desconsideração é *momentânea, episódica*, isto é, vale somente para aquele determinado ato fraudulento. E onde está a vantagem? No fato de que não é necessário extinguir ou dissolver a pessoa jurídica que, após resolver a excepcional situação, volta às suas normais atividades e, assim, privilegia o princípio da preservação da empresa e sua função social, tão caro ao Código Civil em vigor.

Abuso de personalidade. Em segundo, é de se apontar que a lei se encarregou de dizer quando ocorre o abuso de personalidade. De acordo com o referido art. 50, restará caracterizado abuso ou exagero aptos a fazer incidir a *disregard* quando houver *desvio da função* ou *confusão patrimonial*.

Desvio da função é a modificação, de fato, do objetivo social da pessoa jurídica. Acontecendo e gerando prejuízo a terceiros, poderão os membros responsáveis pelos atos responder pessoalmente com os seus patrimônios.

Confusão patrimonial é, na verdade, a própria negação da pessoa jurídica. Se há confusão entre os bens da empresa e os dos seus sócios, não há, logicamente, se falar em qualquer distinção entre patrimônios, de maneira que nada mais justo que os credores lesados possam buscar ressarcimento nos bens da pessoa física, membro da jurídica.

Observe-se, por fim, que se tratando de providência excepcional e drástica, deverá ser determinada pelo juiz com a máxima cautela, sob pena de banalizar o instituto e fragilizar a própria existência das pessoas jurídicas. Para além disso, tenho que somente poderão ser responsabilizados pessoalmente os membros que agiram maliciosamente, sob pena de se ferir o princípio da pessoalidade da responsabilidade, que somente pode ser quebrado, como se verá oportunamente, nos casos expressamente autorizados pela lei.

2.9.4. *Responsabilidade penal*

A responsabilidade penal das pessoas jurídicas é tema polêmico e muito embora, a princípio, não caiba ao direito civil, parece adequado algo dela falar.

III – DOS SUJEITOS DE DIREITO **105**

É possível, entretanto, afirmar que atualmente a pessoa jurídica também responde criminalmente, ao menos nos casos de delitos ambientais previstos na Lei 9.605/1998. Assim acontecerá, pois, se por decisão de seu representante legal ou administrador, ato da pessoa jurídica restar enquadrado em uma das figuras típicas da referida lei.

2.10. Extinção da pessoa jurídica

A pessoa moral, tal como acontece com as pessoas físicas, tem um ciclo de vida. Nesse caso, o fim de sua personalidade vem com a sua extinção.

A doutrina classifica o ato de dissolução em quatro formas. Tais modalidades vão depender, em última análise, da natureza ou origem da pessoa jurídica. A extinção, dessarte, poderá ser:

a) *convencional*, que decorre da manifestação de vontade dos seus membros, por meio de deliberação, sempre respeitando-se os *quorum* previsto na lei e nos estatutos e contratos sociais;

b) *legal*, quando é a própria lei que impõe o fim da pessoa jurídica. É o que acontece, por exemplo, nos casos de falência e morte dos sócios;

c) *administrativa*, quando o Poder Público cassar a autorização por ele anteriormente conferida, nos casos em que a lei exige tal requisito. A cassação encontra fundamento na prática de infração à ordem pública quando, v. g., a pessoa jurídica realiza atos contrários aos seus fins estatutários;

d) *judicial*, quando decretada pelo Poder Judiciário, naqueles casos em que algum interessado ingressar em juízo e provar motivo de extinção previsto na lei ou nos estatutos sociais.

IV – O OBJETO DA RELAÇÃO JURÍDICA: DOS BENS

1. INTRODUÇÃO

A Parte Geral do Código Civil é constituída por três livros: Livro I (*Das Pessoas*), que trata das matérias relativas aos sujeitos de direito; Livro II (*Dos Bens*), que regula os objetos do direito e Livro III (*Dos Fatos Jurídicos*), que disciplina as relações estabelecidas entre as pessoas.

Para a economia, bens são coisas dotadas de utilidade e sujeitas a apropriação privada por parte do homem, e que se encontram de forma limitada no universo. É dizer, *bem*, na concepção econômica do termo, são as coisas úteis, raras e dotadas de valor econômico.[1]

Contudo, justamente por serem limitados e possuírem valor econômico, i. e., porque representam riqueza, é que os bens são tão comumente objeto de conflitos de interesses.

Além disso, é correto afirmar que o regramento dos bens, nesse Livro II da Parte Geral do Código Civil, serve de pressuposto para a compreensão dos institutos jurídicos da Parte Especial. Por exemplo, dispõe o art. 1.214, *caput*, que o possuidor de boa-fé tem direito, enquanto ela durar, aos frutos percebidos. O parágrafo único do dispositivo continua: os frutos pendentes ao tempo em que cessar a boa-fé devem ser restituídos (...). Para interpretar as duas regras citadas – e que serão estudadas oportunamente – é indispensável saber o que são frutos e, depois, o que são frutos *percebidos* e frutos *pendentes*. Trata-se, portanto, de parte técnica, mas imprescindível para a compreensão do direito.

Deve-se dizer, ainda, e a exemplo do que acontece com outras partes do Direito Civil, que o estudo dos bens não interessa apenas a este ramo. A matéria transcende o direito privado e serve de parâmetro para as disciplinas do direito público. Aliás, é exatamente por tal razão que o Código Civil de 2002 – e assim já fazia o Diploma revogado[2] – regulamenta, ainda que sem descer a minúcias, os bens públicos (arts. 98 a 103).

Bastam tais constatações para bem demonstrar a importância de que se reveste o estudo dos bens e do regime a eles aplicável.

---

1. Silvio Rodrigues. Direito Civil. Parte Geral. Vol. 1. 34ª. Ed. Saraiva. p. 115 e 116.
2. Em verdade, é da tradição do direito romano-germânico que o Código Civil contenha dispositivos sobre bens públicos. O Código Napoleão, já em 1804, declarava que certos bens, tais como rios e estradas eram insuscetíveis de pertencer ao particular.

2. BENS CORPÓREOS E INCORPÓREOS

Tal distinção feita pelos romanos não foi acolhida expressamente pelo nosso sistema. Não se pode esquecer, todavia, que a classificação em tela tem a sua importância, conforme veremos a seguir.

Para os romanos, o critério determinante era a tangibilidade dos bens. Dessa forma, aquilo que era passível de toque pelas mãos do homem eram bens corpóreos, e o que não o fosse, incorpóreos.

Tal critério, todavia, foi derrubado por ser impreciso. É que se percebeu ser possível a existência de bens intangíveis que continuassem pertencendo à classificação de bens corpóreos. Para tanto demonstrar, basta lembrar dos *gases*, que não são palpáveis pelo homem – vez que se encontram no estado gasoso – e, ainda assim, não deixam de ser bens corpóreos.

Hoje, portanto, faz-se a seguinte distinção: corpóreos são os bens que possuem existência física, material. São os que se revelam aos sentidos, que são sensorialmente constatáveis. Os romanos chamavam de *res qui tangi possunt*.

As coisas corpóreas, ao seu turno, podem-se dividir em *materiais*, que se compõem de matéria, que têm dimensões, volume e massa, tais como as edificações ou carros, e *imateriais*, que não têm matéria, mas têm realidade e existência na natureza (existência física), como acontece com a eletricidade, gás ou vapor.[3]

Já os bens incorpóreos são aqueles que, embora possuam existência abstrata, são dotados de valor econômico.

Quais são, então, os exemplos de bens incorpóreos? Os direitos autorais e conexos, a sucessão aberta ou, ainda, o fundo de comércio, as marcas, patentes, institutos estudados pelo direito empresarial.

Conforme já foi dito, ainda que nossa legislação não a tenha ostensivamente adotado, a distinção que aqui se faz tem grande relevância. Isso porque as relações jurídicas podem, perfeitamente, envolver tanto bens materiais como bens existentes abstratamente.

Tem-se que a transferência dos bens corpóreos são feitas mediante compra e venda, doação, permuta etc. Já a alienação dos bens incorpóreos se opera mediante *cessão*. Daí porque se fala em cessão de direitos autorais, cessão de direitos hereditários etc.

3. PATRIMÔNIO

Origem e entendimento. Nas raízes romanas, a expressão *patrimônio* designava os *bens da família*. A ideia de patrimônio era traduzida por *família*, como se percebe das expressões *familiae erciscundae* (*actio*) e *familiae pecuniaque*.

---

3. Pedro Pais de Vasconcelos, *Teoria Geral do Direito Civil*, 6ª Ed., Coimbra: Almedina, 2010, p. 220.

IV – O OBJETO DA RELAÇÃO JURÍDICA: DOS BENS

Definia Clóvis Beviláqua o patrimônio como o complexo das relações jurídicas de uma pessoa, apreciáveis economicamente.[4] Utilizou o civilista, como se vê, a expressão *complexo das relações jurídicas*, cuja principal virtude está em albergar, na ideia de patrimônio, tanto os elementos ativos quanto os passivos, ou seja, compõem-no as dívidas e os créditos, não se limitando aos bens da pessoa.

Patrimônio como complexo de relações. O acerto em seu emprego bem se verifica quando se constata que uma pessoa, no comércio social, trava diversas relações que produzem efeitos econômicos, seja adquirindo um direito (faculdade de exigir de outrem uma prestação), seja assumindo determinado compromisso de prestar algo em favor de alguém. Qualquer que seja, a realização dessas operações *socioeconômicas* repercutirá no patrimônio de quem as pratica, positiva ou negativamente. No mais das vezes é impossível saber se o resultado da operação negocial realizada trará ao seu praticante lucro e benefícios ou prejuízos. É situação imprevisível, ainda que quando se celebre determinado negócio jurídico, em especial os empresariais, tenham as partes uma perspectiva (quase um seu *desejo*, ou *objetivo*) do que irá acontecer. Eventualmente, o negócio que se pretendia lucrativo revela-se extremamente prejudicial. Mas a natureza da repercussão patrimonial, se positiva ou negativa, no patrimônio da pessoa, não importa. Conta, apenas, que algum reflexo patrimonial a relação produzirá. E tudo isso porque o patrimônio é projeção da personalidade jurídica do ser humano, na medida em que ele, vivendo em sociedade, efetua e participa, a todo o instante, de relações jurídicas de expressão econômica.[5] Não há como se conceber pessoa, em sociedade, sem patrimônio. Nesses termos, o seu patrimônio é uma *necessidade* da vida social. Poder-se-ia imaginar uma pessoa *sem* patrimônio apenas em estado absoluto de natureza, na mais completa abstração da vida coletiva. Fora dessa imagem é inconcebível.

Por isso o patrimônio não se compõe apenas de bens, mas também de outras *relações jurídicas*, cujo resultado na esfera patrimonial não é importante para a conceituação de patrimônio.

Se se considerasse *patrimônio* apenas o conjunto de bens da pessoa, as operações negociais por ela realizadas que obtivessem resultado negativo estariam fora do conceito. Como se disse, geralmente é impossível predeterminar o resultado de um negócio comercial, já no momento de sua celebração. Sem saber se o seu resultado será negativo, ou positivo, como então o qualificaremos no mundo jurídico, se de patrimônio não se trata?

Por evidente, essa dificuldade – se assim fosse considerado patrimônio – é insuperável. Daí o grande acerto de Clóvis Beviláqua ao se referir a um *conjunto das relações jurídicas*.

---

4. Beviláqua, Clóvis. **Teoria Geral do Direito Civil**, *cit.*, p. 157.
5. Caio Mário da Silva Pereira. **Instituições de Direito Civil**, vol. 1, *cit.*, p. 393.

Conteúdo do patrimônio. Do quanto dito, verifica-se que o patrimônio é composto de um lado positivo e outro negativo. Despreze-se, para definir o instituto, qual desses lados prepondera. Para bem compreender o que é patrimônio isso não importa, ainda que em determinados momentos, eleitos pelo direito positivo, tal verificação seja essencial.[6] Por essa razão, a expressão *patrimônio líquido*, que significa o saldo positivo, ou por outras palavras, a subtração dos valores passivos dos ativos (*quae deducto aere alieno supersunt*), parece importar mais ao economista do que ao jurista. Se não fosse assim, isto é, se se admitisse como marca de existência do patrimônio a verificação de um saldo positivo, abater-se-ia do montante ativo todas as dívidas da pessoa. Se, em determinado momento os valores se equivalessem (ativo igual ao passivo), chegar-se-ia à esdrúxula conclusão de que aquela pessoa não tem patrimônio.

Patrimônio como complexo de créditos. Interessante, mas equivocada, é a opinião de Henri de Page, que reduz o conceito de patrimônio ao seu lado ativo. Para ele, é patrimônio apenas o conjunto de bens penhoráveis de uma pessoa. A marca dessa teoria é a possibilidade de incidência da ação dos credores sobre determinados bens. As dívidas, segundo o autor, não integram o patrimônio, mas constituem encargo exterior, que gravam o ativo patrimonial.[7]

São insuperáveis as dificuldades para se aceitar a teoria de Henri de Page. No plano puramente prático, é impossível separar, em compartimentos, o patrimônio de uma pessoa em *ativo* e *passivo*. É um conceito abstrato, que transcende, para o Direito, a ideia dos objetos palpáveis e tangíveis de propriedade do homem. Nesse sentido, o patrimônio é incindível, albergado em apenas uma realidade. O patrimônio da pessoa, física ou jurídica, é um só.[8] Ainda, como se disse, a aceitação dessa teoria poderia levar à negação do patrimônio, quando o passivo ultrapassasse o ativo. Mas essa negação afasta-se do próprio entendimento do homem em sociedade, porque ele efetua diversas operações negociais, participando de relações jurídicas que percutirão em sua esfera econômica. Por essa razão, toda pessoa há de ter patrimônio porque justamente ele abarca todas essas operações negociais realizadas. Como não há pessoa sem patrimônio, por essas razões, não é possível dividi-lo tal como quer a corrente capitaneada por De Page, porque significaria, eventualmente, negar a existência do patrimônio em certos casos. Que parecer, em verdade, que *personalidade* e *patrimônio* são conceitos que se pressupõem, entabulam relação de dependência, de modo que negar a existência de um, equivale a aniquilar o outro.

É nesse sentido que se diz ser o patrimônio decorrência da própria personalidade civil.[9]

---

6. Por exemplo, na determinação e apuração da *insolvência* civil que, como se sabe, poderá influenciar na configuração da *fraude contra credores*.
7. Henri de Page. **Traité Élémentaire**, t. V, n. 572, p. 550.
8. Ensina Caio Mário da Silva Pereira: "*Somente por enorme esforço de abstração seria possível destacar os bens dos débitos, pois que uma pessoa, natural ou jurídica, em nenhum momento, tem a possibilidade de os distinguir em unidades separáveis*". (**Instituições de Direito Civil**, *cit.*, v. I, p. 392).
9. Clóvis Beviláqua. Ob. cit., p. 157.

IV – O OBJETO DA RELAÇÃO JURÍDICA: DOS BENS **111**

Teoria da multiplicidade patrimonial. Outra opinião de que também discordo é a de G. Baudry-Lacantinerie que, embora admitindo a *unidade* e *indivisibilidade* do patrimônio, vê a regra com temperamentos. Explica que, do ponto de vista puramente filosófico, a *pessoa* é uma só; mas do prisma jurídico, a mesma pessoa desempenha, em sua vida, diferentes papéis.

Dessa forma, em alguns casos, a personalidade desdobrar-se-ia gerando, e consequentemente, um patrimônio geral e primário, e outros especiais e secundários, a depender do papel desempenhado pelo indivíduo em dada situação.[10]. Não se justifica, no entanto, uma tal divisão. Ainda quando o ser humano despenha seus diversos *papéis jurídicos*, a *personalidade* continua sendo a mesma, e, por isso, o mesmo patrimônio. Aquilo que G. Baudry-Lacantinerie chamou de *personalidades distintas* são, em realidades, *funções jurídicas* desempenhadas pela mesma pessoa, com uma só personalidade. Esta se adquire no momento do nascimento com vida, e apenas nesta oportunidade. A pessoa não adquire *novas* personalidades com o desenrolar dos acontecimentos. O patrimônio é, ainda sob esse enfoque, único.

Poder-se-ia argumentar que o direito alemão, ao se referir ao patrimônio, enfoca apenas o seu lado ativo. Mas compete lembrar que os seus comentadores mantêm a tese, a despeito da lei, de que o patrimônio também açambarca as obrigações da pessoa.[11]

Teoria da afetação patrimonial. Interessante ponto que não deve ser deixada de lado por tocar de perto no assunto é o que se pode chamar de *teoria da afetação patrimonial*, segundo a qual se concebe algo semelhante à separação de certos bens do patrimônio sobre os quais pesa determinado encargo instituído com a finalidade de garantia, transferência ou utilização dessa parte destacada. Compreende, assim, o destaque de certa porção determinada do patrimônio para a consecução de um objetivo. Abarca, como se vê, a constituição de uma garantia real, de renda vitalícia, de bens enfitêuticos etc. Os bens do patrimônio sujeitos a tais encargos são *vinculados* às referidas finalidades específicas. Chama-se tal porção vinculada de *patrimônio de afetação*.

A referência ao instituto ganha importância na medida em que se poderia alegar que tal *destaque* patrimonial significaria prova de que o patrimônio não é entidade *única* e *indivisível*. Em outras palavras, poder-se-ia objetar que, ao lado do patrimônio geral, existe um patrimônio *especial*, assim denominado porque supostamente apartado daquele.

Não procede, no entanto, suposta argumentação. Não existe qualquer razão para quebrar a concepção da unidade do patrimônio. E isso porque a *afetação* do bem não significa a sua saída do patrimônio, mas sim a sua *imobilização* em razão de

---

10. G. Baudry-Lacantinerie, **Précis de Droit Civil**..., *cit.*, t. I, n. 101-7, p. 65-66.
11. Nesse sentido Ludwig Ennecerus, Theodor Kipp e Martín Wolff, **Tratado de Derecho Civil**. Revisada por Hans Carl Nipperdey. Traduzida para o espanhol e comentada por Blas Pérez González e José Alguer, Barcelona: Bosch, s/d, § 124, I, v. I, t. I, p. 607); da mesma forma Windscheid, *Pandette*, I, § 42 *apud* Pereira, Caio Mário da Silva. **Instituições de Direito Civil**..., *cit.*, v. 1, p. 393.

uma finalidade especial. Não existem, como se poderia supor, um patrimônio geral e outro, autônomo e destacado daquele. Continua sendo a mesma unidade jurídica, decorrente da mesma *personalidade civil*. Apenas se cogitaria de um novo patrimônio, autônomo, se houvesse a afetação de certos bens para a finalidade específica da constituição de uma nova personalidade jurídica, como aconteceria com a criação de uma *fundação*. Mas, nesse caso, a dotação patrimonial ocorrida com essa finalidade perde importância para o nascimento de uma nova pessoa – jurídica – investida de personalidade e, por isso mesmo, de patrimônio autônomo.

Patrimônio e os débitos. A questão acerca do passivo (dívidas e obrigações do indivíduo) integrar o patrimônio, contudo, não é pacífica.

Para a teoria *clássica*, ou *subjetiva*, o patrimônio é um direito indivisível, unitário e se apresenta como um prolongamento da personalidade. Motivo pelo qual dizem ser o patrimônio uma *universalidade de direito*.

Em contrapartida, para a teoria *moderna*, *realista* ou *da afetação* o patrimônio é constituído tão somente pelo ativo de um sujeito e, portanto, não se trata de um bem indivisível. Vale dizer, para esta última teoria o patrimônio é formado por vários núcleos individualizados como, por exemplo, a herança, a massa falida etc.

4. CLASSIFICAÇÃO DOS BENS

O enquadramento de um bem em uma determinada categoria estabelece qual será o regime jurídico a ele aplicável, vez que cada espécie de bem exige tratamento de acordo com suas especificidades.

Cumpre ressaltar, desde já, que é perfeitamente possível que um bem se enquadre em mais de um tipo de categoria de bens, isto é, de acordo com o critério analisado, o bem ostentará diversos predicados. Imagine-se, por exemplo, e já adiantando o assunto, uma praça municipal. Sob a ótica da sua titularidade, é um bem *público*. Do prisma da mobilidade, trata-se de bem *imóvel*. Assim, quando o enfoque for distinto, um adjetivo não excluirá o outro.

Veremos a seguir quais foram os critérios eleitos pelo legislador e quais as classificações respectivas.

4.1. Bens considerados em si mesmos

Os bens considerados em si mesmos podem ser *móveis* ou *imóveis*, *fungíveis* ou *infungíveis*, bens *divisíveis* ou *indivisíveis*, *singulares* ou *coletivos*.

4.1.1. *Bens móveis e imóveis*

Bens imóveis são aqueles que não podem ser removidos, transportados, sem que isso acarrete a sua destruição ou alteração na sua estrutura ou substância.

IV – O OBJETO DA RELAÇÃO JURÍDICA: DOS BENS

Faz-se a ressalva, contudo, de que essa definição acerca dos bens imóveis vale tão somente para os *bens imóveis propriamente ditos* e para os *bens de raiz*. Todavia, a conceituação é imprestável para os bens imóveis por determinação legal como, por exemplo, os previstos no art. 81: *"Não perdem o caráter de imóveis: I – As edificações que, separadas do solo, mas conservando a sua unidade, forem removidas para outro local;*

II – os materiais provisoriamente separados de um prédio, para nele se reempregarem."

O critério usado pelo legislador foi, portanto, a *finalidade da separação*. Vale dizer, o que é retirado de um prédio para a ele retornar, não perde sua qualidade de imóvel, pois pertencente ao imóvel.

Nesse mesmo sentido, determina o art. 84: *"Os materiais destinados a alguma construção, enquanto não forem empregados, conservam sua qualidade de móveis; readquirem essa qualidade os provenientes da demolição de algum prédio"*. Nesses casos, não haverá incorporação dos bens ao bem imóvel, ou essa incorporação ainda não aconteceu. Por esse motivo é que como bens imóveis não podem ser considerados.

Destarte, se na última hipótese trazida pelo supramencionado artigo a intenção for reempregá-los na reconstrução do prédio demolido, os bens provenientes da demolição não perderão seu caráter de bens imóveis.

A definição trazida pelo Código Civil de 2002, para os bens imóveis, é a trazida pelo seu art. 79, nos seguintes termos: *"São bens imóveis o solo e tudo quanto se lhe incorporar natural ou artificialmente"*.

O art. 80, em sequência, complementa a regra: *"Consideram-se imóveis para os efeitos legais: I – os direitos reais sobre imóveis e as ações que os asseguram; II – O direito à sucessão aberta"*.

Conclui-se, portanto, que os bens imóveis dividem-se em *imóveis por natureza* (por exemplo o solo, o subsolo e o espaço aéreo); *imóveis por acessão natural* (o solo e o que a ele se incorporar de forma natural); *imóveis por acessão artificial ou industrial* (o solo e o que a ele se incorporar pela ação do homem) e *imóveis por determinação legal* (art. 80).

Como exemplo de imóveis por acessão natural, podemos mencionar as árvores, os frutos pendentes, as fontes, as pedras.

Ainda a esse respeito, registre-se interessante observação de que uma árvore plantada em um grande vaso perde sua condição de bem imóvel, vez que é possível sua remoção.

Por outro lado, podemos citar como exemplo de imóveis por acessão artificial (ou industrial) as plantações, os edifícios e as construções. Isso porque acessão artificial é aquilo que é incorporado ao solo de forma permanente, pelas mãos do homem.

Bens imóveis por determinação legal (também chamados de bens imóveis *por disposição legal* ou, ainda, bens imóveis *para os efeitos legais*) são bens incorpóreos e imateriais e que, portanto, não são propriamente bens móveis ou imóveis. O que ocorre é que, para lhes garantir maior segurança nas relações jurídicas, recebem do legislador a qualidade de bens imóveis.

Bens móveis, por sua vez, *são bens suscetíveis de movimento próprio, ou de remoção por força alheia, sem alteração da substância ou da sua destinação econômico-social*, nos termos do art. 82.

Existem também os bens móveis para os efeitos legais (art. 83) e, ainda, bens móveis por antecipação.

Os bens móveis por natureza podem ser:

a) *semoventes*, que são aqueles suscetíveis de movimento *por força própria*, como os animais;

b) *propriamente ditos*, que admitem remoção por *força alheia*, sem que isso acarrete nele danificações ou alterações em sua destinação econômico-social como, por exemplo, a moeda, as mercadorias etc.

Bens móveis por *determinação legal* são bens imateriais que recebem essa classificação pelo legislador. Vale dizer, não são bens móveis propriamente ditos, mas assim se classificam por opção legislativa, objetivando-se, com isso, que não fiquem pendentes de regulação.

As hipóteses de bens móveis por determinação legal são trazidas pelo art. 83, nestes termos vazados: *"Consideram-se móveis para os efeitos legais: I – as energias que tenham valor econômico; II – os direitos reais sobre objetos móveis e as ações correspondentes; III – os direitos pessoais de caráter patrimonial e respectivas ações"*.

Incluem-se ainda nessa classificação o fundo de comércio, os direitos autorais, os créditos e as ações de uma sociedade empresária.

Finalmente, *móveis por antecipação*, são bens incorporados ao solo com a intenção de se lhes destacar futuramente, tornando-se-os bens móveis. Como exemplo, citem-se as árvores plantadas para a colheita de frutos, porém ainda não colhidos.

Para dar cabo ao ponto, é de suma importância demonstrar os efeitos práticos decorrentes da classificação dos bens em imóveis e móveis:

1) Bens imóveis são transferidos mediante escritura pública e registro no Cartório de Registro de Imóveis, enquanto que a transferência de bens móveis se aperfeiçoa mediante simples tradição (arts. 108, 1.226 e 1.227);

2) A alienação de bem imóveis exige a anuência do cônjuge. O mesmo se faz necessário quando a intenção é hipotecá-lo ou gravá-lo de ônus real, exceto no regime de separação absoluta (art. 1.647, I).

3) A aquisição de propriedade por meio da usucapião, quanto aos bens imóveis, demanda prazos maiores se comparados à aquisição, pelo mesmo modo, dos bens móveis.

4) Hipoteca é o direito real de garantia que recai sobre bens imóveis, enquanto que o penhor – também direito real de garantia – recai sobre os bens móveis (arts. 1.473 e 1.431 do CC).

4.1.2. Bens fungíveis e infungíveis

Dispõe o art. 85 do Código Civil que bens fungíveis são *os móveis que podem substituir-se por outros da mesma espécie, qualidade e quantidade.*

Bens fungíveis são, portanto, bens que podem ser comparados entre si, pois se consideram equivalentes econômica, jurídica e socialmente. Justamente por esse motivo podem substituir-se. Por exemplo: o dinheiro (cédulas e moedas) e gêneros alimentícios.

Em regra, a fungibilidade é característica reservada aos bens móveis porque somente nestes é que é possível uma próxima equivalência entre os substitutos. É entendimento sufragado pelo Código Civil brasileiro.

A fungibilidade de um bem pode ser determinada por sua natureza (quando ele puder ser equiparado na forma acima descrita) ou pode ser determinada, também, pela vontade das partes. Tome-se como exemplo uma caneta que, a princípio, é fungível: pode ser trocada substituída por outra da mesma qualidade. Entretanto, para um colecionador ela pode tornar-se infungível, se as partes assim dispuserem contratualmente.

A distinção que se faz entre bens fungíveis e infungíveis gera efeitos práticos. Assim:

1) O mútuo somente recai sobre bens fungíveis enquanto o comodato tem por objeto bens infungíveis (arts. 586 e 579);

2) No direito obrigacional, as obrigações de fazer podem ser fungíveis ou infungíveis. Nestas últimas, o devedor não pode ser substituído por outra pessoa ou porque assim foi pactuado entre as partes, ou porque se trata de obrigação *intuitu personae,* como por exemplo, contratar o show musical de determinado artista;

3) As ações possessórias são fungíveis entre si. Com efeito, de acordo com o art. 554 do Código de Processo Civil, a *propositura de uma ação possessória em vez de outra não obstará a que o juiz conheça do pedido e outorgue a proteção legal correspondente àquela, cujos requisitos estejam provados.* É aplicação da classificação no campo processual. Nesse caso, não se trata de um bem fungível, mas de um *remédio possessório* fungível. Isso significa que a propositura de uma *reintegração* de posse não inviabiliza que, assim entendendo o juiz, seja determinada a *manutenção* da posse.

4.1.3. Bens consumíveis e inconsumíveis

Reza o art. 86 do Código Civil que são bens consumíveis *os bens móveis cujo uso importa destruição imediata da própria substância, sendo também considerados tais os destinados à alienação.*

O dispositivo faz ainda a distinção entre bens consumíveis *de fato*, como os gêneros alimentícios, que uma vez consumidos perdem sua substância, e bens consumíveis *de direito*, que são, em exemplo, os bens destinados à alienação.

Bens inconsumíveis, de outro jeito, são aqueles que permitem seu uso prolongado, sem que isso importe perda de sua substância.

Há aqui, também, importância prática na distinção. O direito ao usufruto não pode recair sobre bens consumíveis, de forma que, se assim acontecer, receberá o nome de *usufruto impróprio* ou *quase usufruto*. Se este for o caso, de acordo com o art. 1.392, § 1º, do Código Civil, o usufrutuário terá de restituir o que ainda houver ou, não sendo possível, o seu valor.

4.1.4. Bens divisíveis e indivisíveis

O art. 87, em seguida, regulamenta os bens divisíveis, conceituando-os como aqueles *que se podem fracionar sem alteração na sua substância, diminuição considerável de valor, ou prejuízo do uso a que se destinam.*

Nesse sentido, são bens divisíveis aqueles que podem ser repartidos de forma que cada uma de suas partes mantenha um todo perfeito. Assim, a título de exemplo, um veículo é bem indivisível, uma vez que cada uma de suas partes perderão a sua qualidade essencial, caso seja ele – veículo – desmontado.

A classificação dos bens em divisíveis e indivisíveis se aplica às coisas corpóreas e às incorpóreas, bem como às relações jurídicas. É por esse motivo que as *obrigações* poderão ser divisíveis ou indivisíveis dependendo da natureza das prestações, como se verá oportunamente. É dizer, se o objeto da prestação for divisível, assim também será a obrigação. Se o objeto da prestação for indivisível, estaremos diante de uma obrigação com a mesma natureza.

O art. 88 do Código Civil preceitua que *bens naturalmente divisíveis podem tornar-se indivisíveis por determinação da lei ou por vontade das partes.*

Com efeito, é possível concluir que os bens podem ser indivisíveis:

1) *Por natureza,* que são aqueles que não podem ser fracionados sem que se altere sua substância, ou a diminuição de seu valor ou prejuízo do uso. Como exemplo, citemos o automóvel, os bens semoventes (animais), um quadro. Diz-se que nessa modalidade há uma indivisibilidade material, física.

2) *Por determinação legal,* nos casos em que a lei expressamente veda a possibilidade de fracionamento, como exemplo a partilha (art. 1.791 do CC). Hipótese em que estamos diante, portanto, de uma indivisibilidade jurídica.

3) *Por vontade das partes,* quando as partes acordam tornar uma coisa indivisível por prazo não superior a cinco anos (art. 1.320, § 1º). Há, aqui, uma indivisibilidade de ordem convencional. Os contratantes assim desejaram.

A indivisibilidade ou divisibilidade de determinado bem gera efeitos principalmente no que tange às regras para extinção do condomínio. Destarte, no condomínio tradicional há que se dar direito de preferência aos demais condôminos, quando a intenção for de alienar *parte indivisa* do condomínio.

4.1.5. Bens singulares e coletivos

São singulares os bens que, embora reunidos, se considerem de per si, independente dos demais, nos termos do art. 89 do Código Civil.

Como exemplos de bens singulares podemos citar um animal, um caderno, uma caneta, um copo, pois são bens considerados individualmente.

Bens singulares podem ser simples – quando suas partes estão ligadas pela própria natureza como um cachorro, uma flor – ou compostos – quando as partes do bem são ligados pela intervenção humana, tal como os prédios e edificações em geral.

Bens *coletivos*, também chamados de bens universais ou de universalidades, são os compostos por vários bens singulares. Dessa forma, uma vez reunidos um conjunto de bens singulares, forma-se uma unidade, um todo. Lembre-se da floresta (formada por muitas árvores), um rebanho (formado por diversos bois e vacas), uma biblioteca (formada por livros) etc.

O bem coletivo, ao formar uma unidade, passa a ter individualidade própria, não se confundindo com o bem singular que a compõe.

Os bens coletivos, por sua vez, dividem-se em universalidade de fato (art. 90 do CC), e a universalidade de direito (art. 91 do CC).

Universalidade de fato, de acordo com o respectivo dispositivo, *é a pluralidade de bens singulares que, pertinentes à mesma pessoa, tenham destinação unitária*. É exemplo a biblioteca particular do leitor. O parágrafo único do mesmo artigo acrescenta, ainda, que *os bens que formam essa universalidade podem ser objeto de relações jurídicas próprias*. Claro. Se o dono da biblioteca pretender vender um exemplar de determinada obra, não haverá qualquer óbice a tanto. Os bens individuais que compõem o *todo* podem ser objeto de relações jurídicas distintas e independentes.

Universalidade de direito, por sua vez, é *o complexo de relações jurídicas, de uma pessoa, dotadas de valor econômico*, nos termos do art. 91 do Código Civil. É o caso do fundo de comércio e da massa falida.

A principal diferença entre a universalidade de fato e a universalidade de direito é que a aquela forma-se a partir da vontade particular (do titular da universalidade), enquanto que esta decorre de determinação legal.

4.2. Bens reciprocamente considerados

O critério utilizado pelo legislador, agora, leva em conta a forma com que são considerados os bens em relação aos outros. Deixa-se de analisá-lo, pois, singularmente, ou de maneira dissociada dos outros bens.

4.2.1. Bens principais e bens acessórios

Diz-se serem *principais* os bens que independem de outros para sua existência. É dizer, são os bens que existem por si só. *Acessórios*, em contrapartida, são os bens cuja existência supõe a existência de um bem principal. Em outras palavras, os bens acessórios dependem da existência de um outro, o principal.

Nesse sentido, preceitua o art. 92 do Código Civil que *principal é o bem que existe sobre si, abstrata ou concretamente; acessório, aquele cuja existência supõe a do principal*.

Em regra, o bem acessório segue à sorte do bem principal, de forma que caso este último deixe de existir, o mesmo destino terá o acessório (*acessorium sequitur suum principale*), salvo se pactuado de forma diversa. É o que se chama, modernamente, de *princípio da gravitação jurídica*. Em decorrência dele, podemos estabelecer algumas premissas:

1) bens acessórios possuem a mesma natureza dos bens principais;

2) bens acessórios acompanham o destino dos bens principais;

3) Bens acessórios e bens principais pertencem a um mesmo proprietário.

a) Classes de bens acessórios

Estão compreendidos entre os bens acessórios, os *produtos*, os *frutos*, as *pertenças* e as *benfeitorias*.

b) Produtos.

Produtos são utilidades que são retiradas de uma coisa e que não se reproduz periodicamente. Por esse motivo, a obtenção do produto diminui a quantidade da coisa de que foi extraída. É o que acontece, usando o já antigo exemplo de Clóvis Beviláqua,[12] com as pedras e os metais que se extraem das pedreiras e das minas.

Difere-se dos frutos uma vez que a retirada destes não implica diminuição no valor ou na substância de sua fonte. Tal distinção ganha relevo em face do usufruto, que confere ao usufrutuário o direito a percepção dos frutos (art. 1.394).

c) Frutos

Frutos são utilidades que mesmo após extraídas diversas vezes da sua fonte, dela não retiram sua substância ou qualidade. É que tais fontes fornecem os frutos natural e periodicamente. Daí porque se diz que os frutos guardam três características: a *periodicidade*, a *separabilidade* (possibilidade de se separarem do principal) e a *inalterabilidade* do bem principal (fonte que gera o fruto).

Quanto à origem, os bens podem ser *naturais*, *industriais* ou *civis*.

Bens naturais são os que se renovam por força orgânica da natureza, como por exemplo as frutas, os vegetais, a cria dos animais etc.

---

12. *Teoria Geral do Direito Civil*, 7ª ed., atualizada por Achilles Beviláqua e Isaías Beviláqua, Rio de Janeiro: Paulo de Azevedo, 1955, p. 175.

Os frutos industriais, por sua vez, são aqueles que surgem em virtude da atuação do homem.

Finalmente, os frutos civis são os rendimentos produzidos pelo bem principal, em virtude de sua utilização por outra pessoa que não o seu proprietário. O rendimento obtido com o aluguel de uma casa é exemplo de fruto civil.

Há, ainda, a classificação dos frutos quanto ao seu estado. Sob esse prisma, os frutos podem ser:

a) Pendentes – quando ainda não foram separados da coisa que os produziu;

b) Estantes – os separados da coisa que os produziu, porém, que se encontram armazenados para a venda,

c) Percebidos ou colhidos – são os frutos que já foram separados da coisa que lhes deu origem;

d) Consumidos – aqueles que não existem mais por já terem sido utilizados.

Essa classificação ganha importantes contornos no que tange à posse (arts. 1.214 e 1.216 do CC)

d) Pertenças

Conceito. Pertenças são os bens acessórios que, não constituindo partes integrantes, se destinam ao uso, serviço ou aformoseamento de outro bem, de forma duradoura (art. 93).

Pertenças e partes integrantes. A necessária distinção entre *pertenças* e *partes integrantes* é feita no dispositivo seguinte: *"Os negócios jurídicos que dizem respeito ao bem principal não abrangem as pertenças, salvo se o contrário resultar da lei, da manifestação de vontade, ou das circunstâncias do caso".*

> **Partes integrantes.** Sobre a distinção entre *partes integrantes* e *pertenças*, valiosíssima é a lição de Vicente Ráo: "... *Ora, acrescentam os autores, a máxima segundo a qual* acessorium sequitur principal, acessorium cedit principali, *só se aplica, em rigor, às coisas acessórias que fazem parte integrante das coisas principais. Chamam-se* pertences *as coisas destinadas e emprestadas ao uso, ao serviço, ou ao ornamento duradouro de outra coisa, a qual, segundo a opinião comum, continuaria a ser considerada como completa, ainda que estes acessórios lhe faltassem: tais são as coisas imóveis por destino, os acessórios que servem ao uso das coisas móveis como o estojo das joias, a bainha da espada etc. Ora, para essa categoria de acessórios, a máxima citada acima não tem aplicação rigorosa e absoluta, comportando, ao contrário, as limitações prescritas pela lei, em atenção aos fins a que esses acessórios se destinam."*[13]

Quebra da regra de que o acessório segue o principal. É interessante observar que a pertença, espécie de bem acessório, não segue a regra de que *acessorium sequitur suum principale*. Somente terão a sorte do bem principal se a lei, a vontade das partes ou as circunstâncias do caso assim determinarem. A regra (na verdade, a exceção

---

13. *O Direito e a Vida dos Direitos*, n. 195.

à regra) é medida salutar. Em razão dela, o mobiliário não é transferido quando o apartamento é alienado. Se as partes pretenderem envolver os móveis que guarnecem a residência, deverão fazer constar a intenção no contrato de compra e venda.

e) Benfeitorias

As benfeitorias podem ser *necessárias, úteis* ou *voluptuárias*.

Necessária é a benfeitoria realizada para conservar o bem ou para evitar que ele se deteriore (§ 3° do art. 96).

Úteis são as benfeitorias que aumentam ou facilitam o uso do bem (§ 2°) e *voluptuárias* são as benfeitorias de mero deleite ou recreio, que tornam o bem mais agradável, embora não aumentem o seu uso habitual (§ 1°).

Impende ressaltar que o enquadramento da benfeitoria nesta ou naquela categoria é relativo, isto é, precisa ser analisado em vista do ambiente em que se encontra. Por exemplo, uma quadra de tênis pode ser considerada benfeitoria voluptuária em uma residência privada, mas pode ser considerada necessária se construída em um clube poliesportivo.

São também consideradas necessárias as despesas feitas para a normal exploração da coisa como, por exemplo, a adubação de um campo para o plantio.

A ideia de benfeitorias úteis é obtida por exclusão. É dizer, as benfeitorias que não são necessárias, mas que de alguma forma aumentam o valor do bem, são consideradas úteis. Assim, por exemplo, o acréscimo de um banheiro.

Benfeitorias voluptuárias são as que garantem maior conforto e recreio ao bem principal, porém não lhe aumenta o valor venal.

Não se pode confundir, entretanto, as benfeitorias com as chamadas acessões industriais ou artificiais, reguladas nos artigos 1.253 a 1.259 do Código Civil. Aquelas representam melhoria em bens já existentes; estas, de outro jeito, criam coisas que antes não existiam. As acessões têm regramento jurídico distinto, posto que representam um dos meios de aquisição da propriedade imóvel.

Determina o art. 97 que *não se consideram benfeitorias os melhoramentos ou acréscimos sobrevindos ao bem sem a intervenção do proprietário, possuidor ou detentor.* O dispositivo serve para apartar as benfeitorias de outro tipo de acessão: a natural. Dessa forma, o acréscimo ou melhoria decorrente, por exemplo, de um caso fortuito, jamais será considerado benfeitoria, mas acessão (e, assim, modo de aquisição da propriedade). O que se deve sublinhar: para que se considere o melhoramento como benfeitoria é imprescindível a participação do proprietário, possuidor ou detentor da coisa já existente.

4.3. Classificação dos bens quanto ao seu titular: Público ou Privado

De acordo com o art. 98, são bens públicos *os bens do domínio nacional pertencentes às pessoas jurídicas de direito público interno.*

IV – O OBJETO DA RELAÇÃO JURÍDICA: DOS BENS

Bens públicos podem ser *de uso comum do povo*, aqueles que podem ser utilizados pela população sem que se exija formalidades para tanto; *bens de uso especial*, os que se destinam a atender à finalidade específica da execução do serviço público; e *bens dominicais*, que constituem o patrimônio pertencente às pessoas jurídicas de direito público, como objeto de direito pessoal ou real dessas entidades (art. 99).

Os bens públicos *de uso comum* e os *de uso especial* são inalienáveis (art. 100), enquanto que os bens dominicais poderão ser alienados por meio de institutos do direito privado (art. 101).

Os bens que não forem públicos, isto é, que não se enquadrem na definição trazida na primeira parte do art. 98, serão, por exclusão, particulares.

Em resumo, os bens públicos *de uso comum do povo* e os *de uso especial, específico*, são inalienáveis enquanto conservarem a sua qualificação. A partir daí, é possível afirmar que tais bens são, ainda, *imprescritíveis, impenhoráveis* e *impossibilitados de sofrerem oneração*. Acontece que essa *inalienabilidade* não é absoluta, como bem demonstra a parte final do art. 100 (*"...enquanto conservarem a sua qualificação, na forma que a lei determinar."*). E a forma que lei determina – para a perda da inalienabilidade – é a *desafetação*, que pode ser definida como a alteração da finalidade do bem com o objetivo de incluir bens de uso comum ou de uso especial dentro da categoria *bens dominicais*. Uma vez enquadrados no patrimônio do Poder Público, poderão ser alienados, nos termos dos regramentos de direito administrativo.

V – DAS RELAÇÕES JURÍDICAS: FATOS E NEGÓCIOS JURÍDICOS

1. RELAÇÕES JURÍDICAS

Situações jurídicas subjetivas. Já foram estudados, até aqui, os sujeitos de direito e os bens jurídicos. O terceiro livro da Parte Geral do Código Civil regula exatamente as relações que se podem estabelecer entre os sujeitos de direito e que formarão situações jurídicas subjetivas.

Situações jurídicas subjetivas são as consequências que alcançam os sujeitos de direito e que decorrem da aplicação e valoração das normas jurídicas. Trata-se de um conceito amplo e que abarca as ideias de *deveres, poderes, ônus, faculdades, direitos e obrigações*. Essas expressões podem, à primeira vista, parecer designar realidades idênticas (de um lado, *poderes, faculdades* e *direitos* e de outro, *deveres, ônus e obrigações*), mas não é o que acontece. A matéria será oportunamente estudada. O que importa, nesse ponto, é verificar que quando se está diante de *direitos* e *obrigações*, fala-se, então, em *relações entre sujeitos*, ou *situações jurídicas subjetivas especiais*.[1] Esse entendimento é essencial para o estudo dos negócios jurídicos, feito adiante.

Fatos jurídicos. Entretanto, as normas jurídicas – referidas no conceito de situações jurídicas – contêm previsão abstrata das suas consequências e, desta forma, para que passem ao plano concreto, isto é, para que sejam aplicadas *concretamente* em uma *determinada* situação, demandam um acontecimento que, em direito, é denominado de *fato jurídico*. O fato jurídico, em outras palavras, dispara a aplicação concreta da norma abstrata.

Note-se, de outro lado, que não é qualquer *fato* que tem o condão de disparar a aplicação da regra jurídica. Há alguns fatos que nada interessam para o direito, tais como os *naturais* e *sem desdobramentos*. Imagine-se uma tempestade em alto mar. É um fato. Mas tem repercussão para o direito? É fato jurídico? Não. Agora afigure-se que essa mesma tempestade tenha ocorrido exatamente quando se realizava um cruzeiro de luxo, fazendo o navio afundar, acarretando algumas mortes, outros ferimentos, desaparecimento de alguns turistas. O fato passou a ser jurídico, ou *jurígeno*, porque incidirão normas jurídicas, e de diversas espécies: civis, porquanto, com os óbitos,

---

1. Por exemplo – e o assunto, como dito, será melhor tratado quando do estudo do direito obrigacional – o *dever* é realidade que não se refere a relações entre sujeitos. *Dever* não se esgota com o seu cumprimento e não se direciona a apenas um sujeito, mas a todos que reunirem determinadas qualidades, indistintamente. Em caso de descumprimento, não se converte em pagamento de pecúnia, aplicando-se, de outra forma, uma sanção. A obrigação, diferentemente, estabelece-se entre sujeitos determinados e, em caso de descumprimento, pode ser convertida em pecúnia (indenização).

ocorrerá a sucessão de bens para os herdeiros das vítimas; penais, para apurar eventual crime por parte dos responsáveis pelo cruzeiro; administrativa, constatando-se a regularidade da embarcação e de seus condutores etc.

Outro exemplo de fato sem qualquer repercussão é o pensamento. Se não for exteriorizado, não haverá chance de repercutir para o direito.[2]

Conceito de fato jurídico. Dados os exemplos, é possível definir *fato jurídico* como o acontecimento apto a gerar qualquer efeito jurídico, constituindo, conservando, modificando, transferindo ou encerrando determinada situação jurídica subjetiva. Esse fato jurídico, tal como definido, pode ser classificado em espécies, o que se faz a seguir.

2. FATOS JURÍDICOS E CLASSIFICAÇÃO

Atos jurídicos. A definição de fato jurídico acima colocada está a considerá-lo como espécie do gênero maior *fatos humanos*. Visto, entretanto, sob outra ótica, descobre-se que são formados tanto por fatos *voluntários* como por *involuntários*. Os primeiros dependem da vontade humana e os segundos não. Dentro dos fatos voluntários, quando presentes certos requisitos impostos pela ordem jurídica, e exatamente por resultarem da vontade, são considerados *atos jurídicos*. São *atos jurídicos*, assim, os fatos humanos e voluntários que repercutem no ordenamento jurídico, acionando a sua incidência (da norma abstrata) sobre o acontecimento fático (caso concreto). Aí está delineado o ato jurídico em sentido *lato*, amplo, *como espécie dos fatos jurídicos*.

Mas é possível dissecar ainda mais.

Atos lícitos e ilícitos. Os atos jurídicos *lato sensu*, de outro lado, podem ser *lícitos* ou *ilícitos*, dependendo de sua *conformidade* com o ordenamento. Assim, para que o ato jurídico seja considerado lícito, não basta resultar da vontade e repercutir no ordenamento, mas também, ser a ele *conforme*. As ações contravenientes às determinações legais integram a categoria dos atos ilícitos.

O que se deve ressaltar, nesse ponto, é que os atos ilícitos são igualmente jurídicos porque, tal como os atos lícitos, fazem incidir as normas do sistema jurídico. Mas são atos *desconformes*, porque agridem a norma de Direito. Interessam a este, principalmente, porque o contrariam. Mas não deixam, em momento algum, de ser jurídicos.

Negócios jurídicos e atos jurídicos em sentido estrito. É possível localizar, ainda, dentro dos *atos jurídicos lícitos*, fenômeno que se marca, substancialmente, por ser uma declaração de vontade dirigida à obtenção de um determinado resultado. Mais do que isso: as suas consequências jurídicas decorrem diretamente da vontade emitida. Trata-se agora dos *negócios jurídicos*. Nestes, a declaração de vontade do

---

2. Exceção feita à reserva mental que, quando conhecida do destinatário da declaração de vontade, torna-se relevante para o direito, conforme estudado adiante.

V – DAS RELAÇÕES JURÍDICAS: FATOS E NEGÓCIOS JURÍDICOS

agente persegue especificamente determinado efeito jurídico previsto pela lei. Não se confunde, pois, com aquele ato jurídico lícito acima definido e que agora se pode definir em *sentido estrito*, em que também, no mais das vezes,[3] existe manifestação de vontade, mas cujos efeitos jurídicos são gerados independentemente de serem perseguidos diretamente pelo agente. E, ainda que os sejam, eles decorrem antes da lei do que da vontade manifestada. Os atos jurídicos *stricto sensu*, ou atos *não negociais*, ou *atos jurídicos lícitos* como os chamou o Código Civil de 2002, são também, portanto, manifestações de vontade, em conformidade com o ordenamento jurídico, constituindo-se, da mesma forma, em fontes de efeitos jurídicos.

Ato jurídico em sentido estrito e o art. 185 do CC. Ainda que se possa afirmar não estar a diferenciação absolutamente livre de imprecisões, fato é que não se pode negar existirem certos atos que, vizinhos dos negócios jurídicos, são praticados e cujos efeitos decorrem substancialmente da lei do que da vontade dos agentes. A esses atos jurídicos lícitos que não são negócios jurídicos, em razão de sua proximidade estrutural com estes últimos, são aplicáveis, no que couber, as disposições que regulam os negócios jurídicos. É o que preceitua o art. 185 do Código Civil, inspirado em semelhante dispositivo do direito português.[4] Significa dizer, pois, que aos atos jurídicos em sentido estrito aplicam-se as normas que dizem respeito aos seus requisitos de validade, suas modalidades, nulidades e, da mesma forma, seus defeitos.

Para facilitar a compreensão do ponto, basta lembrar que são exemplos de atos lícitos *stricto sensu* o pagamento,[5] como modalidade de extinção das obrigações e a proposta e aceitação, durante a formação dos contratos. Ainda que não sejam *atos negociais puros*, são essencialmente atos de vontade, razão pela qual devem observar, no que for aplicável, as normas que regulam os negócios jurídicos.

3. NEGÓCIO JURÍDICO

3.1. Correntes que explicam o negócio jurídico

A partir do que se disse acima, é possível afirmar que o negócio jurídico é espécie de ato jurídico voluntário e lícito. Essa a ideia, entretanto, não define o instituto, mas apenas o situa como modalidade de fato jurídico.

---

3. "No mais das vezes" porque nos atos jurídicos lícitos em sentido estrito os efeitos decorrem diretamente da lei, de maneira que é possível a ocorrência de tais efeitos sem qualquer manifestação de vontade. Assim é que aquele que descobre o tesouro adquire sua propriedade independentemente de qualquer declaração sua. A aquisição dessa propriedade é consequência imediata da atuação do art. 1.264 do Código Civil: "*O depósito antigo de coisas preciosas, oculto e de cujo dono não haja memória, será dividido por igual entre o proprietário do prédio e o que achar o tesouro casualmente*".

4. Veja-se como está redigido o art. 295 do Código Civil luso: "*Aos actos jurídicos que não sejam negócios jurídicos são aplicáveis, na medida em que a analogia das situações o justifique, as disposições do capítulo precedente*".

5. A natureza do pagamento é ponto de discussão. Há forte corrente que enxerga, no ato de pagar, verdadeiro negócio jurídico, dando-lhe, portanto, natureza contratual.

Definições de negócio jurídico. De outro lado, a doutrina conceituou o negócio jurídico por meio de dois prismas: *voluntarista* (definição pela gênese) e *objetivista* (definição pela função).

Corrente voluntarista. A primeira destaca, no conceito, a vontade humana como força criadora do ato negocial. A doutrina brasileira, em sua grande maioria, construiu suas definições de negócio jurídico com base nesta vertente, em torno do art. 81 do Código Civil de 1916 (*"Todo o ato lícito, que tenha por fim imediato adquirir, resguardar, transferir, modificar ou extinguir direitos, se denomina ato jurídico"*).[6]

Corrente objetivista. Em outro ponto está a corrente objetiva. Segundo ela, o negócio jurídico é um *instrumento* colocado à disposição pelo ordenamento para a produção dos efeitos jurídicos desejados pela vontade. Acentua-se, em primeiro lugar, a *finalidade* do negócio, e não a declaração de vontade. Daí dizer-se que esse entendimento leva em conta a *função* do ato negocial. Para os seus adeptos, o negócio jurídico é antes expressão da autonomia da vontade, permeado pelo *poder privado* de autocriar um ordenamento jurídico próprio.[7]

Crítica às correntes. Ambas as definições são passíveis de crítica porque ora abrangem mais do que o definido, ora deixam de albergar todo o definido ou, ainda, porque, no caso da escola objetivista, há confusão entre as ideias de *relação jurídica* e de *preceito*.[8] Entretanto, os dois conceitos colocam como base do ato negocial a manifestação de vontade. Mas, note-se, não se trata de qualquer ato de vontade, mas uma declaração especial, direcionada, específica, voltada para alcançar determinados efeitos que, de antemão, são queridos pelas partes. Ao se celebrar um contrato de compra e venda, por exemplo, os participantes pretendem, desde o início, transferir determinado bem e, em contrapartida, receber certo valor. É por isso que a vontade manifestada nos negócios jurídicos é *qualificada*.

---

6. Basta ver algumas definições. Clóvis Beviláqua fez anotar, quanto aos atos jurídicos, que a *"característica está na combinação harmônica do querer individual com o reconhecimento da sua eficácia por parte do direito positivo"* e que *"tem por fim, de acordo com a ordem jurídica, criar, conservar, modificar ou extinguir direitos"* (**Teoria Geral do Direito Civil...**, *cit.*, p. 201-205). João Franzen de Lima deixou marcado que *"ato jurídico, portanto, é a manifestação lícita de vontade, tendo por fim imediato produzir um efeito jurídico"* (**Curso de Direito Civil Brasileiro: Introdução e Parte Geral**. 4. ed. Rio de Janeiro: Forense, 1960. p. 279). Washington de Barros Monteiro, nesta esteira, ensinou que *"no negócio jurídico, a vontade das partes atua no sentido de obter o fim pretendido, enquanto no ato jurídico lícito o efeito jurídico ocorre por determinação da lei, mesmo contra a vontade das partes"* (**Curso de Direito Civil – Parte Geral**. 39. ed. Atualizado por Ana Cristina de Barros Monteiro França Pinto. São Paulo: Saraiva, 2003. v. 1, p. 207). Orlando Gomes definiu negócio jurídico como *"toda declaração de vontade destinada à produção de efeitos jurídicos correspondentes ao intento prático do declarante, se reconhecido e garantido pela lei"* (**Introdução ao direito civil**. Rio de Janeiro: 1989. n. 173, p. 280). Serpa Lopes, a seu turno, afirmou que *"O negócio jurídico é forjado pelas declarações de vontade destinadas a constituição, modificação ou término de uma relação jurídica. Essa vontade do indivíduo, porém, não é arbitrária. Exige-se um querer manifestado em conformidade com a ordem jurídica."* (**Curso de Direito Civil – Introdução e Parte Geral**. Rio de Janeiro-São Paulo: Freitas Bastos, 1953. v. I, n. 182, p. 302-303).

7. Orlando Gomes, **Introdução ao Direito Civil**. Rio de Janeiro: Forense, 1989, n. 173, p. 280.

8. Para aprofundar o tema, ver o que escrevi em *Negócios Jurídicos – Vícios Sociais*, Curitiba: Juruá, 2008, p. 25 e seguintes.

V – DAS RELAÇÕES JURÍDICAS: FATOS E NEGÓCIOS JURÍDICOS **127**

Conceito de negócio jurídico. Com tais considerações, é possível conceituar negócio jurídico como *a declaração de vontade qualificada pela intenção negocial, em conformidade com o ordenamento, e socialmente reconhecido como ato destinado a produzir efeitos jurídicos.*

Características dos negócios jurídicos. O conceito põe em destaque os caracteres do ato negocial. Nasce de uma (i) declaração negocial, (ii) em consonância com a ordem jurídica, (iii) tendente a produzir um determinado efeito jurídico, cuja (iv) obrigatoriedade decorre do reconhecimento pela coletividade da sua força vinculante.

3.2. Classificação: negócios jurídicos unilaterais e bilaterais

Negócio jurídico bilateral. É *bilateral* o negócio para cuja constituição é imprescindível a existência de duas declarações de vontade coincidentes.

Negócio jurídico unilateral. Considera-se, de outro lado, *unilateral*, aquele que se aperfeiçoa com apenas uma declaração de vontade, tais como o testamento e o codicilo. A vontade do destinatário, pois, em nada influi para a formação do negócio jurídico que é, por isso mesmo, unilateral.

Negócios unilaterais receptícios e não receptícios. Os unilaterais, por sua vez, podem ser *receptícios e não receptícios*. Os primeiros somente produzem seus efeitos quando a declaração de vontade se tronar conhecida do destinatário. Acrescente-se que só se considera *receptício* o negócio unilateral voltado a pessoa (ou pessoas) determinada, diferentemente do que acontece, por exemplo, com a promessa de recompensa, modalidade de declaração unilateral de vontade. Os segundos – não receptícios – são aqueles em que o seu conhecimento por parte de outras pessoas é irrelevante.

O testamento, a despeito de ser *negócio jurídico unilateral*, é *não receptício*, ou *não endereçado*, porque é desnecessário, para a sua eficácia, que os contemplados conheçam a declaração de vontade do testador. É exemplo, ainda, a renúncia à herança.

De outro lado, são negócios unilaterais receptícios a denúncia ou resilição de contrato e a revogação de mandato. Os feitos do ato, nestes casos, ficam sobrestados até que o destinatário da declaração dela tome conhecimento. É exemplo, ainda, o ato de despedir um empregado. O patrão emite declaração de vontade nesse sentido, mas o ato apenas produzirá seus efeitos quando o empregado vier a tomar conhecimento.

3.3. Os planos de análise do negócio jurídico

Análise por patamares, progressiva e com prejudicialidade entre os planos. A análise do negócio jurídico é feita em três patamares: *existência, validade e eficácia.* Além disso, essa análise é feita progressivamente. Estuda-se primeiro a existência do ato jurídico. Se ele existe, passa-se ao plano da validade. Se além de existir ele for válido, atravessa-se para o nível da eficácia.

Nesse sentido, perceba-se que o plano da existência é prejudicial em relação aos planos da validade e da eficácia, isto é, se o negócio sequer chegou a existir, não há como saber se era válido, inválido, eficaz ou ineficaz.

De outro jeito, é possível que tenhamos um negócio *existente* mas *inválido*; ou *existente, válido e ineficaz*. Há situações que chamam ainda mais atenção: o ato pode ser *existente, inválido* e mesmo assim *eficaz*, como acontece com o casamento putativo, que é inválido, mas em razão da boa-fé de um ou de ambos os contraentes, será eficaz. Volto à questão oportunamente.

Passemos, pois, ao estudo de cada um desses planos, com o que se analisará a formação do negócio jurídico, sua conformidade com o ordenamento e sua aptidão para produzir efeitos.

3.3.1. Existência dos negócios jurídicos

Elementos de existência. Para que se possa considerar existente o negócio jurídico, é preciso que estejam presentes os elementos essenciais de constituição. Basta faltar um desses elementos para que o negócio não tenha sequer ganhado vida. Nesse caso, ele não chegou a existir.

Tais elementos dividem-se em *gerais* e *circunstanciais* (ou *categoriais*). Os primeiros são exigidos em absolutamente todos os negócios. Os segundos devem estar presentes apenas em determinados tipos negociais. São, assim, específicos, peculiares a certos negócios.

Elementos gerais. São elementos *gerais*, ou comuns a todos os negócios jurídicos:

a) Manifestação de vontade: conforme a definição acima exposta, não há negócio jurídico sem emissão de vontade, que é o seu substrato e suporte principal. E isso porque, como já ressaltado, a grande marca desses atos é o fato de que seus efeitos são queridos e previamente conhecidos pelas partes. Daí a grande importância que se confere à declaração de vontade, o que ficará bem demonstrado quando do estudo dos defeitos dos negócios jurídicos.

Imagine-se alguém que tem sua mão tomada à força por outrem que, a conduzindo, faz com que a pessoa coloque suas digitais em um contrato de doação, conferindo aceitação, em benefício do usurpador. É claro o uso de violência física (*vis absoluta*) nesse exemplo. Perceba que, nesse caso, justamente porque utilizada uma força externa ao declarante, não houve manifestação de vontade e, assim, o negócio sequer existiu. Como se verá adiante, outra é a situação quando a o suposto doador, nesse mesmo exemplo, é ameaçado de morte para assinar o dito contrato. Nesse caso houve manifestação de vontade, significando que o negócio existiu. A vontade exarada, entretanto, está viciada e a questão se colocará no campo da validade. Já adiantando, o negócio jurídico, nessa hipótese, será existente, mas inválido.

Poder-se-ia falar também em inexistência do negócio jurídico, por falta de manifestação de vontade, no caso de *declaração não séria*, aquela feita por brincadeira, *jocandi causa*, ou com o propósito de ensinar, instruir, *docendi causa*. É o que faz, por exemplo, o professor de direito que diz em sala de aula, durante uma lição, que celebra uma compra e venda com um de seus alunos. Nessa hipótese, não há declaração de vontade séria que importe ao direito, mas mero gracejo. Não há qualquer *objeto*, com o que não se tem um dos elementos de existência.

> **Silêncio como manifestação de vontade.** E o silêncio, pode ser entendido como manifestação de vontade? O art. 111 do CC reza que *"o silêncio importa anuência, quando as circunstâncias ou os usos o autorizarem, e não for necessária a declaração de vontade expressa"*. O dispositivo demonstra, assim, que é possível a declaração de vontade tácita, ou reticente. É o que acontece, por exemplo, com a doação pura, sem qualquer encargo. O silêncio do donatário é entendido como aceitação. Confira-se a redação do art. 539, do CC: *"O doador pode fixar prazo ao donatário, para declarar se aceita ou não a liberalidade. Desde que o donatário, ciente do prazo, não faça, dentro dele, a declaração, entender-se-á que aceitou, se a doação não for sujeita a encargo"*. É certo que, mesmo não precisando, o dispositivo preservou os casos em que a própria lei demanda manifestação expressa.

b) Agente: em realidade, é pressuposto da própria manifestação de vontade, que obviamente exige um *sujeito de direito* para emiti-la. Observe-se que ao se empregar a expressão *sujeito de direito*, abarcam-se tanto as pessoas físicas como as pessoas jurídicas. Sem agente, não há vontade. Sem vontade, não há negócio jurídico.

c) Objeto: é a substância do ato, a utilidade prático-jurídica que buscam as partes envolvidas. Embora a questão não seja tão simples assim (aliás, muito ao contrário, como observa José de Oliveira Ascensão[9]), é possível afirmar que o objeto, em razão da vontade qualificada como requisito do negócio jurídico, é precisamente o fim objetivado com a emissão volitiva (e que justamente a qualifica). Veja-se, para facilitar, o contrato de compra e venda. Ambos os contratantes almejam transferir um a coisa de um patrimônio ao outro em troca de um determinado valor. É a *prestação* que, em nosso direito, se divide em um *dar*, um *fazer* ou *não fazer* (matéria que pertine ao Livro das Obrigações).

Não se deve, entretanto, confundir o objeto como elemento do negócio jurídico – ora tratado – com seu eventual objeto material. É este o bem da vida envolvido na relação. Assim, no mesmo exemplo, é possível que a venda refira-se a um automóvel, que é o objeto material do negócio. Não se confunde com a finalidade, que é a sua transferência (prestação de dar).

d) Forma: é o modo por meio do qual a emissão de vontade se exterioriza. É o seu veículo. Nesse sentido, a forma pode ser escrita, falada, gestual e, como já referido, até por meio do silêncio.

Nesse campo da existência, o que se verifica é se a vontade foi exteriorizada, não importando por qual meio e como. Estes últimos são requisitos de validade.

---

9. *Direito Civil – Teoria Geral*, vol. 2, 3ª Ed., São Paulo: Saraiva, 2010, p. 74 e seguintes.

Elementos circunstanciais. Além dos elementos gerais, determinados tipos de negócios podem exigir outros, igualmente indispensáveis para a sua existência. São circunstanciais porque somente serão indispensáveis eventualmente, a depender do ato.

Tomemos novamente o exemplo do contrato de compra e venda. Como negócio jurídico, demandará, inexoravelmente, a emissão de vontade, agente, objeto e forma. Mas justamente por se tratar de compra e venda, exigirá também a existência de uma *coisa*, um *preço* ajustado e *consenso* entre as partes.

O que se deve sublinhar nesse ponto é que a falta de um dos elementos categoriais não indica necessariamente a inexistência do negócio jurídico, mas a inexistência *daquele determinado* negócio jurídico. Assim, se em suposta compra e venda faltar um preço, não haverá o negócio jurídico *compra e venda*, mas eventualmente existirá outro negócio (por exemplo, uma doação). Ou se em suposta locação inexistir *aluguel*, não haverá locação, mas possivelmente comodato.

3.3.2. Validade dos negócios jurídicos

Entendimento do plano da validade. Após constatar a existência do negócio, é preciso verificar os seus requisitos de validade.

Validade do negócio jurídico é a sua conformidade com o sistema jurídico. Para que o negócio seja válido, é preciso que os seus elementos de existência estejam de acordo com os ditames do direito. Daí porque é correto afirmar que existe uma simetria entre os elementos de existência e os requisitos de validade. Estes qualificam aqueles.

O plano da validade, por definição, é aquele em que se verifica a conformidade do negócio jurídico com as regras jurídicas. Toca à *regularidade* do ato. Ensina Antônio Junqueira de Azevedo que *"'válido' é adjetivo com que se qualifica o negócio jurídico formado de acordo com as regras jurídicas"*.[10] Marcos Bernardes de Mello, nesse sentido, diz que *"validade, diferentemente, deve servir para denotar a perfeição dos atos jurídicos em face do direito positivado de uma certa comunidade"*.[11]

Suficiência e deficiência do negócio jurídico. Como apontou Pontes de Miranda, os elementos de existência são tratados como aqueles essenciais à *suficiência* do negócio jurídico. Se não são suficientes, o negócio inexiste. De outro lado, se existe, analisa-se a sua validade, e será inválido se algum dos elementos de suficiência for *deficiente*.[12] Se são essenciais à existência do negócio jurídico, entre outros elementos acima apontados, o agente, a forma e o objeto, para a sua validade devem a eles se agregar *qualidades*. Assim é que o agente deve ser *capaz*; a forma deverá ser a *prevista em lei ou por ela não proibida*; e o objeto *lícito*, *possível* e ao menos *determinável*.

---

10. *Negócio Jurídico – Existência, validade e eficácia*, 4ª ed., São Paulo: Saraiva, 2002, p. 42.
11. *Teoria do Fato Jurídico – plano da validade*, 7ª ed., São Paulo: Saraiva, 2006, p. 2.
12. *Tratado de Direito Privado*, vol. 4, 3ª Ed., Rio de Janeiro: Borsoi, 1970, § 356, n. 1, p. 3-4.

V – DAS RELAÇÕES JURÍDICAS: FATOS E NEGÓCIOS JURÍDICOS

Em face de tais ponderações é possível dizer que o art. 104 do CC é incompleto. Determina o preceito que a validade do negócio jurídico requer: a) agente capaz; b) objeto lícito, possível, determinado ou determinável e c) forma prescrita ou não defesa em lei.

Faltou, entretanto, *qualificar* o elemento de existência *emissão de vontade* que, para valer, deverá ser *livre e consciente*.

Poder-se-ia perguntar como é possível chegar à conclusão de que a vontade, no plano da validade, tem por requisitos a sua *liberdade* e a sua *consciência*. Não há, de fato, qualquer dispositivo que assim se refira expressamente. O art. 104 nada diz. Mas o arcabouço jurídico de proteção da manifestação da vontade – formado essencialmente pelo regime dos vícios de vontade – demonstra que o ato volitivo precisa, para valer, ser *livre e consciente*. Por exemplo, aquele que *erra*, assim faz, como melhor será estudado, atua sem *consciência*. Labora com base em falsa percepção da realidade ou ignorando-a (art. 138). O mesmo quando ocorre *dolo* (art. 145). Imagine-se, então, a pessoa que realiza negócio jurídico porque ameaçada, *coagida* (art. 151). O que lhe faltou quando emitiu vontade? Liberdade. O mesmo se dá com o *estado de perigo* (art. 156). Deflui do sistema, portanto, que a vontade deverá, no plano da validade, ser *livre e consciente*.

Fazendo tal acréscimo, podemos assim enumerar os requisitos de validade:

a) *Manifestação de vontade livre e consciente*: o elemento de existência, como ressaltado, é a manifestação da vontade. Entretanto, para que ela valha, deverá ser exteriorizada de maneira livre e consciente. Por outras palavras, a emissão volitiva deve ser voluntária e querida pelo declarante, sem fatores externos que interfiram nesse processo. Está incluído nessa voluntariedade e consciência o requisito da boa-fé, querendo com isso significar que, eventualmente, embora a vontade seja voluntária e livre, busque o seu declarante ludibriar ou enganar alguém. Haverá, naqueles casos, vícios do consentimento e, nestes, vícios sociais, ponto estudado adiante.

Interpretação da vontade. O ponto remete, ainda, para outro estudo, razão pela qual se faz necessário um pequeno parêntese nesse item. Trata-se da interpretação da vontade nos negócios jurídicos.

De acordo com o art. 112 do CC, nas declarações de vontade se atenderá *"mais à intenção nelas consubstanciada do que ao sentido literal da linguagem"*. O que o dispositivo pretende dizer é que deverá o intérprete retirar das palavras utilizadas pelo emissor qual foi precisamente a sua *intenção*, desprezando-se, a princípio, a simples gramática do texto.

Interpretação da vontade a partir da declaração. Deve-se registrar que, nessa seara, a vontade interna será interpretada a partir da declaração, isto é, a vontade negocial não pode ser perquirida fora de declaração que exista ou conste de documento. Nesse sentido, grande avanço representou o atual art. 112 em relação ao revogado art. 85 do Código Civil de 1916. Harmoniza-se o preceito, assim, com a teoria dos negócios jurídicos, em especial seus princípios de interpretação. Como aponta José Carlos Moreira Alves, a quem coube a redação da Parte Geral do Projeto do Código

Civil de 2002, a nova dicção objetivou deixar claro que a regra determina que se atenda à intenção consubstanciada na declaração, e não ao pensamento íntimo do declarante.[13] O acerto do atual dispositivo é precisamente este: demonstrar que o objeto da interpretação e, com ela, a solução do conflito, não é a vontade íntima, mas sim, o que está declarado. Assim acontece, em grande parte, por força do *princípio da confiança*. Aquele que participa da contratação *confia* naquilo que fora declarado. Deposita em seu conteúdo a crença de ser verdadeira. Não se pode, por conseguinte, obrigar alguém, como regra geral, por vontade existente fora da declaração. *Confia-se* justamente naquilo que fora declarado. Ademais, é de se ressaltar que o declarante obriga-se por aquilo que manifestou e responderá pelos prejuízos que eventualmente causar. É este o substrato do princípio da *autorresponsabilidade*.

Há também outra importante regra, estampada no art. 113 do CC: "*os negócios jurídicos devem ser interpretados conforme a boa-fé e os usos do lugar de sua celebração*". O dispositivo traz em seu bojo dimanação da postura que, em geral, permeia todo o Código Civil de 2002, nuclearmente estampada no art. 421 do CC,[14] oportunamente analisado. Não é o momento de estudar o conteúdo do princípio da boa-fé objetiva, sendo mister referir aquilo que respeita à interpretação do negócio jurídico. Destarte, em um primeiro momento, e havendo dúvida quanto à intenção dos contratantes, é de se supor que pretenderam manifestar-se de acordo com os usos locais e de acordo com a boa-fé. O intérprete, assim, presumirá que os envolvidos agiram de boa-fé. Isso, na prática, revela o seguinte: 1) a má-fé deve ser provada se eventualmente for invocada por uma das partes e 2) existindo mais de uma interpretação possível sobre o negócio, prevalecerá aquela que esteja de acordo com os padrões de boa-fé, aqui revelada como honestidade e probidade contratuais.

Ainda dentro dessa pequena digressão, é de se mencionar a regra do art. 114, CC, que estabelece que "*os negócios jurídicos benéficos e a renúncia interpretam-se estritamente*". Não se pode, pois, interpretar os atos dessa natureza de forma extensiva. Em exemplo simplório: se eu dou de presente para um amigo o meu tocador de músicas em formato "mp3", e entrego somente ele, não há como se entender que os seus acessórios (fone de ouvido, carregador de bateria etc.) tenha sido objeto da doação. Interpreta-se, pois, de maneira restritiva, justamente porque o negócio – no caso, uma doação – é benéfico.

Dentro do tema está, também, a figura da reserva mental que, entretanto, em razão de entendimento pessoal, será tratado no espaço dedicado aos vícios sociais.

b) Agente emissor de vontade capaz: um dos elementos de existência, como visto acima, é o *agente*; o seu requisito de validade é a *capacidade*. Para valer o negócio, deve o agente ser capaz.

Os casos de incapacidade, como já estudado, estão previstos nos arts. 3º e 4º (incapacidade absoluta e relativa, respectivamente).

---

13. *A Parte Geral do Projeto de Código Civil Brasileiro* (*Subsídios Históricos para o Novo Código Civil Brasileiro*). 2. ed. São Paulo: Saraiva, 2003. p. 108.
14. Reza o dispositivo: "*A liberdade de contratar será exercida em razão e nos limites da função social do contrato*".

Legitimação. A primeira observação a ser feita é que a expressão posta no art. 104, do CC ("*agente capaz*") deve englobar também o requisito da *legitimação*, que é o impedimento circunstancial em virtude do tipo de negócio ou da qualidade da parte. O sujeito capaz, por exemplo, pode vender seus bens para quem quiser sadquiri-los. Esse mesmo sujeito, a despeito de ser civilmente capaz, não poderá fazê-lo, entretanto, se o comprador for um de seus filhos, a menos que tenha autorização dos outros (irmãos do comprador) e do seu cônjuge (art. 496 do CC). Burlada a regra, agride-se o campo da validade (o negócio é anulável, nos termos do dispositivo citado).

Impossibilidade de se invocar incapacidade relativa da parte em benefício próprio. Dentro do tema, é de se referir o conteúdo do art. 105, do CC, que determina que "*a incapacidade relativa de uma das partes não pode ser invocada pela outra em benefício próprio, nem aproveita aos cointeressados capazes, salvo se, neste caso, for indivisível o objeto do direito ou da obrigação comum.*" O fundamento é simples: o instituto da incapacidade existe, antes de qualquer coisa, para proteger o incapaz. Daí que não seria lógico a possibilidade de que alguém arguisse a incapacidade relativa da parte em seu benefício para, por exemplo, desfazer um certo negócio e, assim, se eximir de suas obrigações.

c) Objeto lícito, possível, determinado ou determinável

A exigência legal carrega, como se vê, três características distintas e situadas no plano da validade.

Licitude do objeto. O objeto deve ser *lícito*, isto é, conforme as normas de direito, no sentido de não ferir qualquer proibição legal ou decorrente da moral ou dos bons costumes. Os exemplos são fartos. Embora existente, será inválida a compra e venda de entorpecente ou de um bem público. Ou a contratação de serviços criminosos ou sexuais. Sublinhe-se novamente: nesse caso, o negócio jurídico existiu, mas um dos seus requisitos de validade não foi atendido, qual seja, a licitude do seu objeto.

Possibilidade do objeto. O objeto deve ser também *possível*, ou *realizável*. Ensina a doutrina que a possibilidade será perquirida em dois níveis: jurídico e físico. Daí porque a impossibilidade pode ser *jurídica* que, em verdade, equivale à ilicitude do objeto, acima referida; ou pode ser física, no sentido de que as circunstâncias fáticas assim deixam o objeto irrealizável. A impossibilidade física, a seu turno, pode ser *absoluta*, quando assim for para qualquer pessoa, ou *relativa*, quando o fato somente não puder ser efetivado pelo contratante devedor.

O que se há de observar, nesse passo, é que somente invalida o negócio jurídico a impossibilidade absoluta (por exemplo, a contratação de uma viagem ao centro da terra, para lembrar do escritor francês Jules Verne). Se se tratar de impossibilidade relativa, arcará o devedor com as consequências do seu ato (responsabilidade civil ou inadimplemento da obrigação assumida).

Determinação e determinabilidade do objeto. Por fim, o objeto deverá ser *determinado* ou, no mínimo, *determinável*. O que a lei quer, com tal exigência, é que o objeto seja conhecido e individualizado, ou individualizável (neste caso, existindo critérios para que ele possa, oportunamente, ser indicado). A possibilidade de individualização remete o estudo para o direito obrigacional, nomeadamente para a análise das obrigações de dar coisa *incerta*. Nestas, contenta-se o direito com a indicação do *gênero* e *qualidade* do objeto do negócio. Pode-se dizer, assim, que são esses os critérios para a futura individualização do objeto e, se presentes, bastará para a validade do negócio, ainda que não se já o tenha determinado *ab initio*.

O que a lei não admite – tornando o ato invalido – é a *indeterminação absoluta*, isto é, quando a relação obrigacional aponta apenas *gênero* ou apenas *quantidade*. Estas nunca poderão ser adimplidas porque não têm critérios suficientes para sua concentração.

d) Forma adequada. Para que o negócio exista, como ressaltado, é imperioso que a vontade se exteriorize de alguma forma. Para a sua validade, entretanto, é necessário que tal forma esteja adequada ao tipo de ato almejado.

Princípio da informalidade. A primeira observação que se deve fazer é a seguinte: em regra, os negócios jurídicos são *informais*, ou *não solenes*. Em princípio, para que valham, os contratos poderão revestir-se de qualquer forma, até a oral ou gestual. Ou mesmo o silêncio, como já se aflorou. É o que se extrai do art. 107, do CC, ao dispor que "*a validade da declaração de vontade não dependerá de forma especial (...)*".

Negócios formais ou solenes. Eventualmente, entretanto, a lei demanda forma especial para a realização de determinado negócio jurídico, tal como refere a parte final do dispositivo acima transcrito: "*(...) senão quando a lei expressamente a exigir.*"

Disso decorre que, se houver uma tal regra impondo forma especial e ela não for respeitada, o negócio jurídico será inválido. São, pois, os negócios *formais*, *solenes* ou de *forma específica*.

Vejamos alguns exemplos de negócios jurídicos *solenes*.

A primeira referência não pode deixar de ser o importantíssimo art. 108, do CC, assim vazado: "*Não dispondo a lei em contrário, a escritura pública é essencial à validade dos negócios jurídicos que visem à constituição, transferência, modificação ou renúncia de direitos reais sobre imóveis de valor superior a trinta vezes o maior salário mínimo vigente no País.*"

De outro lado, são também formais a venda de bens de menores, que somente é permitida por meio de hasta pública; a escolha de regime de bens no casamento, quando não a comunhão parcial, exigindo-se o pacto antenupcial em escritura pública e, ainda, a procuração para o casamento que, também, demanda escritura pública.

Negócios formais *ad solemnitatem* e formais *ad probationem tantum*. Dentro do tema dos negócios jurídicos solenes, há distinção que deve ser referida. Há negócios formais *ad solemnitatem* e formais *ad probationem tantum*. Os primeiros referem-se precisamente ao que vimos estudando: somente terão validade se observadas a forma prescrita ou não vedada pela lei. Pode acontecer, entretanto, que muito embora a solenidade não seja exigida para a validade de determinado negócio, seja ela indispensável para a prova em juízo. Em outras palavras, nestes últimos casos – em que se diz ser a solenidade *ad probationem* – a forma especial é dispensável para a validade do ato. Nada obstante, para que a sua existência possa ser provada em demanda judicial, ela será imprescindível. Havia dois dispositivos – um de direito material (art. 227, do CC) outro processual (art. 401 do CPC/1973) – que bem ilustravam a situação. De acordo com eles, não se admitia a prova exclusivamente testemunhal de contratos de valor superior a 10 salários mínimos. Daí decorria que, nestes casos, para fim de provar a existência do negócio jurídico, a forma escrita era sempre essencial. A consequência, como se vê, surgia exatamente no campo do processo civil. Na esfera do direito material o negócio que não obedecia tal formalidade era existente e válido, muito embora não pudesse, somente por testemunha, ser provado em juízo. O art. 401 do CPC/1973 não tem, propositadamente, correspondente no atual Diploma processual. Este mesmo Código (Lei 13.105/2015) revogou o *caput* do art. 227. Embora revogados, serve, ainda, de exemplo para a adequada compreensão do tema.

3.3.3. Eficácia dos negócios jurídicos

a) Elementos acidentais dos negócios jurídicos e fatores de eficácia.

Produção de efeitos jurídicos. Ultrapassados os planos da existência e da validade, passa-se a verificar a *aptidão do negócio a produzir efeitos jurídicos*. É exatamente o que se faz neste patamar da eficácia. É correto dizer – e isto é muito importante – que se o negócio jurídico *existe* e é *válido*, ele está apto a produzir *imediatamente* seus regulares efeitos jurídicos. Dessa forma, se nada estipularem as partes, com a conclusão do ato passará ele a irradiar seus efeitos.

É possível, entretanto que, os contratantes *modulem* a produção de efeitos, postergando, por exemplo, o seu momento inicial ou colocando, desde já, causa que fará cessá-los. É o que se faz por meio dos *fatores de eficácia*.

Elementos acidentais dos negócios jurídicos e fatores de eficácia. Em linhas gerais, as questões ligadas à eficácia do negócio residem em seus fatores, que são externos ao negócio jurídico. Prendem-se, no mais das vezes, à condição pessoal de uma das partes (tal como o representante sem poderes que depende da ratificação do mandante para a eficácia dos atos por ele praticados[15]) ou a determinada condição suspensiva (o negócio é válido mas depende de acontecimento futuro para produzir todos os seus efeitos jurídicos).

O que se pretende afirmar é que o negócio pode conter cláusula ou outro fator que *modifique* a sua *eficácia*, isto é, a produção de seus efeitos jurídicos.

O assunto está diretamente ligado com outro: os *elementos acidentais* do negócio jurídico. Acidentais porque, como dito, são externos ao ato e têm como marca o fato de não serem obrigatórios. Eventualmente as partes poderão inseri-los em seus negócios, se assim lhes aprouver. Nesse ponto, os elementos acidentais diferem-se dos elementos de existência ou dos requisitos de validade. Estes são indispensáveis

---

15. Determina o art. 662, *caput*, do Código Civil: "*Os atos praticados por quem não tenha mandato, ou o tenha sem poderes suficientes, são ineficazes em relação àquele em cujo nome foram praticados, salvo se este os ratificar*".

(sua ausência gerará *inexistência* ou *invalidade*). Se tais elementos acidentais não existirem, diz-se que o negócio é *puro* ou *simples*. De outro jeito, se forem utilizados, haverá negócio *modal, condicional* ou *a termo*. São, assim, elementos acidentais do negócio jurídico a *condição*, o *termo* e o *encargo*.

> **Negócios que podem conter condições, termos ou encargo.** É de se indagar se qualquer negócio jurídico pode conter um ou alguns dos elementos acidentais. E a resposta é negativa. Os atos relativos ao direito de família não admitem tais figuras em razão da sua especial natureza. Não se pode, por exemplo, condicionar o reconhecimento de uma paternidade a determinado acontecimento. O mesmo se aplica, e os exemplos que se poderiam dar são muitos, ao casamento, à adoção e à emancipação. Do direito sucessório vem outro exemplo: não se admite a aposição de elemento acidental à renúncia ou aceitação da herança, atos que deverão, sempre, ser puros ou simples.

É preciso acentuar, entretanto, que dos elementos acidentais, somente dois são *fatores de eficácia*, isto é, têm o condão de modular os efeitos dos negócios jurídicos: a condição e o termo. Note-se bem, para evitar confusão: o encargo *não é fator de eficácia* porque, nos termos do art. 136, ele não suspende a aquisição nem o exercício de direito. E o próprio dispositivo confirma a regra ao dizer que se assim se fizer, não será encargo, mas condição suspensiva (art. 136, *in fine*). Em termos práticos, isso significa que se realizo doação de imóvel com encargo, o donatário estará apto a efetuar a transferência de propriedade do bem para o seu nome, independentemente de cumprir a determinação modal. Se, de outra forma, realizo a mesma doação mas afirmo que o donatário somente receberá o bem se um dia vier a se casar, o que se tem é condição suspensiva. Enquanto não casar, o negócio não produz efeitos em sua plenitude.

Estudemos, pois, os elementos acidentais separadamente, apontando, ainda, a condição e o termo como fatores de eficácia.

b) Condição

Conceito e características. É o elemento acidental do negócio jurídico nele inserido por meio de cláusula, subordinando sua eficácia à verificação de um evento futuro e incerto.

Características. Da definição decorrem suas qualidades.

A condição refere-se sempre a um *evento futuro*. Qualquer alusão à fato passado desnatura a condição.

Além de futuro, o evento deve ser *incerto*. Se houver certeza quanto à ocorrência do fato, existirá, no lugar de condição, *termo*. Assim, é condição a cláusula no contrato de doação que subordina seus efeitos à eventual conquista pela seleção brasileira de futebol da taça da Copa do Mundo de 2018. Observe-se que o *fato provável* continua sendo incerto e, assim, característica a condição. Daí porque o nascimento do bebê, com vida, embora extremamente provável, – graças às atuais condições de saúde e avanços da medicina – continua sendo condição. Embora pequena, sempre haverá possibilidade de uma complicação no parto que determine o óbito do nascituro.

V – DAS RELAÇÕES JURÍDICAS: FATOS E NEGÓCIOS JURÍDICOS

Note-se, sobre o assunto, que a incerteza deve, necessariamente, recair sobre a *ocorrência do fato* e não sobre a sua data. Isso explica por que a morte de alguém não é condição, mas um termo. Por exemplo: eu transferirei certa propriedade minha para um colega quando determinada pessoa indicada vier a falecer. Trata-se de termo porque a morte é certa. E seria possível, em algum caso, que o evento morte seja condição? É possível desde que a sua verificação fique subordinada à determinado período ou data. Na figura acima, será condição se eu prometer a transferência de propriedade caso a pessoa indicada venha a morrer entre os anos de 2018 e 2020. A morte, durante este período, não é certa. Nesse caso, a morte é condição.

A condição, por fim, deve ser *voluntária*, isto é, quando decorra expressamente da vontade das partes contratantes. Requisito, aliás, que decorre da lei ao dizer que se considera condição a cláusula que, *derivando exclusivamente da vontade das partes*, subordina a eficácia do negócio jurídico a evento futuro e incerto (art. 121, CC).

> **Conditio juris**. Interessante é a seguinte discussão: nos termos do art. 121, do CC, não é condição, propriamente dita, os eventos futuros e incertos previstos pela *lei*, ou as *conditio juris*. São exemplos: o registro do imóvel para que o adquirente receba a sua propriedade e o casamento, para que seja eficaz o pacto antenupcial. Não são exigências oriundas da vontade das partes, mas do direito positivo. Embora pareçam condições para a eficácia dos respectivos negócios, assim não se podem classificar, porque em confronto com a letra do referido dispositivo ("*derivando exclusivamente da vontade*"). Não há dúvida de que se tratam de *exigências legais*, mas isso também não explica muito. Talvez o ideal seja considerar *condições propriamente ditas* – ora estudadas – e *condições legais*, objetivando, pelo menos, delimitar a natureza jurídica dos institutos, apartando-os.

Espécies. Quanto ao momento em que atua, a condição pode ser *suspensiva* ou *resolutiva*.

Condição suspensiva. Retira-se do art. 125 do CC, que será *suspensiva* a condição quando ela impede a produção dos efeitos do negócio jurídico até que se verifique o evento futuro e incerto. Trocando em miúdos: enquanto o evento não acontecer, o negócio jurídico não produz efeitos. Daí dizer que eles estão suspensos até o eventual implemento da condição

Nada obstante, a inclusão de tal condição no contrato não significa que ele represente um *vazio jurídico*. É mais técnico afirmar que estão suspensos os seus efeitos principais – a finalidade em si do negócio – sem que obste a produção de efeitos laterais, secundários ou paralelos. Veja-se, por exemplo, o que determina o art. 126 do CC: "*Se alguém dispuser de uma coisa sob condição suspensiva, e, pendente esta, fizer quanto àquela novas disposições, estas não terão valor, realizada a condição, se com ela forem incompatíveis.*" O dispositivo quer significar o seguinte: imagine aquele que se obriga a vender um carro para outrem caso sobrevenha um dado evento futuro e incerto. O comprador já tem, sobre o negócio, expectativa de direito, de maneira que o devedor – dono do veículo – não pode mais aliená-lo porque se trata de *disposição incompatível* com a condição pendente. Logo, para o devedor, já há restrição. E se isso acontece, o negócio jurídico já produziu efeitos jurídicos (muito embora não os principais).

Cite-se também o art. 130, que viabiliza o direito do credor de praticar atos de conservação do seu direito eventual. É possível que, na prática, e usando o mesmo exemplo, o devedor do carro – em contrato cuja condição suspensiva ainda não se realizou –, em face da probabilidade de concretização do negócio, deixe de cuidar do bem, causando significativa depreciação. É correto afirmar que o credor poderá, se o caso, demandar judicialmente para que sejam tomadas as providências necessárias para a sua conservação. E isso porque, como ressaltado, ele já tem expectativa de direito; é, dito de outro jeito, titular de direito eventual.

Condição resolutiva. De outro jeito, será *resolutiva* a condição em que a ocorrência do evento futuro e incerto trará como resultado a cessação dos efeitos do negócio jurídico. É o que se extrai do art. 127: *"Se for resolutiva a condição, enquanto esta se não realizar, vigorará o negócio jurídico, podendo exercer-se desde a conclusão deste o direito por ele estabelecido."* Logo, a aquisição do direito é imediata, assim como o seu exercício. Diferentemente da condição suspensiva, enquanto não verificada a condição, o contrato gera todos os efeitos.

O exemplo que se costuma dar é o pacto de retrovenda. Segundo esse acerto, o vendedor poderá exigir, em certo prazo, o bem de volta. Mas enquanto isso não acontecer (a exigência, pelo vendedor, do bem de volta, em determinado período de tempo – fator que aqui equivale ao evento futuro e incerto), o comprador é o proprietário da coisa vendida. Advindo a condição, entretanto, extingue-se o direito e todos os outros que se opuserem a ela, nos termos do art. 128, primeira parte.

O citado dispositivo, em sua parte final, se encarrega de dizer que, tratando-se de negócio de execução continuada ou periódica, uma vez verificada a condição resolutiva, serão respeitados os atos praticados na sua pendência, se compatíveis com a natureza da condição e conforme os ditames da boa-fé. Assim, exemplificando, se o titular da coisa alugá-la para outrem, recebendo, em troca, alugueres, os pagamentos serão válidos e com ele permanecerão, mesmo depois de implementada a condição resolutiva que fez extinguir o direito que gerou tais frutos.

É possível classificar as condições, também, considerando-se a sua licitude.

Condições lícitas e ilícitas. Serão *lícitas* as condições que não afrontem a ordem pública, a lei ou os bons costumes (art. 122, primeira parte).

Ilícitas são, grosso modo, as condições proibidas por lei. Incluem-se na categoria, a *contrario sensu* da primeira parte do art. 122, as condições que afrontem a ordem pública e os bons costumes. A parte final do dispositivo também cataloga como ilícitas as condições que privarem de todo efeito o negócio jurídico ou o sujeitarem ao puro arbítrio de uma das partes.

A leitura do art. 123 do CC, carrega ainda outras hipóteses, quando determina que invalidam os negócios jurídicos *"as condições física ou juridicamente impossíveis, quando suspensivas; as condições ilícitas, ou de fazer coisa ilícita; as condições incompreensíveis ou contraditórias."*

V – DAS RELAÇÕES JURÍDICAS: FATOS E NEGÓCIOS JURÍDICOS **139**

Daí se percebe que, para sistematizar a matéria, é mister analisar os dois dispositivos em conjunto. Poder-se-ia então dizer que dentro do gênero *condições ilícitas* existem as seguintes subcategorias:

a) condições ilícitas propriamente ditas, quando agridem diretamente a lei, estipulando algo que é por ela vedado;

b) condições imorais, quando atentarem contra os bons costumes;

c) condições perplexas, quando os seus termos façam com que o negócio não produza qualquer efeito, retirando-lhe a própria razão de ser;

d) condições puramente potestativas, aquelas que se subordinam exclusivamente ao arbítrio de uma das partes;

e) condições impossíveis, sejam física ou juridicamente irrealizáveis;

f) condições contraditórias, quando os termos da condição evidentemente conflitarem com o objeto do negócio (assim, por exemplo, o empréstimo de dinheiro com a condição de que o mutuário não possa gastá-lo) e

g) condições incompreensíveis, aquelas cujos termos não conseguem mostrar qual foi a intenção das partes em relação ao negócio.

c) Termo. Os prazos no Código Civil

Conceito de termo. Se a condição é o evento futuro e incerto, *termo* é o evento *futuro* e *certo* que subordina o início ou o término da eficácia jurídica do negócio jurídico celebrado.

Termo certo e termo incerto. Como se percebe, há certeza da ocorrência do evento, diferentemente da condição. Estaria correto afirmar, então, que sempre se sabe a data do termo? A resposta é negativa. Eventualmente não haverá certeza quanto à data de sua verificação. Nesse sentido, é possível classificar o termo como:

a) certo, ou *dies certus quando*, nos casos em que a data da sua concretização é previamente conhecida pelas partes; por exemplo, as partes contratam doação que, entretanto, somente produzirá seus efeitos jurídicos a partir da data em que o donatário fizer 30 anos;

b) incerto, ou *dies incertus quando*, de outro jeito, sabe-se que o acontecimento virá, mas não se conhece, de antemão, a data; o exemplo é o evento *morte*; disse acima que o falecimento de alguém pode ser considerada condição, quando atrelada a sua efetivação a determinado período de tempo (se alguém vier à óbito no ano de 2011); se assim não ocorrer, isto é, não houver lapso temporal que vincule o acontecimento, tratar-se-á de *termo incerto*: existe certeza quanto a sua ocorrência, mas não se sabe a data.

Termo suspensivo e termo resolutivo. O termo pode ainda ser classificado quanto a sua atuação. Poderá, assim, ser:

a) *inicial* ou *suspensivo*, suspendendo o exercício do direito, mas não a sua aquisição (art. 131, CC). Note-se a enorme diferença que aqui reside entre o regime jurídico do termo e da condição. Nos negócios em que existe termo inicial, muito embora o exercício do direito fique suspenso, a sua *aquisição* já ocorreu. Quando há condição suspensiva, não se adquire o direito, existindo mera *expectativa*, como dito.

> **Pagamento e a condição e termo suspensivos.** Disso resulta importante consequência. Se se tratar de condição suspensiva e, por parte do devedor, ocorrer o pagamento, esse ato será indevido e dará azo à repetição do valor pago. Por quê? Porque, nesse caso, não houve ainda aquisição do direito. Não se sabe sequer se o devedor que pagou titularizará o direito precisamente porque não há certeza de que a condição restará concretizada. De outra maneira se, no lugar de condição, vier termo suspensivo. Caso o devedor venha a efetuar pagamento, não poderá repetir o valor porquanto se trata de quantia devida uma vez que ele já havia adquirido o direito, muito embora não pudesse exercitá-lo.

b) *final* ou *resolutivo*, quando a verificação do termo acarretar a extinção dos efeitos do negócio jurídico. Trocando em miúdos: o negócio jurídico é elaborado para produzir efeitos até certo momento (verificação do termo).

Prazo. Ainda dentro do tema, convém destacar as regras dos arts. 132, 133 e 134, que trabalham com a ideia de *prazo*. Poder-se-ia, então, definir prazo como o intervalo de tempo entre a declaração de vontade e o advento do termo. Segundo a cabeça do primeiro dos dispositivos, salvo disposição legal ou convencional em contrário "*computam-se os prazos, excluído o dia do começo, e incluído o do vencimento.*" O § 1º determina que se o dia do vencimento cair em feriado, considerar-se-á prorrogado o prazo até o próximo dia útil. Veja: se o devedor se compromete a pagar em 15 dias (prazo), manifestando sua vontade no dia 3, a contagem se inicia no dia 4, de maneira que poderá adimplir até o dia 18 (inclusive). Se o dia 18 cair em um domingo, prorrogar-se-á o prazo até o dia 19.

Meado. O § 2º do art. 132 define *meado* como o décimo quinto dia de qualquer mês. Se o negócio jurídico fizer previsão de pagamento em meado de julho de 2011, significa que o prazo vencerá no dia 15 daquele mês (e, novamente, se cair em feriado, restará prorrogado para o próximo dia útil).

Prazo a benefício do devedor e a benefício do credor. O art. 133 reza que os prazos se presumem em favor dos herdeiros nos testamentos em relação aos legados e, nos contratos, em favor do devedor. A determinação quer significar que, na prática, se os prazos se presumem em favor daqueles devedores, poderão eles pagar antes do advento do termo. Essa consequência (*rectius* benefício), entretanto, não é absoluta. A parte final do dispositivo deixou claro que "*...se do teor do instrumento, ou das circunstâncias, resultar que se estabeleceu a benefício do credor, ou de ambos os contratantes*", a norma não se aplica e, assim, poderá o credor se recusar a receber o pagamento antes do termo.

Tempo do pagamento. Cite-se, por fim, o art. 134, assim redigido: "*Os negócios jurídicos entre vivos, sem prazo, são exequíveis desde logo, salvo se a execução tiver de* *ser feita em lugar diverso ou depender de tempo.*" Complementa a regra o art. 331, ao determinar que não tendo sido ajustada época para o pagamento, pode o credor exigi-lo imediatamente.

d) Encargo ou modo

Conceito. Trata-se de elemento acidental do negócio jurídico que limita ou restringe certa vantagem existente para uma das partes, impondo-se-lhe um ônus. O beneficiário de determinado negócio fica obrigado a cumprir o encargo. É o que acontece, por exemplo, em doação de imóvel em que se pactua que o donatário deverá, no local que receberá, erigir uma escola. A construção, na hipótese, é o seu modo. Registre-se, entretanto, que embora mais frequente nos atos gratuitos, é plenamente viável a colocação desse elemento acidental em negócios onerosos.

Encargo não é fator de eficácia. O que se deve anotar, de imediato, é que o encargo não suspende a aquisição e o exercício do direito. Se assim determinar o pacto, tratar-se-á de condição suspensiva, e não de encargo. A regra, que vem estampada no art. 136 mostra que a aquisição do direito não fica condicionada à efetivação do encargo, de maneira que não se pode confundi-lo com a contraprestação devida nos contratos bilaterais. Nestes, a aquisição do direito depende do cumprimento das obrigações previstas no negócio jurídico. A prova disso é que pode ser oposta exceção de contrato não cumprido quando uma das partes exige o adimplemento da obrigação da outra antes de cumprir a sua prestação (art. 476 do CC).

Mas se de um lado a colocação do encargo não impede a aquisição do direito, de outro o seu cumprimento pode ser exigido, o que bem demonstra a sua compulsoriedade. Em casos extremos, o próprio negócio poderá ser desfeito. A matéria será oportunamente enfrentada mas registre-se desde já o quanto determina, a título de exemplo, o art. 555, do CC: "*A doação pode ser revogada por ingratidão do donatário, ou por inexecução do encargo.*"

Legitimidade para exigir o cumprimento do encargo. Outro ponto a ser destacado é que o terceiro beneficiário do encargo ou o Ministério Público, quando o modo for de interesse geral, podem exigir o seu cumprimento. Entretanto, para a revogação do negócio jurídico, somente terá legitimidade aquele que o instituiu, caso não opte por demandar o seu cumprimento.

Encargo ilícito e encargo impossível. Registre-se, por fim, a regra do art. 137: "*Considera-se não escrito o encargo ilícito ou impossível, salvo se constituir o motivo determinante da liberalidade, caso em que se invalida o negócio jurídico.*" Bem se percebe, pois, que estão vedados, de um jeito ou de outro, os modos impossíveis. O que mudará é a consequência do sua previsão, a depender do ânimo das partes. Exemplifico: coloca-se em determinado contrato de doação que o beneficiário ficará encarregado de viajar à Júpiter. Encargo, pelo menos hoje, impossível. Qual a solução? Considera-se a cláusula não escrita, pura e simplesmente. Mas pensemos noutro exemplo: o pai doa para seu filho de 14 anos um carro, com o modo de que o menor habilite-se formalmente para dirigir. Aqui a liberalidade somente ocorreu porque vinculada ao encargo que, entretanto, em razão da menoridade do rapaz, é impossível. O resultado será outro: o negócio é considerado inválido. A consequência é lógica. A impossibilidade de se efetivar o encargo acaba por inviabilizar o próprio negócio, que perde sua razão de ser. Se o pai doa o carro para o filho dirigi-lo, de que adianta se ele não poderá fazê-lo licitamente? Nada, razão pela qual o negócio é inválido, nos termos da lei.

3.4. Os defeitos do negócio jurídico

3.4.1. Generalidades

Negócio jurídico como fator de circulação de riqueza e a proteção da vontade. Em face de tudo o que até agora foi dito, já se pode perceber a extrema importância, para a sociedade, que carrega o negócio jurídico. Trata-se, inegavelmente, de um fato social, instrumento das relações intersubjetivas. Mais do que isso: funciona como fator de circulação de riqueza. Daí porque, a princípio, há *liberdade* para a sua celebração. Os indivíduos que gozam de capacidade civil têm *autonomia* para contratação; têm o que se pode chamar de *poder de autorregulação*, ou de *autogestão*. Confere-se aos particulares um determinado espectro de liberdade, de maneira que podem estabelecer, entre si, objetivando alcançar determinados interesses, variadas relações obrigacionais. Em sumárias linhas, é o que se chama *autonomia privada*.[16]

A questão assim colocada evidencia o interesse que a coletividade tem na realização de negócios purgados de defeitos: é que somente os tratos incólumes atingirão seu objetivo. Se inexistentes ou inválidos, não produzirão (ou deixarão de produzir) efeitos jurídicos.

Nessa linha de raciocínio, e dada a importância da vontade como elemento formador do negócio jurídico, imprescindível que a declaração seja feita de maneira absolutamente *livre* e *consciente*.

Espécies de defeitos ou vícios dos negócios jurídicos. Os defeitos referidos podem ser de duas ordens: ataque à declaração de vontade e afronta ao ordenamento jurídico. A primeira das agressões acarreta o que se chama *vício de consentimento*; a segunda, *vícios sociais*.

Vício do consentimento. Como já se ressaltou, o negócio jurídico tem em sua base uma declaração de vontade e, se for bilateral, pelo menos duas declarações que se encontram, se integram e se completam. A ideia de consentimento é precisamente essa: integração das vontades manifestadas, donde decorre que, para haver *consenso*,

---

16. O conceito aqui utilizado é o de Custódio da Piedade Ubaldino Miranda (*Teoria geral do negócio jurídico*, São Paulo: Atlas, 1991, p. 45-46). Não se ignora, entretanto, que a definição de *autonomia privada* não é tão simples assim, tratando-se, em verdade, de conceito amplamente discutido. Costuma-se também falar em *autonomia da vontade,* o que não é preciso, posto que a autonomia é do sujeito de direito que exterioriza a vontade, e não dela própria.

ou *consentimento*, exista, por parte dos participantes do negócio, a correta e perfeita compreensão daquilo que estão a contratar, isto é, espera-se que ambos tenham entendido a declaração no mesmo sentido. Assim colocada a questão, pode-se afirmar que vício de consentimento é o fato exterior que arranha o *processo de formação da vontade* e, como consequência, é declarada em desconformidade com aquilo que o declarante realmente deseja (coação, estado de perigo e lesão) ou, se conhecesse, desejaria diferentemente (erro, dolo e lesão[17]).

Vícios sociais. Os vícios sociais, a seu turno, não atacam o consentimento, mas desacatam o ordenamento jurídico em si porque representam, normalmente, uma *falsidade* no cerne do negócio jurídico.

E seria possível afirmar que uma dessas formas é mais agressiva ao direito do que outra? A resposta me parece positiva. Os vícios sociais são potencialmente mais perniciosos do que os vícios do consentimento. É que estes atacam os princípios que servem de base para o direito obrigacional.[18]

Feita a distinção entre vícios do consentimento e vícios sociais, vejamos aqueles primeiro.

3.4.2. Vícios do consentimento

a) Erro

Entendimento. Segundo Silvio Rodrigues, "*ocorre o erro quando o autor da declaração a emitiu inspirado num engano, ou na ignorância da realidade. O vício recai sobre o próprio consentimento, que não seria manifestado da maneira por que o foi se conhecidas as circunstâncias do negócio.*"[19]

Há erro, portanto, quando o agente, por desconhecer ou por ter um falso conhecimento acerca de algum elemento ou circunstância do negócio que está celebrando, forma ou expressa sua vontade de maneira diversa daquela que teria, caso tivesse o correto domínio da realidade.

Manifestações do erro. O defeito pode se manifestar por mais de uma forma. Na própria formação da vontade, quando o agente tem um pensamento que não se conforma à coisa pensada. É o que acontece, por exemplo, quando o colecionador, ao comprar peça em antiquário, acredita que uma medalha de latão é de prata. De outro jeito, é possível que se materialize quando a declaração negocial emitida difere

---

17. A lesão, nesse aspecto, é híbrida. Se o defeito se forma em razão da premente necessidade da vítima, então há desconformidade *consciente* (mas obviamente *involuntária*) entre o querido e o declarado. Se, de outra forma, nasce o vício por força da inexperiência do declarante, então ele manifesta o que deseja, mas certamente não quereria se tivesse os conhecimentos específicos da experiência.
18. A *falsidade* é demasiadamente perniciosa para as relações obrigacionais e, especificamente, negociais. Quebra o sustentáculo do *princípio da confiança*, verdadeiro vetor das contratações. O destinatário da declaração de vontade acredita piamente no conteúdo da manifestação de vontade que, em realidade, é uma *mentira*. O mesmo se diga dos terceiros de boa-fé que sofrerem os efeitos de uma tal declaração.
19. *Direito Civil*, vol. I, 32ª ed., São Paulo: Saraiva, 2002, p. 183.

em seu conteúdo do quanto deliberado pelo agente. Em exemplo, o agente decide comprar a casa 1 da quadra 2, mas escreve casa 2 da quadra 1.

Erro e ignorância. Equipara-se, no que concerne ao regime jurídico, o erro à ignorância. Conceitualmente, porém, tais figuras diferem quanto ao grau de desconhecimento do agente. Enquanto no erro há falso entendimento, na ignorância há o completo desconhecimento a respeito do que se contrata.

Consequência do defeito: anulabilidade do negócio jurídico. E quais são, então, as consequências da celebração de negócio jurídico viciado pelo erro? A pessoa que manifestou sua vontade erroneamente não agiu em consonância com a sua real motivação e, caso tivesse noção completa a respeito do negócio, teria agido de maneira diferente. Isso acontecendo, torna-se anulável o negócio jurídico. Aliás, registro desde já, todos os vícios do consentimento acarretam a anulabilidade do negócio jurídico (art. 171, II).

Erro substancial. Nesse ponto, o que se há de observar é que não é qualquer erro que torna anulável o ato jurídico. É preciso que ele seja *essencial* (ou *substancial*), *real* e, ainda, reconhecível pelo destinatário da emissão de vontade (*congnoscibilidade*). São estes, pois, os requisitos para que o erro, em nosso sistema, deságue na anulabilidade do negócio jurídico.

O erro é essencial quando se torna a causa do negócio. Nesse sentido, *"não basta qualquer erro para que seja motivo de anulação do negócio; é necessário que o fato ou circunstância sobre que incidiu o erro tenha sido decisivo na determinação da vontade, tenha sido essencial por forma que sem esse fato ou circunstância o errante não teria emitido a declaração"*[20].

A substancialidade do vício em questão se dá quando ele afeta aspectos e circunstâncias consideradas pela lei como relevantes para o negócio.

Hipóteses legais de erro substancial. O erro será substancial, a teor do art. 139 do Código Civil brasileiro, quando:

– recair sobre a natureza do ato negocial (*error in ipso negotio*): o agente pensa estar realizando um negócio mas, na realidade, está realizando negócio diferente do intencionado;

– atingir o objeto principal da declaração *(error in ipso corpore):* o objeto da negociação não é o pretendido pelo agente; há um erro quanto à identidade do objeto;

– incidir sobre as qualidades essenciais do objeto (*error in corpore*): as qualidades essenciais do objeto diferem das em que o agente pensava;

– recair sobre as qualidades essenciais da pessoa (*error in persona):* quando o erro atingir a identidade física ou moral dos sujeitos do negócio;

– ocorrer erro de direito (*error juris):* engano sobre a situação jurídica subjacente ao negócio.

---

20. Custódio da Piedade Ubaldino Miranda, *Teoria Geral do Negócio Jurídico*, São Paulo: Atlas, 1991, p. 90.

V – DAS RELAÇÕES JURÍDICAS: FATOS E NEGÓCIOS JURÍDICOS **145**

Erros juris **e desconhecimento da lei.** *Não* se trata da alegação de desconhecimento de norma legal como escusa do agente para o seu não cumprimento (o que é vedado pelo art. 3º da Lei de Introdução às Normas do Direito Brasileiro). O agente apenas se engana quanto à situação jurídica de algo ou alguém. Washington de Barros Monteiro, lembrando a lição de Andrea Torrente, explica: *"Diversa, porém, a situação quando concluo determinado ato, fundado em errônea apreciação dos dados jurídicos do problema. Volvamos ao exemplo daquele mesmo civilista italiano: acredito que uma pessoa é estrangeira, pois ignoro a legislação que dispõe sobre nacionalidade e cidadania. Nesse caso, invocando o erro de direito, não procuro subtrair-me à força obrigatória da lei, apenas ponho em evidência um extravio verificado no processo formativo da minha vontade".*[21]

Erro acidental. Se não recair sobre tais elementos, tem-se o que se chama de *erro acidental*. É erro do mesmo jeito, mas sem o condão de invalidar o negócio jurídico. O equívoco, nesse caso, recai sobre qualidades secundárias do objeto ou da pessoa. Veja-se, exemplificativamente, o que determina o art. 143: *"O erro de cálculo apenas autoriza a retificação da declaração de vontade."* Não há propriamente, no erro de cálculo, vício de vontade, mas uma distorção em sua manifestação e que, em verdade, pode ser corrigida. O negócio, neste caso, não se invalida, permitindo-se a retificação, quando as partes contratantes têm conhecimento do valor pactuado.

Erro real. Além de essencial, o erro que invalidará o ato deve ser *real*. Será real o erro quando pelo contexto do negócio jurídico e pelas circunstâncias não se puder identificar a pessoa ou a coisa indicada (art. 142). É que, se isso ocorrer, haverá efetivo prejuízo (*non fatetur qui errat*), não restando outra solução que não a declaração de invalidade.

Escusabilidade e recognoscibilidade do erro. Finalmente, a *recognoscibilidade* (ou *cognoscibilidade*), modelada no direito civil italiano (art. 1.492 do *Codice*) e português (art. 247º do diploma luso) é a possibilidade (em razão das circunstâncias que envolveram o negócio) de que o destinatário da declaração de vontade (viciada) tem de perceber o erro. Deve-se perquirir, pois, se a contraparte tinha como conhecer o equívoco da vítima.

Há evidente mudança de paradigma com o Código Civil de 2002. O regramento do erro passa a proteger não apenas o emissor da vontade viciada, mas também o seu destinatário, que criou expectativas a partir da celebração do negócio. É decorrência, sem dúvida, da adoção, pelo direito privado moderno, da boa-fé objetiva e seu corolário, o princípio da confiança. Nesse sentido sufragou a I Jornada de Direito Civil do Centro de Estudos Judiciários do Conselho da Justiça Federal: "Enunciado 12. *Na sistemática do art. 138, é irrelevante ser ou não escusável o erro, porque o dispositivo adota o princípio da confiança.*"

A doutrina tradicional costuma colocar a *escusabilidade* do erro como requisito para a anulação do negócio. Não obstante, ela não é exigida pelo Código Civil, que se limita a exigir a possibilidade de que o erro tivesse sido percebido ou verificado pela outra parte (recognoscibilidade).

---

21. *Curso de Direito Civil*, vol. 1, 12ª ed., São Paulo: Saraiva, 1973, p. 188.

O negociante que percebe o erro do outro, e mesmo assim firma o negócio jurídico inválido, pode ser condenado a ressarcir à outra parte pelos danos sofridos, incidindo em verdadeira omissão dolosa, a seguir tratada.

b) Dolo

Conceito. Dolo é o mecanismo malicioso utilizado para a obtenção de declaração de vontade que, sem a artimanha, não seria emitida. Diz Orlando Gomes que *"consiste em manobras ou maquinações feitas com o propósito de obter uma declaração de vontade que não seria emitida se o declarante não fosse enganado. É a provocação intencional de um erro".*[22] Em outras palavras, poder-se-ia considerar o dolo como um *erro provocado.* E aí está relevante fato que o diferencia desse vício. O traço característico do erro é que ele acontece espontaneamente. Se, de outro jeito, ele se efetivar mediante provocação externa – comportamento malicioso da contraparte, ou mesmo de terceiro, mas com ciência daquele – surge a figura do dolo. Trocando em miúdos, trata-se de um artifício para induzir alguém à prática de um ato que não corresponda à sua vontade.

Formas de dolo. O vício por dolo pode ocorrer mediante mentiras (dolo positivo) ou omissões (dolo negativo), ou seja: por sugestões falsas a respeito do que se vai acordar ou pela omissão intencional e maliciosa de circunstâncias do negócio.

Dolo e erro. Enquanto o erro é equívoco cometido pelo próprio declarante, sem a necessidade de outra pessoa concorrendo para tanto, no dolo há a intencional provocação para que tenha a vítima sua vontade viciada. Há, portanto, influência alheia. Lembre-se: quem erra, erra sozinho; no dolo, o equívoco é induzido por terceiro. Nesse sentido, *erro e dolo* são substancialmente figuras idênticas, diferindo apenas quanto ao seu ensejo.

Consequências. Poderá, portanto, ocorrer a anulação do negócio jurídico que tenha se firmado com existência de *animus decipiendi.* E, além disso, a parte que age com dolo será obrigada a indenizar a vítima por eventuais perdas e danos.

Dolo de terceiro. É possível, ainda que o dolo seja proveniente de terceiro. Trata-se de modalidade por meio da qual o praticante da conduta dolosa é pessoa estranha às que firmaram o negócio. Ele torna anulável o negócio desde que uma das partes tenha dele tirado proveito, não bastando que tenha apenas tido conhecimento.

Destarte, para que ocorra a anulação do negócio, é preciso que a parte beneficiada pelo dolo tenha tido participação na consumação da manifestação viciada, seja pela cumplicidade, seja pela ciência do vício. É suficiente que ela não advirta a parte ludibriada, pois, dessa forma, estará aderindo de maneira tácita à prática astuciosa, tornando-se, portanto, cúmplice. *"A manobra dolosa que parte de terceiro anula o ato negocial apenas no caso de ser conhecido de uma das partes. Se esta não preveniu a outra, compactuou de malícia, e assumiu as consequências".*[23]

---

22. *Introdução ao Direito Civil, cit.,* p. 435.
23. Caio Mário da Silva Pereira, *Instituições de Direito Civil,* vol. I, *cit.,* p. 528.

No entanto, caso a parte não tenha conhecimento a respeito do dolo cometido por terceiro, o negócio não pode ser anulado, cabendo ao lesado, apenas, reclamar perdas e danos ao terceiro.

Dolus bonus e dolus malus. O dolo que vicia o negócio e que, portanto, possui força para anular o negócio jurídico é o chamado *dolus malus*. Em contrapartida encontra-se o *dolus bonus*, considerado tolerável e até mesmo esperado em determinadas situações, como no comércio. É a gabonice que o comerciante faz de suas mercadorias, objetivando chamar a atenção das qualidades dos produtos, exagerando toleravelmente. É o caso do feirante que brada em alta voz, para todos ouvirem, que sua melancia é a mais doce do mundo. O que ele está fazendo é chamando a atenção para o seu produto, de modo exagerado, é verdade, mas sem intenção de prejudicar ninguém.

Dolo bilateral. O dolo que vicia o negócio pode ser bilateral, ou seja: ambas as partes têm culpa por desejarem prejudicar uma à outra. Nesse caso, não poderá ser demandada a anulação do negócio, tampouco reclamada indenização. A ideia, aliás, pauta-se na antiga lição de que *nemo auditur propriam turpitudinem allegans* (em vernáculo, ninguém pode valer-se da própria torpeza).

c) Coação

Entendimento. Poderá alguém, entretanto, no lugar de usar manobras e outras maquinações, *"proceder com violência, forçando a declaração de vontade"*.[24] Haverá, então, coação.

O defeito de vontade é caracterizado pelo emprego de qualquer forma de pressão, física ou moral, contra uma pessoa, com o intuito de exercer sobre ela influência na realização de um negócio jurídico.

Coação física e coação moral. A coação pode ser absoluta e física (*vis absoluta*) ou relativa e moral (*vis compulsiva*). Na *absoluta* inexiste qualquer forma de consentimento ou manifestação de vontade. O coator faz uso de sua força física para obter a vantagem pretendida. Neste caso, trata-se de negócio jurídico que nunca chegou a existir, uma vez que sequer houve manifestação de vontade. Perceba-se, assim, invocando o quanto visto a respeito dos planos de análise do negócio jurídico, que faltou um dos seus requisitos de existência: manifestação de vontade. Daí porque não se fala em *invalidade*, mas em *inexistência*.

Quando viciado pela coação *relativa* ou *moral*, o negócio é anulável (atingindo, aqui sim, o campo da validade). Nesta hipótese, a vítima opta entre as duas possibilidades impostas pelo coator: praticar o ato da maneira exigida ou sofrer as consequências do desobedecimento. Trata-se de intimidação de caráter psicológico.

Coação principal e coação acidental. A coação pode ainda se classificar quanto a sua influência na celebração do negócio. Sob essa ótica, poderá ser *principal* ou *acidental*.

---

24. Caio Mário da Silva Pereira, *Idem*, p. 530.

Será principal quando o ato de violência constituir fator determinante no acordo de vontades. De outro, será acidental quando influir somente sobre aspectos secundários do negócio jurídico, sem que seja determinante para a realização do negócio.

A distinção tem importância capital para medir as consequências do defeito. A anulação do negócio apenas ocorre no caso da coação principal. Na acidental cabe apenas o ressarcimento de eventual prejuízo, sem que se possa falar em invalidade do contratado.

Características da coação principal. Apenas se configurará coação capaz de viciar o consentimento se a ameaça:

a) for a *causa* do ato, ou seja, for *principal* (sem a coação, o negócio não teria ocorrido);

b) for *grave*: a ameaça deve ser de tal maneira consistente e intensa a ponto de criar na vítima, conforme suas condições pessoais, temor psicologicamente irresistível (art. 151, *caput*);

c) for *injusta*, ou seja, ilícita, abusiva e antijurídica (a ameaça de prática de ato lícito não constitui coação; por exemplo, não haverá coação se o credor ameaça o devedor de lhe demandar judicialmente para a cobrança do débito caso ele não realize certo negócio; é que se tal cobrança é amparada pela lei, não pode ter o condão de amedrontar o devedor);

d) for de um dano *atual* ou *iminente*, afastando o dano improvável e o mais remoto.

A anulação só ocorrerá se o mal ameaçado for maior que aquele decorrente do negócio imposto ao coacto.

Coação de terceiro. O negócio resultante de coação exercida por terceiro subsistirá apenas se a parte beneficiada pelo vício não tivesse ou não devesse ter conhecimento a respeito dele. Semelhantemente ao que ocorre no dolo exercido por terceiro, aquele que cometer a coação deverá responder pelas perdas e danos causados à vítima.

Temor reverencial. O temor reverencial não constitui coação, pois não está revestido de gravidade suficiente para anular o negócio. Trata-se do simples receio de desagradar pessoas a quem se deve obediência. A pessoa que realiza um negócio jurídico apenas por temer mera reação negativa de superiores não poderá, pois, pleitear a anulação de seu ato.

Análise do coacto. É de se ressaltar, ainda, que o juiz, ao apreciar a possibilidade de ocorrência do vício em tela, deverá levar em conta as condições subjetivas do coacto, nos termos do art. 152 do Código Civil.[25] É de extrema utilidade o dispositivo, na medida em que se confere maior liberdade ao julgador para apreciar o possível ataque à vontade da vítima. Evidente que a percepção dos acontecimentos e fatos exteriores muda de pessoa para pessoa, a depender desde sua idade até sua cultura. Fato que pode incutir em alguém grave temor de dano poderá não acarretar o mesmo efeito em outrem. Trata-se, portanto, de salutar medida de justiça.

---

25. Determina o dispositivo: *"No apreciar a coação, ter-se-ão em conta o sexo, a idade, a condição, a saúde, o temperamento do paciente e todas as demais circunstâncias que possam influir na gravidade dela".*

V – DAS RELAÇÕES JURÍDICAS: FATOS E NEGÓCIOS JURÍDICOS

d) Lesão

Entendimento. Há lesão quando o agente, premido pela necessidade ou induzido pela inexperiência, realiza um negócio jurídico que proporciona à outra parte um lucro patrimonial desarrazoado ou exorbitante da normalidade (art. 157).[26] Dá-se, portanto, quando alguém se aproveita da inexperiência ou premência da vítima para obter vantagem indevida, exagerada, desproporcional.[27]

Origem e evolução. Em sua origem no Direito Romano, e tal como teorizada na Idade Média, tinha caráter meramente objetivo. Tratava-se de defeito do negócio jurídico fundado exclusivamente no objeto; para sua existência bastava a desproporção.[28]

Instituto rechaçado por certas vertentes individualistas modernas, acusado de gerar insegurança nos negócios,[29] reapareceu sob novos contornos, em especial a partir do Código Civil alemão (BGB).

Nessa nova conformação – que não é exatamente a do direito pátrio –, a lesão passou a exigir, além do exagerado desequilíbrio entre as prestações, o chamado *dolo de aproveitamento*, representativo da utilização, por uma das partes, da fraqueza, necessidade ou leviandade da outra. A essa espécie de lesão passou-se a chamar de *qualificada*, em contraposição àquela antiga, dita objetiva.

Lesão no Código Civil de 2002. Para a lesão prevista pelo novo Código Civil brasileiro, não basta a desproporção. Não se trata, portanto, da lesão objetiva. Contudo, também não se exige o dolo de aproveitamento, requerendo-se apenas a *"premente necessidade, ou inexperiência"* da vítima. Trata-se, pois, de nova figura de lesão.[30]

Destarte, não importa que a parte beneficiada tenha tido conhecimento da inexperiência do lesado. Para o Código Civil, pouco importa se o agente induziu a vítima a assumir o contrato lesivo, bastando que a manifestação de vontade dela esteja viciada por conta de sua necessidade ou leviandade. O critério, como se percebe, é puramente objetivo. É que, de acordo com a nova sistemática implantada como decorrência da lealdade contratual, boa-fé objetiva e função social, não se pode prestigiar contrato que representa evidente prejuízo para uma das partes e extrema vantagem para outra.

A desproporção deve ser aferida de acordo com os valores vigentes ao tempo em que o negócio foi celebrado. O negócio é anulável, mas a parte a quem aproveitar a

---

26. Caio Mário da Silva Pereira, *Instituições de Direito Civil, cit.*, v. I, p. 546.
27. De acordo com o art. 157, *caput, in fine*, do Código Civil, não é qualquer desproporcionalidade que configura a lesão, mas somente aquela que é *manifesta*.
28. Antônio Junqueira de Azevedo, *Negócio Jurídico e Declaração Negocial – Noções gerais e formação da declaração* negocial, São Paulo, 1986, (Tese apresentada à Comissão Examinadora no Concurso para titularidade de Professor de Direito Civil da Faculdade de Direito da Universidade de São Paulo), p. 205.
29. O Código Comercial brasileiro de 1850 chegava a proibir que se alegasse lesão entre comerciantes (art. 220: *"A rescisão por lesão não tem lugar nas compras e vendas celebradas entre pessoas todas comerciantes; salvo provando-se erro, fraude ou simulação"*). Lembre-se que a esta época vigiam aqui as Ordenações Filipinas, que previam o instituto.
30. Assim observara Antonio Junqueira de Azevedo ao referir-se ao Projeto de Lei que desembocou no novo Código (**Negócio Jurídico e Declaração Negocial...**, *cit.*, p. 206).

lesão poderá oferecer o adequado suplemento, ou concordar com a redução de seu proveito, afastando, assim, a sua fulminação (art. 157, § 2º). É que, considerando-se a tutela da igualdade nas contratações, ocorrendo o reequilíbrio, não há motivo para o desfazimento do pactuado.

e) Estado de perigo

Entendimento. O estado de perigo configura-se no momento em que alguém, ameaçado por iminente perigo, assume prestação excessivamente onerosa para obter ajuda ou socorro. É situação em que a vítima encontra-se obrigada a realizar negócio jurídico de onerosidade exagerada para se livrar de risco iminente a sua vida e saúde, ou de alguém de sua família.

Requisitos. É preciso que a pessoa ou alguém de sua família esteja sob perigo, abalando a liberdade do querer e a possibilidade de opção. Em outras palavras, é imprescindível que o risco sobre sua pessoa ou de membro da família seja apto a interferir na manifestação de vontade da vítima. E aqui se deve fazer importante observância: o perigo pode até ser imaginário (isto é, existir somente na cabeça do emissor da vontade), ou até pela própria vítima criado. Se tinha o condão de macular a vontade, o negócio será inválido. Exemplo do primeiro caso: a pessoa imagina estar se afogando, sem se dar conta de que está em água rasa e, nessa condição, promete vantagem excessiva para alguém lhe salvar. Do segundo caso: a pessoa tenta suicídio e, após se arrepender, oferece quantia exorbitante em dinheiro para que alguém venha ao seu socorro. Se o perigo recai sobre terceiro, deverá ser provada a influência na liberdade de escolha do negociante.

Estado de perigo e coação moral. Costuma-se destacar a proximidade do estado de perigo com a coação moral, uma vez que, em ambas, a vítima não se encontra em condições de declarar sua vontade sem influências externas. No entanto, não há que se confundir os defeitos. E isso porque, essencialmente, no estado de perigo não há a intimidação, tal como sucede na coação. Ocorre apenas que o agente se beneficia de situação já existente, e não a cria ou proporciona meios favoráveis para o seu acontecimento. Para além disso, a coação refere-se apenas à ameaça. Já o estado de perigo contempla qualquer outra situação de perigo.

Estado de perigo e lesão. Diferentemente da lesão, o estado de perigo tem em vista riscos pessoais. Já a lesão, quando decorrente de *premente necessidade* do lesado, diz respeito à sua situação econômica.

Consequência. Acrescente, por fim, e a exemplo do que acontece com os outros defeitos do consentimento, que o presente vício acarreta a anulabilidade do negócio jurídico por ele maculado.

3.4.3. *Vícios sociais*

a) Fraude contra credores

Fundamento da fraude contra credores. Para a compreensão do presente vício social, é necessário ter presente o conceito de patrimônio, que se pode definir como o complexo das relações jurídicas de uma pessoa, apreciáveis economicamente.[31] A definição, como se vê, inclui (ao utilizar a expressão *complexo das relações jurídicas*), tanto os elementos ativos (crédito) quanto os passivos (débitos), não se limitando aos bens da pessoa.

Ao lado da ideia de *patrimônio*, ainda preliminarmente ao estudo da fraude contra credores, está a de *obrigação* que, em sentido técnico-jurídico, representa o vínculo jurídico que torna uma pessoa (devedor) adstrita a uma prestação positiva ou negativa em favor de outra pessoa (credor), a qual adquire o poder de exigir o seu cumprimento.

Ainda que a matéria venha oportunamente aprofundada, destaque-se desde já, que após o movimento chamado de *revisão doutrinária do conceito de obrigação* (surgido na Alemanha e capitaneado por Alois Brinz), passou-se a sustentar que a essência do vínculo obrigacional estaria na *responsabilidade patrimonial do devedor*. Explicando melhor, compõem a obrigação o *débito*, consubstanciado no dever de adimplir do devedor e no direito de exigir esse adimplemento pelo credor, e a *responsabilidade*, vale dizer, a posição de garantia dos bens do devedor para a satisfação forçada daquele direito do credor nos casos de descumprimento. O núcleo obrigacional seria, portanto, a sujeição do patrimônio do devedor ao poder de agir do credor, para satisfação do seu crédito, nas hipóteses de inadimplência. Daí se retira, pois, que o patrimônio do devedor é a garantia do credor. A regra vem estampada no art. 789 do CPC: "*O devedor responde com todos os seus bens presentes e futuros para o cumprimento de suas obrigações, salvo as restrições estabelecidas em lei.*"

O ordenamento jurídico, nada obstante vincular o patrimônio do devedor às suas dívidas, assegura ao titular do patrimônio a faculdade de usar, gozar e dispor daquilo que lhe pertença, da maneira que melhor lhe parecer. Dessa faculdade é que surge a possibilidade de acontecer um negócio em fraude. É que o devedor poderá, eventualmente, *desfalcar* a garantia do credor por meio de ato de *disposição* de um, ou vários, de seus bens. Se presentes determinados requisitos, o ato de disposição poderá ser considerado fraudulento e, assim, anulado, para que não prejudique o titular do crédito.

Fraude como vício social. Não é demais asseverar, novamente, que a fraude contra credores encarta-se entre os *vícios sociais*. Em sua prática, não há qualquer falha na manifestação de vontade. O que caracteriza a fraude como um *defeito* do negócio jurídico é a sua desconformidade com o ordenamento jurídico. Por outras palavras, o resultado obtido com a fraude, em que pese ser querido, é *antijurídico*.[32]

---

31. Clóvis Beviláqua, *Teoria Geral do Direito Civil, cit.,* p. 157.
32. Caio Mário da Silva Pereira, *Instituições de Direito Civil,* v. I, *cit.,* p. 536.

Conceito. Em face do nosso ordenamento, pode-se definir a fraude contra credores como todo negócio de disposição ou oneração de bens, créditos ou direitos, seja a título gratuito, seja a título oneroso, praticado por devedor insolvente ou a este estado por ele transformado, em prejuízo de seu preexistente credor.

Pressupostos. Do conceito acima formulado é possível retirar os pressupostos da fraude contra credores que, em nosso ordenamento, decorrem essencialmente do art. 158 e seus parágrafos e dividem-se em três:

(i) ato de disposição que resulte em diminuição patrimonial do devedor;

(ii) estado de insolvência do devedor, tanto preexistente ao ato como decorrente dele (*eventus damni*);

(iii) preexistência de um crédito.

Ao lado destes exigir-se-á, eventualmente, outro: o *consilium fraudis*, a depender do tipo de fraude perpetrada, em especial nos negócios jurídicos onerosos.

Vejamos cada um deles.

Ato de disposição. O principal marco da fraude contra credores é a diminuição patrimonial do devedor. Entretanto, algumas características devem revestir o ato para que este possa, eventualmente, representar fraude e, assim, ser objeto de revocatória.

Em primeiro lugar, deve o ato jurídico de disposição ser *patrimonial*, isto é, apenas os negócios que possam efetivamente colocar em risco a solvabilidade dos créditos são passíveis de invalidação. Dessa forma, exemplificativamente, os atos que não importem em decréscimo patrimonial do devedor, ou, ainda, que digam respeito a bens expressamente excluídos da garantia geral dos credores, tais como os bens inalienáveis e impenhoráveis, nunca redundarão em fraude. O mesmo se diga quanto aos atos concernentes somente à pessoa do devedor, tais como os vinculados às relações de família, ainda que eles signifiquem, indiretamente, consequências patrimoniais. Assim, a adoção de um filho não poderá ser objeto de revocatória, ainda que se possa afirmar que com esse ato – de adoção – o devedor terá despesas com a formação do adotado. Há consequências patrimoniais nesse caso, mas elas decorrem de relação de família, vinculada estritamente à pessoa do devedor.

O ato de disposição deve, necessariamente, acarretar a diminuição patrimonial do devedor ou, de alguma forma, lesar a garantia dos credores. O depauperamento do patrimônio é, por natureza, o que se visa obstar com a medida pauliana. O empobrecimento do devedor que não agride a garantia geral dos credores não configura a fraude. Mas, perceba-se, o empobrecimento é conceito distinto do de lesão à garantia: este é mais amplo do que aquele; decorre do primeiro. Por outras palavras, o empobrecimento acarreta o ataque à garantia patrimonial, mas não configura sua única causa. É possível que ocorra agressão à garantia sem empobrecimento do devedor, situação que, da mesma forma, proporcionará ao credor a utilização da revocatória.

Atos que impedem o incremento patrimonial (omissões não aumentativas). Interessante questão é a de se saber se, ao lado do ato que reduz a garantia geral, também podem ser atacados pela pauliana aqueles atos que, sem diminuir o patrimônio, impedem o seu aumento, isto é, aqueles atos que evitem o enriquecimento do devedor. Alvino Lima posicionava-se no sentido de que apenas os atos que acarretassem a efetiva diminuição poderiam ser revogados porque o patrimônio do devedor que representa a garantia geral dos credores é aquele *atual*. O devedor que se recusa a aumentar o patrimônio com a prática de determinado ato apenas priva seus credores de ter uma ampliação do montante da garantia geral, mas não interfere nela como originariamente estabelecida.[33] Semelhante a lição de Orosimbo Nonato, para quem as *omissões não aumentativas* desautorizam o exercício da revocatória.[34] Ensina o autor que a omissão que apenas implica inocorrência de aumento patrimonial, não se ligando a direito já constituído, vale dizer, direito já integrado no patrimônio do devedor, foge ao âmbito de atuação da revocatória. Fundamenta o cabimento da demanda nos casos de renúncia à herança e legado no regramento específico da primeira, à época tratada no art. 1.586 do Código Civil de 1916 (CC, art. 1.813, *caput,* e § 2°).[35] Nesses casos, seria a renúncia desintegrativa do patrimônio, segundo o autor, porque se constituiria – a herança ou o legado – em direito já constituído em favor de herdeiro ou legatário. Segundo sua doutrina, a doação não aceita, portanto, não comportaria anulação.[36] Yussef Said Cahali, admitindo como regra geral o entendimento que não aceita a revogação dos atos de recusa de enriquecimento, recomenda temperamento em sua análise, com possível ampliação do espectro de cabimento da pauliana contra todos os atos do devedor que, de alguma forma, viessem a enfraquecer a garantia geral dos credores, justamente porque inexiste em nosso direito regramento explícito de *ação sub-rogatória.*[37] Clóvis Beviláqua, a seu turno, identifica como atos passíveis de invalidação as remissões de dívida, o repúdio à herança e a negligência intencional na defesa de determinada demanda.[38] À igualdade do que ensina Orosimbo Nonato, afirma que a recusa em receber doação não importa diminuição do patrimônio, porque seria uma mera omissão de adquirir e que pode sempre vir acompanhada de uma excelente razão para a sua recusa.[39]

A questão, como se vê, é complexa.

A renúncia à herança, que tem regramento específico, e a renúncia ao legado, evidentemente importam empobrecimento do herdeiro ou legatário devedor a ponto de poder prejudicar seus credores. Podem ser objetos, portanto, de ação pauliana. O fundamento se encontra no fato de que a propriedade dos bens deixados pelo *de cujus* transfere-se, segundo a *saisine*, no momento de sua morte (CC, art. 1.784). Pode-se dizer que o devedor já tem esses direitos incorporados em sua órbita patrimonial, razão pela qual a posterior renúncia significa depauperamento capaz de prejudicar credores. Tanto é assim que a aceitação da herança, o que se aplica, *mutatis mutandis* aos legados, apenas *torna definitiva* a transmissão dos bens, não os transferindo especificamente (CC, art. 1.804). É o que queria significar Orosimbo Nonato ao falar que fogem do âmbito da ação pauliana os atos do devedor que apenas obstam seu enriquecimento sem dizer respeito a

---

33. *A fraude no Direito* Civil, São Paulo: Saraiva, 1965, n. 42, p. 158.
34. *Fraude Contra Credores – Da Ação Pauliana*, Rio de Janeiro: Forense, 1969, p. 73.
35. Determinava o artigo revogado: "*Quando o herdeiro prejudicar os seus credores, renunciando a herança, poderão eles, com autorização do juiz, aceitá-la em nome do renunciante. Nesse caso, e depois de pagas as dívidas do renunciante, o remanescente será devolvido aos outros herdeiros*". A regra no novo Código Civil é a mesma, acrescentando apenas que "*prevalece a renúncia quanto ao remanescente*" após pagas as dívidas (art. 1.813, *caput* e seu § 2°).
36. *Fraude Contra Credores – Da Ação Pauliana, cit.*, p. 83.
37. *Fraudes Contra Credores*, 2ª ed., São Paulo: RT, 1999, p. 250-252.
38. *Teoria..., cit.*, § 55, p. 219.
39. *Fraude Contra Credores – Da Ação Pauliana, Idem.*

direitos *já integrados no seu patrimônio.*[40] Em relação aos atos de *omissão de adquirir*, isto é, a mera omissão lucrativa, não são ainda direitos integrados no patrimônio do devedor. Mais do que isso: são atos que se enquadram na categoria de atos pessoais que, como visto, refogem à pauliana. A decisão de não se enriquecer, nesse caso, é ato personalíssimo do devedor e haveria afronta à sua liberdade individual se obrigado fosse. Haveria ofensa, em realidade, a direito seu, e não a dos seus credores. Por essa razão os simples atos de recusa de adquirir não podem ser atacados pela revocatória.[41]

Em terceiro lugar, há que se tratar de ato *inter vivos* válido. Os atos *causa mortis* escapam da ação revocatória. É o que acontece com os *testamentos* e *codicilos*. Quando tais instrumentos são criados, não produzem seus efeitos principais (transmissão da propriedade) enquanto não falecido o devedor. O patrimônio do testador permanece inalterado substancialmente, donde não poderiam seus credores, naquele momento, pleitear a revogação do testamento. A mera expectativa de diminuição patrimonial criada com o testamento ou codicilo não enseja a propositura de ação revocatória porque não existe qualquer prejuízo aos credores do devedor.

Por fim, o ato fraudulento de disposição deve, necessariamente, ser voluntário. Exige-se do devedor um comportamento ativo e desprovido de vícios em sua manifestação de vontade. Os acontecimentos involuntários que resultam em diminuição de patrimônio não podem ser atacados pela ação revocatória. Qualquer modificação sofrida pelo patrimônio do devedor alheia à sua vontade foge ao âmbito da ação pauliana. Imagine-se, por exemplo, o devedor que é vítima de um estelionato, resultando em decréscimo patrimonial. O negócio por ele realizado não se enquadra no vício social em estudo. É certo que o negócio será invalidado, porquanto ilícito. Mas o fundamento não será a fraude contra credores. O mesmo se diga das arrematações em execução movida em face do devedor: não são atos voluntários e, portanto, não podem ser objeto de revocatória.

Insolvência do devedor (*eventus damni*). É possível que o devedor, ao alienar determinado bem de sua titularidade, enfraqueça seu patrimônio e, consequentemente, a garantia que ele representa para seus credores, de maneira a colocar em risco a satisfação do crédito. Nesse caso, ocorre o que se pode chamar de *abuso do poder de disponibilidade*. O devedor ultrapassa as suas forças patrimoniais, comprometendo a satisfação do crédito. Como já se referiu, é o fundamento da (s) fraude (s) contra credores.

Uma tal situação – comprometimento do patrimônio do devedor a ponto de que o mesmo não mais assegure os direitos dos credores – configura imprescindível requisito para a caracterização da fraude: o prejuízo, ou *eventus damni*.

Perceba-se que a ação revocatória tem, antes de tudo, natureza *reparatória*, de maneira que se não houver dano que prejudique os credores, faltará, evidentemente, interesse deles em seu manejo.

---

40. *Fraude contra credores – Da Ação Pauliana*, cit., p. 83.
41. É, também, a opinião de Giorgio Giorgi *apud* Orosimbo Nonato, *Fraude contra credores – Da Ação Pauliana*, cit., p. 73.

V – DAS RELAÇÕES JURÍDICAS: FATOS E NEGÓCIOS JURÍDICOS   **155**

O entendimento a ser dado ao *eventus damni* não se confunde com a ideia de dano que origina a mera reparação civil. O conceito de dano, para caracterização da fraude contra credores, é mais amplo, e se consubstancia na simples possibilidade de que a atuação executiva do credor sobre o patrimônio do devedor reste frustrada.

O conceito bem demonstra que não se exige a *impossibilidade de execução* da garantia, mas apenas, o seu *enfraquecimento*, ou sua *lesão*. É importante fixar o *eventus damni* com base na ideia de *lesão da garantia*, e não na de *diminuição patrimonial*. E isso porque pode ocorrer lesão à garantia geral, bastante para gerar a fraude, sem acontecer diminuição do patrimônio. Por exemplo: o devedor que aliena determinado imóvel, recebendo justa contraprestação em dinheiro; não há diminuição patrimonial, mas poderá haver lesão à garantia, já que um imóvel é, sem dúvida, melhor garantia que o montante pecuniário.

A diminuição patrimonial sozinha, pois, não autoriza a revocatória. É necessário que o depauperamento conduza à insolvência ou agrave ainda mais a situação do devedor já insolvente.

E o que é insolvência, ou devedor insolvente? Insolvente é o devedor que vê o aspecto passivo de seu patrimônio ultrapassar o ativo. As definições doutrinárias não destoam quanto ao tema, definindo a insolvência, em linhas gerais, como a insuficiência do ativo realizável para cobrir o passivo.[42]

É certo que atualmente o entendimento do dano pauliano vem sofrendo alargamentos para alcançar todas as situações em que o ato fraudulento torne a execução do credor de difícil possibilidade, ou por demais custosa. Estão abarcados nessa ideia ampliada os atos praticados que deixem o devedor apenas com bens de rápida deterioração, ou que possam facilmente ser subtraídos ou, por fim, que sejam de improvável venda judicial.[43]

O que se pode dizer é que ao menor sinal de prejuízo ao credor surge a possibilidade de tutela do seu direito por meio da revocatória. Como já se afirmou, é possível que o devedor não se empobreça com o ato praticado, mas venha a lesar garantia, tornando igualmente manejável a pauliana. Basta, portanto, que o devedor pratique atos tendentes a impossibilitar a cobrança das dívidas por ele contraídas, ainda que não ocorra sua diminuição patrimonial. Basta, para o cabimento da revogação do ato, portanto, o *estado formal* de insolvência.

Cautela na ampliação do conceito de *eventus damni*. Certo é que esse entendimento aqui colocado não pode ser aplicado de forma absoluta, competindo ao juiz a análise da particular situação entre determinados credor e devedor. E isso porque existem casos em que a variação patrimonial de uma pessoa, ainda que negativa, dependendo do seu contexto, é tolerada e não

---

42. A definição é de Jorge Americano (*Da ação pauliana*, 2ª ed., São Paulo, 1932, n. 29, p. 54). Similarmente, J. X. Carvalho de Mendonça (*Tratado de Direito Comercial*, v. VII, n. 55, p. 119) e Alfredo Buzaid (*Do concurso de credores no processo de execução*. São Paulo: Saraiva, 1952. N. 164, p. 219).
43. Yussef Said Cahalli, *Fraudes contra credores, cit.*, p. 183; Alvino Lima, *A Fraude no Direito Civil, cit.*, n. 37, p. 146.

enseja a pauliana. Por exemplo, o credor deve aquietar-se em face de alienação circunstancial realizada por seu devedor comerciante porque tal prática é ínsita ao cotidiano mercantil. Mesmo os atos de disposição mais arriscados levados a cabo pelo devedor comerciante devem ser analisados com temperamentos e em cotejo com o contexto fático que os envolvera. Possivelmente os pratique o devedor em razão de sua atividade de mercancia e, se dissociados do efetivo prejuízo, nada poderá fazer o credor. O que se pretende ressaltar é que a curial ampliação do conceito de *eventus damni* deve ser vista com cautela e casuisticamente. Seria impossível formular uma regra absoluta em razão das peculiaridades que envolvem a celebração de cada negócio jurídico.

Preexistência de um crédito. A ação pauliana, decorrente da configuração da fraude contra credores, é remédio jurídico específico de resguardo do direito de crédito. Existe, como insistentemente sublinhado, para evitar o prejuízo que determinada alienação feita pelo devedor cause ao seu credor. Logo, é requisito para o seu exercício a existência de um crédito. Mais do que isso: é imprescindível que esse crédito preexista à alienação.

Decorre desse requisito que o crédito não pode ter sido extinto por qualquer razão jurídica. Os créditos preexistentes ao ato e que foram saldados desautorizam a revocatória. Igualmente acontece com o avalista que deixa prescrever seu direito de regresso contra o avalizado: não poderá manejar a ação revocatória para anular a alienação acertada entre o avalizado e terceiro.

O art. 158 do Código Civil protege, a princípio, somente os credores quirografários porque são justamente estes que encontram no patrimônio do devedor sua garantia geral. Aqueles que dispõem de garantia real encontram-se em privilegiada situação, na medida em que detêm vínculo direto sobre a coisa gravada com o ônus e que pode ser excutida onde quer que ela se encontre, ainda que depois de alienada pelo devedor.[44] Em realidade, o credor com garantia real não tem interesse em propor a pauliana porque poderá executar o bem gravado diretamente do patrimônio do adquirente, solução evidentemente mais vantajosa do que a prévia revogação do ato. Entretanto, se a garantia se tornar insuficiente, poderão estes credores demandar por meio da revocatória, nos termos do art. 158, § 1º, do Código Civil.

> **Credor com garantia real.** Indagação que se pode fazer é a seguinte: estaria o credor com garantia real obrigado a esgotar seu benefício antes de propor a revocatória? A resposta, me parece, é negativa. Não existe razão jurídica para que se faça tal exigência, por exemplo, do credor hipotecário ou pignoratício. Até porque o credor já conhece de antemão a extensão de seu crédito e o valor representado pelo bem dado em garantia, de maneira que tem precisa noção do quanto excede (se é que excede) este último valor. Já teria o credor, nessas condições, interesse de intentar a ação. Ainda, confirmando essa opinião, poder-se-ia imaginar a possibilidade de prescrever a ação antes de encerrada a execução da garantia real.

---

44. Tal faculdade decorre do direito de sequela que municia o credor com garantia real, que é titular de direito real. Em nosso direito, preceitua o art. 1.419 do Código Civil: *"Nas dívidas garantidas por penhor, anticrese ou hipoteca, o bem dado em garantia fica sujeito, por vínculo real, ao cumprimento da obrigação"*.

Apenas os credores que já ostentavam essa qualidade ao tempo da alienação fraudulenta podem pleitear sua anulação. É o que determina o § 2° do art. 158 do Código Civil. Trata-se do requisito da *anterioridade do crédito*.

Saliente-se, entretanto, que não é preciso que a dívida já esteja vencida ou, ainda, que seja líquida, quando do momento do ato fraudulento.

Anterioridade do crédito e fraude premeditada. Estamos diante, aqui, de outra regra que deve ser vista com temperamento. E isso porque incorre em verdadeira fraude contra credores aquele que, vislumbrando a prática futura de certo ato ilícito (que obviamente acarretaria dever de indenizar e recompor os danos), aliena determinado bem para escapar dos efeitos da ação pauliana. Em outras palavras, a fraude é arquitetada, planejada, justamente para lesar um crédito futuro que o agente sabe irá surgir. É o que se pode chamar de fraude *predeterminada, preordenada* ou *premeditada*. O objetivo é, dessa forma, frustrar o pagamento do crédito futuro (crédito que sequer existia ao tempo da alienação fraudulenta). Imagine-se, por exemplo, indivíduo que, pretendendo vingar-se do seu ex-chefe, que o demitira dias atrás, planeja danificar o carro dele. Receoso de ser apanhado e descoberto, aliena, algumas semanas antes da vandalização, um automóvel, único bem em seu nome (e, portanto, o que responderia por suas dívidas). O crédito, como se percebe, sequer existia no momento da venda do bem; mas certamente surgiria em posterior ação de indenização, ou até por força de sentença penal condenatória por crime de dano, evidentemente pressupondo o descobrimento da autoria, bem como a prova do atuar malicioso do agente. Se a regra do art. 158, § 2°, do Diploma civil fosse encarada como norma absoluta, situações que claramente configuram fraude contra credores ficariam de fora do espectro de cabimento da revocatória. É a posição de justiça, já adotada pelo Código Civil italiano (art. 2.901), em que pesem os termos da lei e as opiniões contrárias.[45]

Consilium Fraudis: pressuposto específico.

Além dos pressupostos para a caracterização da fraude contra credores acima descritos, há requisito específico para o caso de se tratar de ato *oneroso* de disposição.

Daí porque é possível afirmar que para os negócios *gratuitos*, bastam os requisitos já estudados: *ato de disposição, insolvabilidade do devedor (eventus damni)* e *preexistência de um crédito* (art. 158, CC). Nestes casos, não há que se perquirir, em momento algum, sobre a *intenção* do devedor, sobre o seu verdadeiro ânimo. Basta a alienação ou remissão por ele efetivada encontrando-se em estado de insolvência. O devedor insolvente simplesmente não pode alienar bens ou fazer liberalidade. Se o fizer, agirá fraudulentamente. Em última análise, o ato de disposição do devedor insolvente ou a remissão de certa dívida representa doação de coisa que indiretamente pertence aos seus credores.

---

45. Orosimbo Nonato não aceitava a tese aqui defendida, referindo posicionamento (no sentido do que aqui se defende) de Mimerol, citado por Velez Sarsfield, afirmando que "*a heterodoxia dessa doutrina reside no olvido ou no desconhecimento da índole da ação pauliana e de sua finalidade que, apenas, a de restaurar o estado anterior quanto ao patrimônio de reus debendi para que as garantias do credor não diminuam (...) Não pode, assim, prosperar essa teoria que não só faz rosto à natureza da ação pauliana e deixa em esquecimento sua base e seu objetivo, como, entre nós, enfrenta texto expresso de lei. E realmente não tem vingado, aparecendo a opinião de Mimerol que em sua generalidade e seu radicalismo, como solus peregrinus na doutrina.*" (*Fraude contra credores – da ação pauliana*, Rio de Janeiro: Jurídica e Universitária, 1969, p. 163).

De outra forma acontece se se tratar de ato *oneroso* de disposição. E isso porque é colocado em jogo outro interesse, além daquele do credor: o interesse do que adquiriu, onerosamente, o bem do devedor. Nesse conflito, preponderará o direito do adquirente que, de *boa-fé*, contratou com o devedor insolvente. Existirá, nesse caso, o inconveniente de se preterir o direito do credor que vê sua garantia de adimplemento desfalcada. Mas, entre essa injustiça e a situação do adquirente que poderia ver-se privado daquilo que honestamente pagou, suporta o direito as consequências maléficas daquela, preferindo prestigiar a segurança jurídica e a probidade daquele que contrata lealmente e de boa-fé.

Justamente por essa situação é que se exige, nas transações onerosas, o requisito do *consilium fraudis*, consubstanciado no *acordo malicioso* entre as partes contratantes com o intuito de trazer benefício ao devedor, e que acaba por desfalcar o seu patrimônio agredindo, em consequência, a garantia dos credores. Constituindo-se em um *conluio*, se o adquirente obrar sem o conhecimento da situação do devedor, não se perfaz o pressuposto subjetivo do *consilium fraudis* e, via de consequência, não existe fraude contra credores.

E em que consiste, precisamente, o requisito? A principal ideia quando se fala em *consilium fraudis* para a prefiguração do vício nos atos onerosos é a *dupla participação*, ou a *fraude bilateral*. É imperioso, portanto, o *acerto* entre as partes contratantes, acerto esse que se consubstancia no conhecimento de ambos – devedor e terceiro adquirente – da situação de insolvência em que se encontra o primeiro deles. Conforma-se assim, para a configuração do *consilium fraudis*, com a mera *scientia fraudis*, isto é, a *ciência* das partes sobre a insolvabilidade do devedor.

Entretanto, a lei *presume*, em duas oportunidades, a *scientia fraudis*. A primeira delas é a *notoriedade* da insolvência do devedor-alienante; a segunda, quando houver motivo circunstancial que autorize presumir ser a insolvência conhecida pelo adquirente (art. 159). Nesses casos, presume a lei o conhecimento recíproco, de maneira que ao adquirente caberá provar que efetivamente *não conhecia*, a despeito da notoriedade ou das circunstâncias, a insolvabilidade do devedor. É, portanto, presunção *relativa*, interpretando-se a lei em benefício do adquirente de boa-fé que, em homenagem à segurança das relações jurídicas, terá, ao menos, oportunidade de provar ter agido de forma honesta e sincera.

Consequências da caracterização da fraude contra credores. O ordenamento brasileiro coíbe a fraude lesiva aos direitos do credor em mais de uma oportunidade. A primeira delas no Código Civil, nos arts. 158 a 165. A Segunda, por meio da legislação processual civil, que regulamenta a fraude à execução (CPC, art. 792). E, ainda, na Lei de Falências (Lei 11.101/2005), dispõe em seus arts. 129 a 138 sobre a revogação dos atos de disposição do devedor realizados antes da decretação da falência.

A lei civil, especificamente, tacha de anulável o negócio jurídico celebrado em fraude contra credores (art. 171, II) equiparando-o, nesse particular, ao erro, ao dolo, à coação, ao estado de perigo e à lesão, diferentemente de outros sistemas (italiano, francês, português etc.), que situam o problema da fraude no campo da *eficácia* do negócio. Aqui, portanto, a fraude contra credores atinge a esfera da *validade*. Nesse sentido, como já se percebe, a sentença que decreta a anulação do ato, com seu trânsito em julgado, tem o condão de trazer o bem defraudado novamente para o patrimônio do devedor alienante. Deixa de pertencer ao terceiro adquirente. E isso, como se viu, porque ainda que tenha o bem deixado o patrimônio do devedor, fica ainda vinculado à responsabilidade pelo adimplemento do débito em razão da garantia que o patrimônio do devedor representa para o credor.

Outras consequências daí decorrem.

Em primeiro lugar, os efeitos práticos da anulação atingem a todos, justamente porque o negócio é "desfeito". Não se restringe apenas ao credor demandante. Daí porque todos os credores do alienante, em tese, podem se beneficiar com a sentença que julga procedente a pauliana. É que, em segundo lugar, a anulação do ato fraudulento faz o bem retornar ao patrimônio do devedor. Encontrando os credores a sua garantia no patrimônio do devedor, por evidente que restarão todos beneficiados com a restituição do bem.

Defeitos assemelhados e fraude à execução. Da análise do conceito de fraude contra credores, percebe-se que não se confunde com o *erro*, porque neste há *desconhecimento* sobre a realidade fática que é à vítima apresentada, contrariamente ao que se passa aqui, onde as partes têm claro e preciso conhecimento da realidade que lhes é apresentada. Difere do *dolo*, onde o prejudicado é induzido ao engano de que resulta a declaração de vontade. Também da *coação*, por evidente, uma vez que na fraude não existe qualquer meio intimidatório, elemento essencial daquela.

Inconfundível também com a *simulação* que, conforme melhor se abordará, marca-se por mascarar o negócio jurídico (simulado) outra realidade (dissimulada), que não aparece. Não ocorre na fraude contra credores a ocultação de realidade ou negócio algum. Distinguem-se os vícios, também, na medida em que a simulação representa uma intencional divergência entre a vontade declarada e a vontade interna, com o intuito de enganar terceiros. Não há na fraude, por sua vez, uma tal dissonância de vontades. O que é celebrado é precisamente o querido pelos contratantes que, no entanto, acaba por desfalcar o patrimônio do devedor, significando diminuição da garantia geral dos credores. No sistema do Código Civil, ademais, a fraude acarreta a anulabilidade do negócio jurídico, enquanto a simulação é causa de nulidade. Aproximam-se apenas se analisados sob o prisma da perniciosidade ao ordenamento, já que ambos são vícios sociais. Mas, como se vê, não se confundem entre si de modo algum.

Quanto à fraude à execução, há que se tecer outras considerações.

Frauda a execução o devedor que, já demandado por outrem, desfaz-se de bens (ou se lhes impõe ônus) a ponto de não reservar em seu patrimônio ativos suficientes à satisfação do crédito que judicialmente lhe é exigido. Caso a demanda verse sobre um bem específico, a fraude resultará de sua simples alienação, ainda que esta não crie ou agrave qualquer situação de insolvência.

Como se percebe, na estrutura, a fraude à execução distingue-se da fraude contra credores em razão da existência de um processo judicial contra o devedor. Estando tão essencialmente ligada à existência de um processo, é natural que a disciplina da fraude à execução venha regulada na lei processual, ainda que, enquanto lesiva do direito de crédito de um particular, seja engendrada com o fim de violar uma obrigação de natureza material.

Há que se acentuar, porém, que o ato do devedor que comete tal modalidade de fraude traz em si duas circunstâncias que o tornam de maior gravidade em termos de atentado contra os direitos do credor e a lei.

Em primeiro lugar, a fraude à execução implica agressão não só ao direito de crédito de um particular, mas representa também um obstáculo ao exercício da função jurisdicional do Estado, na medida em que impossibilita a efetivação de decisões judiciais (uma vez que alienados, ou gravados, os bens sobre os quais elas recairiam). Ocorre, em realidade, um atentado ao exercício de uma função estatal.[46] Não por outro motivo, o Código de Processo Civil brasileiro a rotula como ato atentatório à dignidade da Justiça, fazendo incidir penalidade específica, cumulativa àquelas outras (em especial a obrigação de pagar perdas e danos) que do ato fraudulento, enquanto fraude material civil, de ordinário decorrem.[47]

Por outro lado, havendo a necessidade, para sua caracterização, da existência de um processo judicial de que seja parte passiva o devedor, torna-se *dispensável* a perquirição sobre a existência de *consilium fraudis* entre este e o terceiro adquirente da coisa (ou beneficiado por sua oneração). Uma vez que o processo judicial é público, basta que seja (ou tivesse sido) possível seu conhecimento por devedor e terceiro, para que ela se configure.

A apreciação, aqui, quase nada terá de subjetiva. Se, objetivamente, devedor e terceiro podiam ter se cientificado da existência da demanda quando negociaram, o resultado será a ineficácia, perante o credor, do ato entre eles praticado. De maneira geral, em relação ao terceiro, bastará, para que não incorra em negócio ilícito, que obtenha as certidões de praxe junto ao cartório judicial responsável pela distribuição das demandas. Se assim não faz, mormente em momento histórico que põe em relevo padrões de conduta conformes à boa-fé objetiva, pouco importa se agiu com ânimo de prejudicar o credor ou não: o negócio será ineficaz.

---

46. Cândido Rangel Dinamarco, "Fraude contra credores alegada nos embargos de terceiro" *in: Fundamentos do Processo Civil Moderno*, São Paulo: RT, 1986. p. 423.
47. Reza o art. 774, I, do Código de Processo Civil: "*Considera-se atentatória à dignidade da justiça a conduta comissiva ou omissiva do executado que: I – frauda a execução; (...)*"; e o seu parágrafo único: "*Nos casos previstos neste artigo, o juiz fixará multa em montante não superior a vinte por cento do valor atualizado do débito em execução, a qual será revertida em proveito do exequente, exigível nos próprios autos do processo, sem prejuízo de outras sanções de natureza processual ou material.*".

V – DAS RELAÇÕES JURÍDICAS: FATOS E NEGÓCIOS JURÍDICOS 161

De maneira que, havendo demanda judicial contra o devedor, a alienação ou oneração de bens, em prejuízo da efetivação de posterior provimento jurisdicional, implicará de regra a incidência da sanção de ineficácia.

Enfim, na fraude à execução, para escapar à declaração de ineficácia de seu negócio, o terceiro que negocia com o devedor haverá de provar a impossibilidade objetiva de conhecimento da demanda contra este existente. Muito ao contrário da fraude contra credores, em que o ônus de provar recai sobre o credor, que, de regra, haverá de demonstrar a existência do *consilium fraudis*.

O Código de Processo Civil (repetindo o revogado art. 615-A do CPC/1973, então acrescentado pela Lei 11.382/2006) prevê em seu art. 828 que o exequente poderá obter certidão de que a execução foi admitida pelo juiz, com identificação das partes e do valor da causa, para fins de averbação no registro de imóveis, de veículos ou de outros bens sujeitos a penhora, arresto ou indisponibilidade, no ato da distribuição. O § 4º deste artigo, determina que se presumem *"em fraude à execução a alienação ou a oneração de bens efetuada após a averbação"*. Assim, a averbação da litispendência executiva faz com que o terceiro adquirente do bem não possa alegar a ignorância da execução movida em face do alienante. A lei *presume* em fraude à execução. E, note-se, tal presunção é *absoluta*, isto é, bastará apenas a verificação dos demais requisitos para que a fraude à execução esteja prefigurada.

b) Simulação

Negócio jurídico simulado: caso de divergência entre a vontade real e a declarada. Como regra, quando da celebração de um negócio jurídico, a vontade interior dos celebrantes coincide com a vontade declarada: o que eles querem de verdade representa o conteúdo volitivo manifestado. O negócio assim produzido considera-se escoimado de vícios e, por tal razão, surtirá todos os seus desejados efeitos. Entretanto, é possível que ocorra divergência entre o íntimo querer e o conteúdo declarado. Por outras palavras, eventualmente a vontade declarada não corresponde à real vontade do seu declarante. E isso pode acontecer intencionalmente ou não.

Conceito. A simulação, nesse contexto, é o vício social que representa o acordo de vontades em que se objetiva fim diverso daquele aparentemente pactuado entre as partes. Dito de outra maneira, a simulação se caracteriza pelo negócio jurídico em que o propósito das partes diverge, *intencionalmente*, dos efeitos que elas estão dispostas a acordar. Para tanto, ocorre a ocultação da vontade verdadeira do declarante restando, apenas, aquela que a vítima entende como única. Daí se poder afirmar que a simulação é, ao lado da reserva mental, uma das espécies de divergência intencional entre a vontade real e a declarada.

Características do negócio jurídico simulado: Código de 1916 e o atual. Do conceito acima formulado é possível extrair os caracteres da simulação. No dizer de Washington de Barros Monteiro, a simulação é caracterizada por "um intencional desacordo entre a vontade interna e a declarada, no sentido de criar, aparentemente, um negócio jurídico, que, de fato, não existe, ou então oculta, sob determinada aparência, o negócio realmente querido."[48]

Para a prefiguração de negócio simulado e sua possível ação de nulidade, não é necessário que a vítima tenha experimentado prejuízos reais, bastando que se demonstre a intenção maliciosa, o intuito de enganar, o escopo de iludir terceiros, por parte do declarante. Pode-se dizer, então, que independentemente da falsidade do negócio ter causado dano a terceiro, o negócio simulado, por possuir intenção enganosa, atualmente é suficiente para invalidá-lo. Mais do que isso: não se exige sequer a intenção de prejudicar, sendo suficiente a *intenção de enganar*.[49] É uma das novidades trazidas pelo Código Civil de 2002, uma vez que os arts. 103 e 104 do Código Civil de 1916 mencionavam "intuito" e "intenção" de prejudicar. Como consequência, aliás, já não há razão para se classificar a simulação em *invalidante* e *não invalidante*. Para o atual Código Civil, a simulação acarreta, sempre, a nulidade do negócio.

No sistema do Código de 1916, a denominada simulação inocente, justamente por não ter o propósito de prejudicar ou lesar direitos alheios, escapava da invalidação. Tal não acontece mais, porque o foco central do vício passa a ser, com o Código Civil de 2002, a dissonância das vontades combinada com a maquiagem de determinado negócio jurídico. O contrato assim celebrado é nulo, nada interessando a intenção das partes.

Resumindo, caracterizar-se-á, portanto, a simulação, segundo o regramento do Código Civil de 2002, quando as partes celebrantes, em comum acordo,

– emitirem voluntária e deliberadamente declarações de vontade dissonantes do seu real querer

– com o objetivo de enganar (e não prejudicar) terceiros. O requisito, no mais das vezes, vem a reboque do falso que, por si só, se presta a invalidar o negócio jurídico.

Espécies de simulação quanto a sua extensão. Em face da sua extensão sobre o negócio jurídico, a simulação pode ser *absoluta* ou *relativa*. É absoluta quando não apresenta nada de verdadeiro. A aparência é total: não oculta sequer outro negócio jurídico. É o que acontece, por exemplo, quando o devedor forja alienações de seus bens pretendendo subtraí-los à possível penhora. A aparência do negócio é absolutamente falsa, não restando ao contrato nenhum elemento legítimo. Tratar-se-á de simulação relativa quando, sob a aparência de um negócio fictício, o celebrante pretende realizar um outro, que é o verdadeiramente pretendido. Encobre-se, dessa maneira, a existência de um outro negócio. Existirão, nestes casos, dois negócios: o simulado, que visa ocultar um outro, e o dissimulado, cujos efeitos eram os que realmente as partes pretendiam alcançar.

---

48. *Curso de Direito Civil*, vol. 1, ob. cit., p. 317.
49. É também o que se entende no Direito português (Abílio Neto, *Código Civil Anotado*, 13ª ed., Lisboa: Ediforum, 2001, comentários ao art. 240°, nota 12, p. 150).

V – DAS RELAÇÕES JURÍDICAS: FATOS E NEGÓCIOS JURÍDICOS **163**

As distinções são de extrema importância para que se possa averiguar as consequências para os negócios. Será nulo, inexoravelmente, o negócio aparente, simulado, por que é fictício. O negócio dissimulado, se válido for em sua forma e substância, produzirá seus jurídicos efeitos (art. 167, *caput*, do Código Civil). Em outras palavras, com o reconhecimento da simulação, o negócio furtivo se torna o único elemento existente e poderá, ou não, subsistir, caso seja provado o preenchimento dos requisitos de validade bem como a licitude de seu objeto.

Vejamos alguns exemplos. Há o caso em que certa pessoa não tem legitimidade para receber doação de outrem, efetivando-se o negócio aparentemente em benefício de um terceiro, mas cujo objetivo é, em realidade, favorecer a parte ilegítima. Há também o exemplo do amásio que, impedido de doar à concubina, cria sociedade cujo capital pertence, em maioria, à ela, fazendo-se a doação em benefício da pessoa ajurídica, mas realmente pretendendo premiá-la. São negócios que contam, em sua generalidade, com os chamados laranja ou testa-de-ferro.

Modalidades de Simulação no Código Civil. De acordo com art. 167, § 1º, a simulação pode se apresentar de três formas. Na primeira delas, denominada *ad personam*, o negócio aparenta transmitir direitos a uma pessoa diferente daquela que realmente os receberá; na segunda, intitulada simulação *de conteúdo*, há uma declaração falsa, que não representa a realidade; na última, os instrumentos particulares são antedatados ou pós-datados, por isso mesmo chamando-se de simulação *antedata* ou *pós-data*.

Determina o art. 167, § 1º, I, que haverá simulação nos negócios jurídicos quando *"aparentarem conferir ou transmitir direitos a pessoas diversas daquelas às quais realmente se conferem, ou transmitem"*.

Nesse tipo de simulação, o negócio praticado é verdadeiro, mas quem o pratica (uma das partes) é figura aparente. Em outras palavras: a intenção do negócio é verdadeira e seus declarantes realmente desejam realizar o que propuseram no contrato do negócio. O que se simula é o sujeito a quem a declaração se refere, assim feito para enganar terceiros e, quase sempre, para evitar uma proibição legal. A falsidade, então, está na interposição do chamado "testa-de-ferro", "laranja" ou "homem-de-palha", que não será, de fato, o destinatário dos efeitos do negócio. Veja-se esse exemplo: o homem que deseja doar um apartamento a sua amante, mas para que sua esposa não tome disto conhecimento, pratica a liberalidade beneficiando um suposto amigo do casal. Este, por sua vez, fazendo seu papel de "presta-nome", completará a simulação *de personam ad personam* dando o apartamento à amante de seu amigo. Ou, ainda, o pai que, não obtendo o consentimento de todos os filhos para vender certo imóvel à um deles (art. 496, *caput*), utiliza-se de interposta pessoa com quem celebra compra e venda simulada para que, após, repasse-se o bem ao filho.

Interposta pessoa, por si só, não configura simulação. Ainda quanto à venda de ascendente a descendente, há que se considerar que a interposição de pessoa pode não configurar simulação *ad personam*. Assim, a venda feita pelo ascendente a terceiro não torna a coisa transferida inalienável para o descendente, isto é, não estaria este último proibido de comprar, se ausente a fraude, o mesmo bem transferido ao terceiro. Ao menos não necessariamente essa situação – a presença de interposta pessoa – é fato signo de ocorrência de simulação. Há que se ter por provada a fraude. O decurso do tempo é, muitas vezes, indicativo de que não houve fraude. Já decidiu o Superior Tribunal de Justiça: *"Civil. Venda a descendente. Interposta pessoa. Prova da simulação. Não há impedimento a que, alienado bem a terceiro, venha o mesmo bem a ser adquirido por descendente do alienante, mais de sete anos após, sem prova de que o negócio fora simulado. Em casos que tais não incide o art. 1.132, senão em conjugação com o art. 102 do Código Civil"*.[50]

O inciso II do § 1º do art. 167, a seu turno, considera simulado o negócio que contenha declaração, confissão, condição ou cláusula não verdadeira. Aqui a simulação encontra-se no próprio objeto do negócio. Diz-se, assim, que há simulação de conteúdo do negócio jurídico. As partes estipulam compra e venda quando na verdade houve doação.

Para essa modalidade, ganha especial relevo a classificação já estudada que cataloga a simulação em absoluta e relativa. É que a falsidade do conteúdo pode ser total (simulação absoluta), quando nada de verdadeiro se contratou, ou parcial (simulação relativa), nos casos em que se declara um determinado negócio usado para ocultar a efetiva e verdadeira realização de outro.

Acrescente-se que, existindo parte verdadeira do negócio simulado (tratando-se, pois, de simulação parcial), ela poderá ser mantida e considerada válida, a despeito do restante viciado e nulo. Aplica-se, no caso, o art. 184, que homenageia o princípio da preservação dos negócios jurídicos. O que for verdadeiro deve permanecer. Aliás, anote-se que é preferível a manutenção do negócio, em sua parte válida, de maneira que possa naturalmente se desenvolver até sua conclusão e consequente extinção, com o que produzirá todos os seus efeitos jurídicos permitidos. Imagine-se um contrato de compra e venda, inteiramente verdadeiro em seu conteúdo não fosse pela cláusula que estipula o preço, mentindo seu real valor. Não haveria, nesse caso, sentido em se anular o negócio todo: mantém-se o contrato, anulando-se a cláusula e aniquilando a aparência, para que se preserve o preço verdadeiro. A compra e venda, a despeito da falsidade parcial, poderá atingir todos os seus pretendidos (e lícitos) efeitos.

Por fim, estabelece o Código Civil que haverá simulação nos negócios jurídicos quando *"os instrumentos particulares forem antedatados, ou pós-datados"* (art. 167, § 1º, III). O que acontece, nesse tipo, é que as partes informam, na feitura do instrumento, data diversa daquela em que o negócio está se realizando, ou assinalando momento anterior, ou momento posterior. Trata-se, em verdade, de mais um exemplo de simulação relativa porque subjacente à mentira das datas existe um negócio jurídico desejado pelas partes. Recaindo a falsidade apenas sobre a data demarcada, a nulidade atinge o negócio nesse específico ponto, de modo que ele subsiste, mas produzindo seus efeitos a partir da data em que realmente foi celebrado. É aplicação pura do referido art. 184 em combinação com o próprio art. 167, *caput*, parte final.

---

50. REsp 32.246-0-SP, rel. Min. Waldemar Zveiter, 3ª Turma, por maioria, em 11.05.1993.

Data falseada em instrumento público. Interessante anotar que tal modalidade afeta somente os negócios realizados por instrumento particular, onde as partes declaram livremente sua vontade. Quanto aos instrumentos públicos, a data nele assinalada goza de fé pública, de maneira que, a princípio, tem-se por verdadeira. É atestada pela fé pública do tabelião. No entanto, é possível que ela também seja falseada. A questão é a de se saber se, nesse caso, há simulação. A resposta é negativa. O que se tem é verdadeira falsidade. É que a declaração da data não é feita pelas partes, mas sim pelo oficial, cujo atestado goza de fé pública. Nesses casos, a antedata ou a pós-data também invalidam o instrumento público, mas não em decorrência do regramento da simulação. Se o ato visa fraudar lei, ou credores ou acaba afetando direitos de terceiros, comportará ação ordinária para a prova da falsidade, ou, ainda, ãarguição de falsidade, que atualmente se suscita em contestação ou réplica como regra, ou, ainda, no prazo de 15 dias contado a partir da intimação da juntada do documento aos autos (art. 430 do CPC). Aliás, saliente-se, o próprio legislador redigiu o inciso III (do § 1º do art. 167 do CC) referindo-se especificamente aos instrumentos particulares.

Efeitos da simulação. Como já foi acentuado, a simulação é vício social porquanto sua existência não atinge propriamente à vontade do declarante: esta é manifestada livre de pressão ou desvios externos. Ataca-se, em verdade, o ordenamento jurídico, justamente porque a simulação é, em última análise, uma mentira, implicando afronta aos princípios da lealdade, da boa-fé e da confiança que, hoje, representam o alicerce do direito obrigacional.

Nesse sentido, mesmo estando garantida a convergência de interesses entre os declarantes (requisito igualmente imprescindível para a validade do negócio), a intenção do negócio é espúria porque visa enganar terceiros e, por isso mesmo, fulminado pela invalidade. Daí porque andou bem o Código Civil de 2002 ao colocar, como principal efeito do negócio simulado, a nulidade. Já se chegou mesmo a afirmar que a simulação representava *verdadeiro delito*,[51] tamanho o repúdio ao seu cometimento.

Aqui reside, portanto, drástica diferença entre os demais defeitos até então vistos: a consequência do ato simulado será a pena de *nulidade* e não a de *anulabilidade*, o que gerará, a seu turno, distinto regime jurídico a partir do seu reconhecimento.

Ainda que a matéria venha discutida adiante, já fica consignado que, tratando-se de ato nulo, pode ser conhecida de ofício, isto é, diretamente pelo juiz, independentemente de pedido da parte.

Mas, especificamente, quais são os efeitos da simulação?

Os terceiros de boa-fé não poderão ser prejudicados pela falsidade no negócio. É o que determina o art. 167, § 2º. Se o terceiro pautar sua conduta no negócio simulado, poderá exigir que se considere a *aparência* para preservar seu direito. Não é tecnicamente correto afirmar que se mantém o negócio simulado, porque isso seria contraditório com o efeito da nulidade. Assim, não se trata de validar o ato inválido, até porque as nulidades são insanáveis, mas apenas de considerar a aparência para preservar o direito de outrem. No que respeita a esse terceiro, e a ele somente, o negócio nulo produz efeitos.

---

51. Octavio Moreira Guimarães, *Boa-Fé no Direito Civil Brasileiro*, 2ª ed., São Paulo: Saraiva, 1953, pp. 81-82.

Em relação aos contratantes, o Código Civil de 2002 traz substancial alteração, certamente em decorrência do regime de nulidade dos negócios simulados.

O art. 104 do Código de 1916 determinava que, *"tendo havido intuito de prejudicar a terceiros ou infringir preceito de lei, nada poderão alegar, ou requerer os contraentes em juízo quanto à simulação do ato, em litígio de um contra o outro, ou contra terceiros"*. As partes envolvidas no negócio simulado não poderiam alegar, tanto em suas relações mútuas como nas travadas com terceiros, a invalidade do negócio. Aplicava-se, em sua máxima amplitude, o princípio de que ninguém pode invocar a seu favor a própria torpeza (*nemo auditur propriam turpitudinem allegans*). Presos estavam os celebrantes à aparência por eles criada. Contra ela, insurgir-se-iam, se o caso, apenas terceiros prejudicados. A regra, entretanto, não foi trazida para o Diploma de 2002. Acontece que, em face dos princípios que revigoram o direito privado, tais como a boa-fé objetiva, a lealdade nas relações contratuais e a confiança, valoriza-se a *verdade* das relações jurídicas. Assim, além dos terceiros interessados (prejudicados ou não), poderão os próprios celebrantes afastar o negócio aparente.

Recorde-se, como já apontado, que a providência foi salutar em razão das consequências da simulação, tais como atualmente previstas. É que a simulação agora acarreta a *nulidade* do ato, efeito que, por definição, vale *erga omnes*, atingindo, portanto, também celebrantes. A declaração aparente, simulada, é nula frente a todos.

Negócio simulado para esconder ato ilícito. Uma questão pode surgir. Poder-se-ia imaginar a realização de negócio simulado para encobrir um determinado ato ilícito. Após a sua realização, as partes, ou um terceiro, maliciosamente, reclamariam, por meio de ação, a declaração de nulidade do ato e a consequente exigência de cumprimento do negócio subjacente (ilícito). É evidente que não se pode, nestes casos, admitir o acolhimento de tal alegação de nulidade para esse fim, justamente porque ele visava esconder a prática de um ato espúrio. Por exemplo: é celebrado, de forma simulada, um contrato de compra e venda que visa encobrir a entrega de propina de certa pessoa à autoridade pública. Alegada a nulidade do negócio, não poderá ser o ato invalidado para que, em seguida, seja efetivada a corrupção. Ainda que essa fosse a real intenção das partes (negócio dissimulado, aqui representado pela entrega de propina), ele não prevalecerá, mesmo que declarada a nulidade do negócio falso.

c) Reserva mental

Conceito e natureza jurídica. Já ficou assentada a ideia de que se consideram vícios sociais os defeitos do negócio jurídico que, não colocando em risco a vontade manifestada, atacam o ordenamento jurídico.

O regramento da fraude contra credores está inserido no capítulo dos defeitos do negócio jurídico, exatamente como no Código Civil de 1916. A simulação deixou de ser causa de anulabilidade e, transferida para o tratamento das invalidades, gera a nulidade do negócio. Esses são os vícios sociais tradicionalmente apontados pela doutrina e atualmente disciplinados em capítulos diversos do Código Civil. É certo, entretanto, que a simulação, ainda que regulamentada fora da epígrafe *dos defeitos do negócio jurídico* e geradora de nulidade, permanece como tal classificada. Não é a localização topográfica do instituto que define a sua natureza, mas sim o seu conteúdo.

Com o advento do novo diploma civil, pode-se dizer que, ao lado da fraude e da simulação, o Código disciplina um *terceiro vício social*: a reserva mental, tratada no art. 110, dentro das disposições gerais dos negócios jurídicos.

Antes do Código Civil de 2002, o direito vigente no Brasil não conhecia a reserva mental, ainda que o projeto do Código de 1916, elaborado por Clóvis Beviláqua, tenha feito referência ao instituto em seu art. 105.[52] Em 1900, no entanto, a Comissão Revisora do Projeto eliminou o dispositivo, sem qualquer justificativa que apontasse as razões da exclusão.[53]

Após, o instituto reapareceu no Anteprojeto de Código das Obrigações, de 1941, e no Anteprojeto de Código das Obrigações, de 1964, ambos elaborados por Caio Mário da Silva Pereira. De forma semelhante os Projetos que se seguiram, em 1972, em seu art. 109, e no de n. 634/1975, em seu art. 108, que basicamente desaguaram no atual art. 110.

A reserva mental é, antes de qualquer coisa, uma forma de *divergência intencional entre a vontade íntima do declarante e aquela efetivamente declarada*. Mas assim colocado o instituto, de forma abrangente, situações que não repercutem na esfera jurídica estariam abarcadas nessa a ideia, tais como as simples mentiras ou inverdades quotidianas. Essas práticas em nada interessam ao Direito, de maneira que devem restar excluídas do conceito eminentemente técnico-jurídico de reserva mental. E o que falta para restringir o conceito é precisamente a *intenção* de enganar aquele que com o declarante contrata ou terceiros.

A reserva mental é, portanto, a *intencional divergência entre a vontade declarada e o real querer do declarante com o propósito de enganar o declaratário*.

Conforme será referido adiante, a configuração de fenômeno nos termos descritos acima não representa, necessariamente, a invalidade do negócio jurídico. Para que tal ocorra é imprescindível o conhecimento da reserva mental pela outra parte contratante.

Por fim, há que se justificar o enquadramento – em meu entender correto – da reserva mental como vício social.

Não se pode dizer que o defeito em estudo afronte o consentimento da parte. A vontade do declarante é exteriorizada completamente livre de quaisquer embaraços. Por isso mesmo classifica-se a reserva mental como dissonância *intencional* das vontades real e declarada. Não é, como se vê facilmente, vício do consentimento.

---

52. Determinava o dispositivo: "*A declaração de vontade subsiste válida, ainda que o declarante haja feito a reserva mental de não querer o que declara, salvo se a pessoa a quem for dirigida tiver conhecimento da reserva*".

53. Miguel Maria de Serpa Lopes, *O Anteprojeto de Código das Obrigações*, Revista Forense, n. 97/582, publicado em 1947.

De outro lado, não há como se negar que a existência de um negócio feito sob reserva mental representa uma *falsidade*, fato que destoa por completo do atual sistema de direito privado. É correto afirmar a existência de forte tendência intervencionista do Estado na economia do contrato, transformando-se o que antes era dispositivo em imperativo. A ideia é, basicamente, equilibrar as situações negociais. Para isso, preocupa-se o ordenamento com toda a formação do negócio jurídico, sua execução, extinção e efeitos consectários. Protege-se tanto o emissor da declaração de vontade, não se admitindo o erro, o dolo e a coação, como também, os destinatários dela e os terceiros alheios ao negócio. Para essa última tarefa, ganham corpo princípios como o da boa-fé objetiva e o da lealdade, impondo, generalizadamente, padrões de conduta cujo desvio implica a invalidade da contratação e, possivelmente, o dever de reparação dos danos eventualmente causados.

A *mentira* consubstanciada na reserva mental, feita com o intuito de enganar e de conhecimento da contraparte, em face desses postulados, não pode ser aceita, ainda que não prejudicial. Basta a falsidade para o ordenamento repudiá-la. É precisamente o mesmo que se passa com a simulação. Afrontando, pois, normas e princípios de direito, é vício social do negócio jurídico.

Nessa linha de raciocínio, aliás, é de se anotar que o fundamento da invalidade do negócio jurídico celebrado com reserva mental e do ato negocial simulado é essencialmente o mesmo: o repúdio geral à mentira e deslealdade negociais, incompatíveis com os fins do contrato. Evidentemente que o negócio jurídico entabulado sob bases falsas e desleais não cumpre sua função social, ainda que respeitante somente às partes nele envolvidas, porque não permitirá o ordenamento que ele chegue ao seu termo normal (cumprimento do contrato, com a consequente extinção das obrigações). O negócio jurídico alicerçado em proposições mentirosas descumpre sua função social porque impedido de ter "morte natural".

Elementos. Da definição acima alinhavada retiram-se os dois elementos componentes da reserva mental: (i) a divergência entre a vontade interna e a externa, consubstanciada, portanto, em uma declaração não querida quanto ao seu conteúdo e (ii) o objetivo de enganar o declaratário ou terceiros.

Normalmente, e é o que se espera, há coincidência entre a vontade criadora do negócio jurídico e o íntimo querer de seu declarante. Mas, eventualmente, essa igualdade entre o interno e o externo pode não acontecer, seja de maneira *intencional*, seja *sem intenção*.

> **Erro obstativo.** É exemplo de divergência não intencional o que se chama de *erro obstativo*, *erro obstáculo* ou *erro impróprio*, que não se confunde, em nada, com o erro *vício do consentimento*, tratado em nosso direito nos arts. 138 a 144 e já estudado linhas atrás. Considera-se erro obstáculo a declaração de vontade divergente causada por equívoco ou desconhecimento do seu declarante. Trata-se de verdadeiro *lapso* por parte de quem emite a vontade. Por exemplo: o declarante, querendo *alugar*, declara *vender*, ou quer vender por *mil reais* e, colocando um zero a mais, escreve *dez mil reais*. É obstativo porque sequer permite a formação do negócio jurídico. O direito alemão determina a nulidade do ato (§ 119 do BGB). Em nosso sistema, entretanto, as

V – DAS RELAÇÕES JURÍDICAS: FATOS E NEGÓCIOS JURÍDICOS

consequências do erro obstáculo são tratadas como as mesmas do erro vício, desaconselhando a doutrina essa sua distinção em face do ordenamento positivo pátrio.[54]

A reserva mental, assim como a simulação, são exemplos de *divergência intencional entre vontade real e vontade declarada*. O declarante não quer, realmente, aquilo que exterioriza. No mais das vezes, para proteger o princípio da segurança jurídica bem como o declaratário e terceiros, o negócio subsiste, desprovida de qualquer relevância a reserva feita. De outra maneira se o declaratário tinha conhecimento da reserva mental porque, nesse caso, há grave afronta à incolumidade do negócio travado. Pode-se dizer que, nesses casos, o fundamento da tutela jurídica é o mesmo encontrado na repressão à simulação.

Deve estar presente, para a caracterização da reserva mental que interessa ao direito, o propósito de enganar o declaratário ou terceiros. Note-se que tanto faz se o engano objetivou prejudicar ou beneficiar o declaratário ou terceiros. Daí porque não se exige qualquer *prejuízo* para a configuração da reserva mental. Não é necessário sequer o risco de prejuízo.

Consequências da reserva mental. Analisado o vício sob o prisma de seus efeitos sobre o negócio jurídico, é possível classificá-lo em *irrelevante, invalidante e não invalidante*. Destaco, desde já, que a solução do legislador é outra: o problema da reserva mental não se passa no plano da validade, mas no da existência, conforme melhor abordado adiante.

Em primeiro lugar, a análise do negócio feito com reserva mental deve se cingir à sua relevância para o mundo jurídico. É preciso saber se a reserva mental sequer importa ao direito. Como já ressaltado, há divergências intencionais – discrepância entre a vontade manifestada e o íntimo desejo do declarante – que não repercutem na esfera jurídica. Tais são as mentiras quotidianas que, a princípio, enquadram-se no entendimento *amplo* de reserva mental. Da mesma forma as brincadeiras sem qualquer seriedade, revestidas de intenção jocosa, que porventura ocultem a intenção real do pilheriador. Daí falar-se que a reserva mental que *repercute* no ordenamento jurídico é apenas aquela com o *intuito de enganar* terceiros ou o próprio declaratário. Chama-se a reserva mental com essas características de *relevantes* porque suscitam a aplicação da lei (art. 110), o que bem demonstra a sua repercussão *jurídica*, e aquelas sem qualquer engodamento de *irrelevantes*, porque sequer chegam a entrar no mundo do direito.

Se, entretanto, existir o *animus* de enganar, funcionará o art. 110 do Código Civil, determinando que, se a ocultação não for conhecida da outra parte, o negócio jurídico subsiste e produz seus efeitos. Isso acontecendo, será preciso, então, verificar qual a sua consequência, o que dependerá do conhecimento, ou não, do declaratário, da divergência intencional.

---

54. Caio Mário da Silva Pereira, *Instituições de Direito Civil*, vol. 1, *cit.*, n. 89, p. 518.

No mais das vezes a reserva mental é desconhecida da outra parte, isto é, a divergência entre aquilo que fora manifestado e o real querer do declarante é absolutamente ignorada por aquele que com ele contrata. A ocultação assim ocorrida não vicia o negócio jurídico. O negócio, portanto, permanece válido. Tem-se, nesse caso, hipótese de reserva mental *não invalidante*.

Será *invalidante* a reserva mental feita e conhecida do declaratário. Pode-se dizer, então, que somente a reserva mental que objetive enganar terceiros e/ou o declaratário e que seja conhecida deste último vicia o ato.

É importante anotar que, como regra geral, se exige o *efetivo* conhecimento do declaratário, não bastando a *possibilidade de conhecimento* ou a *probabilidade de conhecimento*, ou ainda, pelas circunstâncias da negociação o *dever-se-ia ter conhecimento*. Imprescindível, pois, que concreta e inequivocamente tenha sabido da ocultação levada a cabo pelo reservante. É requisito imposto como medida de segurança das relações jurídicas.

Mas outro ponto se coloca: tratando-se de reserva mental capaz de viciar o negócio jurídico, qual, efetivamente, a consequência para ele? O problema que se coloca é o de se saber qual o efeito causado em decorrência da reserva mental conhecida. A primeira questão é a de se saber qual plano – existência ou validade – do negócio jurídico o vício social em questão ataca quando conhecido do declaratário.

Como se pode inferir da nomenclatura utiliza – reserva mental *invalidante* – a minha opinião é a de que o vício toca o plano da validade. É que, em realidade, a reserva mental não alcança qualquer elemento de existência do negócio jurídico. Não há qualquer ataque à vontade, que é livremente manifestada. Justamente por isso classificou-se a reserva mental como vício social. Veja-se que a declaração de vontade feita com escondedura existe, tanto que é *declaração de vontade*. Como poderia o conhecimento do destinatário da manifestação, em momento logicamente posterior, causar a *inexistência*? Se o ato fosse inexistente em primeiro lugar, sequer haveria *declaração de vontade* e *ocultação* a ser conhecida pelo declaratário. A vontade foi exteriorizada livre e conscientemente pelo reservante. Até porque, por definição, a reserva mental é a divergência *intencional* entre o querido e o declarado. Não há qualquer assalto à vontade declarada que não deixa de existir, ou desaparece, pelo simples fato de o declaratário ter consciência da ocultação perpetrada.

A dinâmica da reserva mental conhecida é muito semelhante à da simulação, com a já referida diferença de que na primeira ocorre conhecimento e *adesão* à vontade camuflada, e na segunda, verdadeiro *acordo* entre os celebrantes. E, frise-se, o negócio simulado *existe*, embora nulo, porque ferido apenas em sua validade. Ambos os atos dissimulam intencionalmente a verdade, não se verificando qualquer razão para a diversidade de tratamento. No sentido do que se está a sustentar, de forma mais lógica, encontra-se o direito positivo luso (art. 244° do Código Civil português), ao determinar que "*a reserva mental não prejudica a validade da declaração, excepto se for conhecida do declaratário; neste caso, a reserva tem os efeitos da simulação*".

Para o legislador, trata-se de caso de inexistência. Em que pese minha opinião, é de se destacar que o ponto não é tão simples assim. Sobre ele, tive oportunidade de discorrer com mais vagar em obra específica,[55] remetendo-se o leitor. Destaque-se aqui, entretanto, que o art. 110 do Código Civil, único preceito que regula o vício social da reserva mental, determina que a manifestação de vontade *subsiste* ainda que o seu autor haja ocultado sua real intenção. Está a indicar, tal como redigido, que o plano afetado é o da *existência*. Assim, como consequência, se o negócio *subsiste* em face do desconhecimento do declaratário quanto à reserva feita, logo, se ele souber da falsidade o ato não subsiste, não existe. Nesse sentido afirmaram Nelson Nery Júnior e Rosa Maria de Andrade Nery,[56] Eduardo Ribeiro de Oliveira[57] e José Carlos Moreira Alves.[58]

A reserva mental conhecida acarreta, portanto, em meu sentir, a invalidade do negócio (nesse sentido, também, Álvaro Villaça Azevedo[59] e Itamar Gaino, afirmando que a reserva mental, nestes termos, é simulação[60]). E dentro do campo da validade, o ato negocial será *nulo* precisamente porque a afronta, tal como na simulação, alcança o próprio ordenamento jurídico, que repudia a falsidade nas declarações de vontade. O ataque transcende os interesses das partes – reservante e declaratário –, de maneira que não se poderia entender como mero caso de anulabilidade. Assim interpretado, o vício social fica de acordo com a lógica do nosso sistema, afinado com a simulação e com o nosso direito positivo.

3.5. Invalidade do negócio jurídico

3.5.1. Plano da validade e modalidades de invalidade

Planos de análise, validade e invalidade. Já restou assentado que o negócio jurídico deve ser analisado em três distintos planos: existência, validade e eficácia. Mais do que isso, a verificação de determinado plano pressupõe a confirmação do precedente. Assim é que antes de estudar as esferas da validade e da eficácia, é mister saber se o negócio jurídico chegou a existir. Se existiu, passa-se à validade para, depois, checar a sua eficácia.

Nesse ponto do estudo, analisar-se-á detidamente o plano da validade.

Validade é a qualidade do negócio jurídico que observou as normas jurídicas quando de sua realização. Representa, portanto, a regularidade formal e substancial do ato. De outra maneira, se for desatendida alguma determinação legal, o negócio jurídico será invalido, sofrendo a incidência de uma sanção prevista pelo próprio ordenamento. Por força dessa sanção, o ato não conseguirá produzir os seus desejados

---

55. *Negócios Jurídicos – Vícios Sociais, cit.*, item 4.6.
56. *Código Civil Comentado*, 4ª ed., São Paulo: RT, 2006, coms. ao art. 110, n. 11, p. 251.
57. *Comentários ao novo Código Civil*, vol. II, coord. Sálvio de Figueiredo Teixeira, Rio de Janeiro: Forense, 2008, coms. ao art. 110, p. 233-234.
58. *A Parte Geral do Projeto de Código Civil brasileiro (Subsídios Históricos para o Novo Código Civil Brasileiro)*, 2ª ed., São Paulo: Saraiva, 2003, p. 48.
59. *Código Civil comentado*, vol. II, 1ª ed., 1. tir. São Paulo: Atlas, 2003, p. 65.
60. *A simulação dos negócios jurídicos*, São Paulo: Saraiva, 2007, n. 2.7.1, p. 50.

efeitos. Daí porque se pode definir a *invalidade* como o defeito na formação do negócio jurídico que impede possa ele produzir os efeitos pretendidos pelos celebrantes.

Graus de invalidade. A invalidade possui duas *modalidades*, ou *categorias*: a *nulidade* e a *anulabilidade*.[61] O negócio poderá, pois, ser *nulo* ou *anulável*. Registre-se que há, eventualmente, o emprego das expressões *nulidade absoluta*, para representar a nulidade, e *nulidade relativa*, significando a anulabilidade. Prefiro, entretanto, a primeira forma, porque é a utilizada pelo nosso Código Civil.

3.5.2. Nulidade

Conceito. Nulidade é a sanção para a ofensa à predeterminação legal quando da celebração do negócio jurídico. Nas palavras de Caio Mário da Silva Pereira,[62] o ato será nulo quando em grau mais sensível o ordenamento jurídico é ferido.

Perceba-se que a afronta aos preceitos jurídicos é de tal monta que transcende os interesses das partes celebrantes. Elegeu o legislador, como parâmetro, o princípio do *respeito à ordem pública*, de maneira que a infringência às normas que têm este caráter acarretará a nulidade. Não cabe, dessa forma, perquirir sobre a ocorrência de prejuízo. Pouco importa se o negócio acarretou dano, ou não. Para a caracterização da nulidade, basta o desrespeito ao preceito de ordem pública. Afastou-se o legislador do sistema *pas de nullitè sans grief* (não há nulidade sem prejuízo, em vernáculo).

Hipóteses de nulidade. O art. 166 prevê os casos de nulidade. Sem prejuízo, lembre-se de que a simulação (art. 167, *caput*) e a reserva mental – esta, segundo penso – também são casos que acarretam a nulidade dos negócios jurídicos. Vejamos aqui o rol do art. 166. Em grande parte, esse dispositivo está ligado ao já referido art. 104, que carrega os requisitos para a validade do negócio jurídico (*agente capaz; objeto lícito, possível, determinado ou determinável; forma prescrita ou não defesa em lei*).

a) Negócio jurídico celebrado por pessoa absolutamente incapaz

Já ficou assentado que a incapacidade absoluta significa a máxima proibição para a prática de atos da vida civil. O absolutamente incapaz atuará, no mundo jurídico, por meio de seu *representante*. Se ele agir diretamente, isto é, sem representação, o ato será nulo.

Veja-se que segundo o art. 1.550, I, o casamento contraído por menor de 16 anos (absolutamente incapaz, portanto), é *anulável*, quebrando a regra ora em estudo. O que se pode dizer, conforme será oportunamente aprofundado, é que a teoria das

---

61. Nesse sentido Ludwig Ennecerus, Theodor Kipp e Martín Wolff, *Tratado de Derecho Civil*, v. II, t. I. (revisado por Hans Carl Nipperdey, trad. Blas Pérez Gonzalez e José Alguer), Barcelona: Bosch, 1981, § 169, III, p. 365; F. Santoro Passarelli, *Doctrinas Generales dels Derecho Civil*, Madri: Revista de Derecho Privado, 1964, p. 297; e entre nós Pontes de Miranda, *Tratado de Direito Privado*, vol. 4, *cit.*, § 356, p. 4 *et passim*. Assinale-se, entretanto, que há autores que colocam a *nulidade* significando *invalidade*. Ver, por todos, Ambroise Colin e Henri Capitant, *Cours Élémentaire de Droit Civil Français*, vol. 1, 7ª ed., Paris: Dalloz, 1931, p. 78.

62. *Instituições de Direito Civil*, vol. I, 21ª Ed., Rio de Janeiro: Forense, 2004, p. 630.

nulidades em estudo não se encaixa perfeitamente nas normas de direito de família, em especial as atinentes ao matrimônio. Trata-se de regime muito específico, com diversas peculiaridades que, a seu tempo, serão examinadas.

b) Negócio jurídico cujo objeto seja ilícito, impossível ou indeterminável

Se a validade do negócio demanda objeto lícito, possível, determinado ou determinável, a infringência ao art. 104, II, acarreta a nulidade. Perceba-se que o objeto deverá ser, no mínimo, determinável, com indicações de formas e critérios suficientes para que, em dado momento, seja perfeitamente individualizável (por exemplo, compra de 20 cabeças de boi, de certa raça).

c) Motivo determinante, comum a ambas as partes, para realizar o negócio jurídico, seja ilícito

Como regra, a motivação não atinge a declaração de vontade. *Falsa causa non nocet*, relembrando o que ensinou Caio Mário da Silva Pereira.[63] Acontece que se ambas as partes forem animadas por motivo ilícito, haverá contrariedade ao ordenamento jurídico, tornando o negócio nulo. A proteção conferida pelo direito aos negócios celebrados somente alcança aqueles que não objetivem ilegalidades ou ilícitos. Não pode, evidentemente, perdurar o ato negocial que almeje, por exemplo, concretizar um crime. O inciso em estudo vai mais longe do que o anterior (*ilicitude do objeto*). Não apenas o objeto deve ser lícito, mas também a intenção das partes. Os celebrantes poderiam, assim, por meio de negócio cujo objeto seja legal, pretender finalidade espúria. O negócio, neste caso, será igualmente nulo.

d) Negócio jurídico que não se reveste da forma prescrita em lei

Trata-se do descumprimento do inciso III do art. 104 (*forma prescrita ou não defesa em lei*).

e) Negócio jurídico deixa de observar solenidade que a lei considera essencial para a sua validade

Não se há confundir *forma* com *solenidade*. Quando se diz que determinado negócio jurídico deve ser instrumentalizado *por escrito* ou *por meio de escritura pública*, estamos falando de *forma*. De outro jeito, se se exige que o ato seja lido diante de determinado número de testemunhas, falamos em *solenidade* que, se ignorada, acarreta a nulidade.

f) Negócio jurídico tem por objeto fraudar lei imperativa.

O que significa, no texto legal, *lei imperativa*? Significa toda norma cogente, que não pode ser afastada pela vontade das partes. O art. 1.641, II, alterado pela Lei 12.344 2010, determina que será obrigatório o regime da separação de bens no casamento de pessoa maior de 70 anos (antes da alteração, o limite era 60 anos). Daí que

---

63. *Instituições de Direito Civil*, vol. I, atual. por Maria Celina Bodin de Moraes, 21ª Ed., Rio de Janeiro: Forense, 2004, p. 634.

qualquer negócio jurídico, v. g., um *pacto antenupcial*, que tenha por objeto afastar a incidência dessa limitação, será nulo.

g) A lei taxativamente declarar nulo determinado negócio jurídico ou proibir-lhe a prática, sem cominar sanção

As nulidades podem ser *textuais*, quando a lei expressamente aponta a invalidade, ou *virtuais*, quando implícitas, decorrendo do sistema jurídico. Neste último caso, a lei veda a realização de certo ato sem, entretanto, determinar a sanção correspondente. De acordo com este inciso VII, a consequência será a nulidade.

Regime Jurídico. O negócio nulo, justamente por se tratar de ataque mais contundente às normas de direito, gerará consequências mais rígidas e drásticas.

Em primeiro lugar, é de se frisar que o interesse tutelado, aqui, é o da coletividade, precisamente porque as normas agredidas são de ordem pública. A sociedade é que tem interesse em ver o ordenamento íntegro e respeitado, pouco importando, neste caso, os interesses particulares dos envolvidos no negócio nulo.

É dessa primeira característica que, a princípio, decorrem as demais.

A nulidade poderá ser alegada por qualquer interessado, pelo Ministério Público, quando atuar no processo, e reconhecida de ofício pelo juiz. Quanto ao magistrado, a lei parece, em verdade, apontar um seu dever de decretar a invalidade: "*As nulidades devem ser pronunciadas pelo juiz, quando conhecer do negócio jurídico ou dos seus efeitos e as encontrar provadas (...)*" (art. 168, parágrafo único).

O terceiro ponto do regime jurídico vem estampado no art. 169: o negócio jurídico nulo não é suscetível de *confirmação* e nem *convalesce* com o transcorrer do tempo. São duas vedações distintas: o negócio nulo não poderá ser confirmado e nem convalescerá pelo decurso do tempo.

A primeira proibição é óbvia: se o interesse protegido é o da coletividade, não pode ter força a confirmação das partes celebrantes. Não são elas as titulares do interesse atacado.

Convalescer significa *curar*. A nulidade é sanção tão extrema que o seu vício não pode ser superado, curado. Isso quer significar que, por mais tempo que transcorra, o nulo continua nulo.

Existe pelo menos uma exceção à regra. Determina o art. 1.859 que "*extingue-se em cinco anos o direito de impugnar a validade do testamento, contado o prazo da data do seu registro.*" O dispositivo utilizou a expressão *validade*, de maneira a abarcar, em caso de defeito, tanto a *nulidade* como a *anulabilidade*, isto é, a regra aplicar-se-á tanto aos testamentos nulos como aos testamentos anuláveis. Decorridos 5 anos, mesmo a disposição nula convalescerá.

Quanto aos efeitos produzidos, a nulidade opera de pleno direito e, assim, não gera nenhum. A assertiva deve, entretanto, se explicada. O que ela pretende significar é que nenhum dos *efeitos principais e diretos* do negócio será produzido. Assim, em

V – DAS RELAÇÕES JURÍDICAS: FATOS E NEGÓCIOS JURÍDICOS

uma locação imobiliária, não haverá uso do bem e nem pagamento. Acontece que o mundo dos fatos difere do jurídico, de modo que, eventualmente, alguns efeitos, para o direito, surgirão, mesmo em face do ato nulo. Por exemplo, e ainda na locação, a despeito da nulidade a parte vier a possuir o bem de boa-fé, terá direito aos frutos e indenização por eventuais benfeitorias. E isso acontece precisamente para preservar a boa-fé dos contratantes.

Pergunta-se então: se a nulidade atua de pleno direito, subtraindo os efeitos do negócio a partir da sua celebração, é dispensada manifestação judicial sobre o vício? Não. É imprescindível, até por razões de segurança jurídica, que o juiz declare a nulidade. E o que acontecerá, desse modo, é que o pronunciamento judicial – de natureza declaratória – reconhecerá a nulidade, já existente desde a celebração. Por esse motivo, terá eficácia retroativa (eficácia *ex tunc* da sentença). Isso significa que todos os atos praticados no período de tempo entre a celebração do negócio nulo e a sentença declaratória não serão eficazes.

Conversão substancial do negócio jurídico. A regra, em nosso ordenamento, como visto, é a de que o negócio jurídico nulo é insuscetível de confirmação e não convalesce com o tempo (art. 169). Entretanto, se ele contiver os requisitos de outro negócio, subsistirá este quando os efeitos desejados pelas partes permitirem supor que o teriam querido se soubessem da nulidade (art. 170, CC). Teresa Luso Soares define a conversão como "*o meio jurídico em virtude do qual, verificados certos requisitos, se transforma noutro um negócio jurídico inválido, para salvaguardar, na medida do possível, o resultado prático que as partes visavam alcançar com aquele*".[64] Já para Antonio Junqueira de Azevedo, trata-se do "*fenômeno pelo qual um negócio, que, dentro do tipo em que foi concebido, é nulo ou anulável ou ineficaz, vale, por um artifício da lei ou do intérprete, como negócio de tipo diverso*".[65]

Destarte, se praticado um negócio de determinada categoria (*e.g.*, compra e venda de imóvel de valor superior a trinta salários mínimos), encontrar-se ele viciado de tal maneira que resulte nulo ou anulado (*e.g.*, ausência de escritura pública), o intérprete haverá de tomá-lo como sendo um negócio de outra categoria (*e.g.*, promessa de compra e venda), na medida em que são verificados os elementos de existência e requisitos de validade exigidos por esta (pressupostos objetivos da conversão), e que o resultado prático de tal operação revele-se em harmonia com o fim visado pelas partes (pressuposto subjetivo).

Explica-se a regra pela constatação de que o mesmo suporte fático pode embasar diferentes negócios, resultando em efeitos semelhantes, no todo ou em parte, por caminhos diferentes.[66] Confere-se o máximo possível de eficácia à declaração negocial

---

64. *A Conversão do Negócio Jurídico*, Coimbra: Almedina, 1986, p. 13.
65. A conversão dos negócios jurídicos: seu interesse teórico e prático, publicado em *Estudos e Pareceres de Direito Privado*, São Paulo: Saraiva, 2004, p. 127.
66. Humberto Theodoro Júnior, *Comentários ao Novo Código Civil*, v. III, t. I, 3. ed. Rio de Janeiro: Forense, 2006, p. 532.

das partes, prestigiando-se o interesse delas próprias, embora tivessem manifestado a vontade de praticar negócio diverso (o qual se mostrou inválido).

Perceba-se que, em última análise, a ideia é conferir segurança às relações jurídicas. Trata-se de aplicação do *princípio da conservação dos negócios jurídicos*. Na medida em que os negócios, mesmo aqueles viciados, tendam à produção dos efeitos visados com a declaração negocial, aumenta a confiança dos indivíduos quanto à efetividade do comércio jurídico, predispondo-os a dele participarem, o que culmina em uma maior aproximação entre as pessoas e no incremento da circulação das riquezas. Se a tendência fosse, ao menor sinal de vício, a cessação de qualquer efeito, o candidato a negociar ficaria reticente, duvidoso quanto às potencialidades do negócio jurídico a ser entabulado, o que poderia dissuadi-lo de sua prática, paralisando o comércio jurídico.

3.5.3. Anulabilidade

Proteção de interesses particulares. Se de um lado a nulidade socorre interesses coletivos, de outro a anulabilidade diz respeito apenas ao interesse particular das partes envolvidas no negócio jurídico. Seu fundamento, portanto, é outro. O que se coloca em jogo é a conveniência dos contratantes. O negócio é perfeito, diga-se, mas não exibe defeito tão grave como nos casos de nulidade.

Conceito. Anulabilidade é a sanção imposta pela lei aos atos e negócios jurídicos celebrados por pessoa relativamente incapaz ou eivados de vício do consentimento ou vício social (especificamente, neste caso, a fraude contra credores). O que se protege, assim, é a *capacidade* da parte e o seu *consentimento*. Aí reside sua razão de ser: proteção dispensada aos interesses particulares.

Causas de anulabilidade. Além dos casos pontuais previstos expressamente na lei, como, por exemplo, a falta de autorização do cônjuge quando exigida (arts. 1.647 e 1.649), será anulável o negócio jurídico, nos termos do art. 171:

a) por incapacidade relativa do agente. Tratam-se das hipóteses previstas no art. 4º. O negócio será anulável, pois, quando celebrado por maior de 16 e menor de 18 anos; por ébrio habitual; por viciado em tóxicos; pelo deficiente mental com discernimento reduzido; pelo excepcional, sem desenvolvimento mental completo e pelo pródigo. Lembre-se que a lei exige, nestes casos, a *assistência* do incapaz por seus representantes legais.

b) por vício resultante de erro, dolo, coação, estado de perigo, lesão ou fraude contra credores. São os vícios já estudados, assinalando-se que a simulação e a reserva mental, vícios sociais, acarretam a nulidade,[67] e não a anulabilidade do ato.

Regime Jurídico. Precisamente em razão dos interesses que estão em jogo, o regime jurídico da anulabilidade é completamente diverso do da nulidade.

---

67. Lembro, entretanto, e já remeto o leitor para o ponto, que a reserva, em meu entender, gera anualibilidade, muito embora a lei (art. 110), situe o problema no plano da existência.

Nos termos do art. 176, *"quando a anulabilidade do resultar da falta de autorização de terceiro, será validado se este a der posteriormente"*. É exatamente o caso da falta de autorização do cônjuge para que o outro pratique determinado negócio, acima lembrado (art. 1.647). A falta de autorização, a princípio, torna o ato anulável. Entretanto, se houver posterior autorização, o negócio ficará validado. É uma forma de sanar a irregularidade, o que não se poderia admitir se a invalidade fosse da espécie *nulidade*. Daí já se percebe, também, que o ato anulável pode ser confirmado pelas partes, salvo direitos de terceiro (art. 172).

Tratando-se de interesses particulares, somente os envolvidos poderão arguir a anulabilidade. Se eles são os únicos atingidos, não há razão para que terceiros, o Ministério Público ou o Poder Judiciário levantem a questão. Veda-se, pois, o conhecimento da matéria de ofício pelo juiz de direito.[68]

O negócio jurídico nulo não convalesce com o decurso do tempo (art. 169, *in fine*). O anulável, a seu turno, convalesce se o defeito não for alegado pelo interessado por meio de ação própria dentro do prazo decadencial, que será de 4 anos quando houver vício do consentimento (art. 178) ou de 2 anos, a contar da conclusão do ato, quando a lei dispuser sobre anulabilidade sem fixar prazo (art. 179).

Quanto à produção de efeitos, há que se dizer que o negócio anulável gerará todos os seus feitos até que, eventualmente, seja reconhecida judicialmente a invalidade (art. 177, primeira parte). É por isso que, diferentemente da nulidade, a sentença que decreta a anulabilidade é desconstitutiva e, para além disso, não opera efeitos retroativos, de modo que permanecem válidos e intactos todos os atos praticados anteriormente à anulação.

Além disso, há outras normas específicas que regulam o regime das anulabilidades.

O negócio praticado pelo relativamente incapaz, como visto, é anulável. Entretanto – e aqui está a exceção – se obrou maliciosamente, não poderá pleitear a declaração de invalidade (art. 180). A norma respeita dois importantes postulados de probidade e boa-fé contratuais: a vedação de *venire contra factum proprium* e o respeito à máxima de que *nemo auditur turpitudinem allegans* (em vernáculo, *ninguém pode invocar a seu favor a própria torpeza*).

A norma subsequente (art. 181) determina que *"ninguém pode reclamar o que, por uma obrigação anulada, pagou a um incapaz, se não provar que reverteu em proveito dele a importância paga"*. Militará em favor do relativamente incapaz, portanto, a presunção de que recebeu o pagamento da obrigação sem que tenha revertido em seu favor. Em termos práticos, isso significa que, na competente ação judicial, o ônus da

---

68. "Ocorre que erro, ignorância, coação ou defeito outro de semelhante natureza, constitui causa de anulabilidade do negócio jurídico (C. Civil de 2002, artigos 138 e 171), que não se confunde com sua nulidade (C. Civil de 2002, art. 166). Por isso, não se conhece de ofício nem de modo incidental. Antes, eventual anulação reclama ação própria, que não opera efeito antes de julgada por sentença (idem, art. 177)." (TJSP, 29ª Câm. Dir. Privado, AI 0055009-30.2012, Rel. Des. Silvia Rocha, j. 16.06.2012, r. 13.06.2012).

prova pesará sobre aquele que contratou com o relativamente incapaz, que deverá demonstrar ter o pagamento voltado em benefício daquele.

Há, por fim, interessante regra a ser mencionada, e que acaba por consagrar o *princípio da conservação dos negócios jurídicos*. Esse postulado, em linhas sumárias, quer significar que, dentro do que é juridicamente possível, deve-se, ao máximo, preservar os negócios jurídicos para que cumpram a sua função socioeconômica. É óbvio que se o negócio for invalidado e deixar de produzir efeitos, riqueza deixará de circular, prejudicando-se, assim, o trânsito jurídico. Por tal motivo, busca-se preservar o negócio jurídico. O art. 184 determina que, sendo parcial a invalidade de um negócio, o defeito não prejudicará a parte válida do mesmo negócio, se esta for destacável do todo. É o que se chama de *redução do negócio inválido*. E, note-se, aplica-se tanto para os casos de *nulidade* como de *anulabilidade*. Por exemplo, se determinada cláusula contratual é nula, isso não significa, a princípio, que todo o contrato deve ser desfeito, devendo permanecer íntegro na parte que não apresenta invalidade. *Utile per inutile non vitiatur*.

Vistos ambos os regimes jurídicos, é possível elaborar o seguinte quadro:

NULIDADE	ANULABILIDADE
É decretada no interesse da coletividade.	É decretada no interesse do particular interessado.
Não pode ser sanada por confirmação e nem suprida pelo juiz.	Pode ser suprida pelo magistrado, quando requerido pela parte. Pode ser sanada pela confirmação.
Deve ser pronunciada de ofício pelo juiz, produzindo efeitos *ex tunc* (retroativos). A sentença judicial tem natureza declaratória.	Não pode ser pronunciada de ofício, dependendo de provocação dos interessados. Produz efeitos *ex nunc* (não retroativos) e a sentença tem natureza desconstitutiva.
Pode ser alegada por qualquer interessado, em nome próprio, ou pelo Ministério Público, quando lhe couber intervir.	Só pode ser alegada pelos envolvidos no negócio jurídico (prejudicados).
Não convalesce com o decurso do tempo.	Convalesce com o decurso do tempo (após o transcurso dos prazos decadenciais).
O ato nulo não produz nenhum efeito (*quod nullum est nullum producit effectum*).	O ato anulável produz todos os seus efeitos até o instante em que é decretada a sua invalidade.

4. DA PRESCRIÇÃO E DA DECADÊNCIA

4.1. Generalidades

O tempo e o direito. O estudo da prescrição e da decadência prova que o decurso do tempo é um fato jurídico, uma vez que causará efeitos de extrema repercussão e relevância sobre direitos e relações jurídicas. Colocando a questão de forma simplificada, é possível afirmar que o transcurso de determinado lapso temporal pode tanto *criar* como *destruir* direitos. Veja, no primeiro caso, a aquisição do direito de propriedade por meio da usucapião. O sujeito que exerce posse, sob certas condições e durante determinado tempo (previsto em lei), poderá adquirir a propriedade da coisa. Nesse caso, o tempo atuou como fato gerador de um direito subjetivo. Trata-se de uma prescrição *aquisitiva*.

É possível, entretanto, que o decurso de tempo leve à extinção de um direito ou de uma situação jurídica. Temos, então, a prescrição *extintiva*.

Fundamento da prescrição. E o que fundamenta essa corrosão de direitos após o decurso de certo lapso temporal? É a segurança jurídica que impõe a existência da prescrição extintiva. Repare que o direito não aceita situações permanentemente indefinidas, sem uma solução final. Se tal fosse permitido, arranhar-se-ia o princípio da segurança jurídica. Exemplificativamente, o devedor não pode ser devedor para sempre. Ou ele paga, ou seu credor exige o cumprimento ou, ainda, após determinado prazo esse mesmo credor perde o direito de assim fazer. De um jeito ou de outro, haverá consolidação de uma situação jurídica.

Ainda, por força da prescrição, não é necessário que se guarde, para sempre, recibos de quitação de pagamento, porque o suposto credor, em dado momento, perderá seu direito de cobrar. Dessa forma, evita-se um estado de perene potencial litigiosidade incidente sobre as relações jurídicas.

Prescrição e decadência como forma de penalidade. Mas é de se mencionar, também, um outro motivo, ao meu ver secundário, mas que não pode ficar relegado. É que há, no perecimento de certa situação jurídica em decorrência do tempo e da inércia de seu titular, uma carga de *punição* para aquele que, desidioso, deixou de exercê-lo. Sob esse enfoque, trata-se de verdadeiro castigo à negligência e, como consequência, serve de estímulo ao manejo de direitos. Haveria relação com o primeiro fundamento? Sim, porque ao se incitar o exercício do direito, ocorrerá a definição de uma situação jurídica que até então era incerta.

4.2. Prescrição

4.2.1. Entendimento

Pretensão. Antes de definir o instituto, é mister traçar o conceito de *pretensão*, termo que vem referido no art. 189 do Código Civil da seguinte forma: "*Violado o direito, nasce para o titular a pretensão, a qual se extingue, pela prescrição, nos prazos a que aludem os arts. 205 e 206*". A pretensão, portanto, e a luz do dispositivo, é o poder de exigir de alguém uma ação ou omissão. Dito de outra forma, se houver violação de um direito, surge para o seu titular, nesse momento, *pretensão*, consubstanciada na faculdade de exigir do violador que faça alguma coisa, ou se abstenha de fazê-lo, de maneira a corrigir ou respeitar o seu direito atacado.

Conceito. Entretanto, esse poder – pretensão – não pode durar para sempre porque, como dito anteriormente, causaria insegurança jurídica. Daí porque se não exercido em certo tempo desaparecerá. A prescrição é, precisamente, essa perda da faculdade de exigir uma prestação de outrem, isto é, a *perda da pretensão por força da inatividade de seu titular no prazo fixado em lei.*[69]

4.2.2. Prescrição e a decadência

Inércia dos titulares. A grande semelhança entre os institutos reside no fato de que ambos decorrem da inércia, durante certo tempo, do titular de uma pretensão ou direito. Mas a similitude restringe-se a esse ponto. Os dois institutos seguem regimes jurídicos distintos. É por esse motivo que se torna imprescindível reconhecer quando se está diante de um prazo prescricional e quando se trata de prazo decadencial.

Distinção fundamental entre os institutos. A matéria será melhor abordada adiante, quando do estudo da decadência, mas anote-se desde já que enquanto a prescrição é a *perda da pretensão* em razão da inércia de seu titular no prazo legalmente previsto, decadência é, por força das mesmas condições, *a perda do direito.*

Os institutos no Código Civil de 2002. O CC/1916 não tratou de forma sistemática dos prazos de prescrição e decadência, arrolando-os conjuntamente, sem distinção. Tal fato, evidentemente, dificultava a identificação de um ou outro. O novo Diploma, entretanto, buscando facilitar a tarefa, adotou o seguinte método: como regra, os prazos prescricionais estão previstos na Parte Geral (arts. 205 e 206) enquanto os decadenciais localizam-se nos livros da Parte Especial. Quando for previsto prazo de decadência na Parte Geral, ele virá logo após a disciplina de uma determinada matéria e fazendo expressa menção a sua natureza.[70]

Mas ainda é possível que o estudioso se depare com certa previsão de prazo sem conseguir identificá-lo de imediato. É por isso que o estudo elaborado por Agnelo Amorim Filho – à época do Código revogado – ainda se mostra extremamente útil e atual.[71] De acordo com ele, a natureza do prazo será revelada de acordo com tipo de sentença que seria proferida em caso de procedência de eventual ação movida para a efetividade do direito. Se a sentença buscada tem natureza *condenatória*, o prazo previsto em lei será sempre *prescricional*. De outro jeito, se a decisão judicial busca *constituir* ou *desconstituir* certa situação jurídica (portanto, sentença *constitutiva*),

---

69. Não se fala mais, portanto, em *perda do direito de ação*, como se dizia, eventualmente, antes do Código Civil de 2002. E isso porque, com o desenvolvimento do processo civil, verificou-se que a ação é um direito subjetivo da pessoa, voltado contra o Estado e não contra o eventual violador do direito. Assim, o direito de ação não é corroído com o decurso do tempo e, portanto, subsiste mesmo após a incidência da prescrição. Tanto é verdade que o reconhecimento judicial da prescrição ocorre em sentença que resolve o mérito da ação (art. 487, II, do Código de Processo Civil) e, se assim não fosse, isto é, se a prescrição atingisse o direito de ação, não haveria qualquer razão para o juiz resolver a questão de fundo, impondo-se a extinção sem julgamento de mérito. Essa foi mesmo a linha da atual Lei, tanto que, ao prever os prazos prescricionais, refere-se sempre à pretensão (como no art. 206 e parágrafos: *"Prescreve: § 1º Em um ano: I – a pretensão (...); § 3º Em três anos: I – a pretensão..."*).

70. É exemplo disso o prazo decadencial de 4 anos para pedir a anulação do negócio jurídico nos casos de vícios do consentimento e vícios sociais, previsto no *caput* do art. 178.

71. O estudo, que é leitura obrigatória, intitula-se "Critérios Científicos...), e está publicado na RT 300/7 e 744/723.

o prazo fixado será decadencial. Se a providência buscada por meio da sentença for *declaratória*, a pretensão é *imprescritível*.

4.2.3. Regras legais sobre prescrição

Regime jurídico. O regramento da prescrição, no Código Civil, vem sistematicamente dividido em quatro partes: disposições gerais (arts. 189 a 196); das causas que impedem ou suspendem a prescrição (arts. 197 a 201); das causas que interrompem a prescrição (arts. 202 a 204) e dos prazos da prescrição (arts. 205 e 206). Seguirei, nas linhas adiante, a divisão da lei, iniciando, portanto, pelas regras contidas nas disposições gerais sobre a prescrição.

Prescrição da exceção. O art. 190 veio resolver discussão que existia quando da vigência do Diploma anterior. Determina o dispositivo que *a exceção prescreve no mesmo prazo em que a pretensão*. E qual o sentido do termo *exceção* aqui utilizado? Exceção, para os fins do artigo em comento, é o direito de alguém invocar sua pretensão como forma de defesa. Explico melhor. Violado o meu direito subjetivo, surgirá, como já referido, minha pretensão de exigir do violador que faça ou se abstenha de fazer alguma coisa. A partir disso, eu posso exercer minha pretensão tanto de forma *ativa* como *passiva*. No primeiro caso eu tomo a iniciativa de propor uma ação visando a observância ou restabelecimento do meu direito violado. No segundo, o violador é quem promove a demanda contra mim, mas eu poderei exercer a minha pretensão como defesa, mesmo figurando no polo passivo. Veja o exemplo: imagine que A deve R$ 200,00 para B. B tem pretensão contra A, e pode lhe exigir o pagamento da quantia. Imagine agora que A resolve cobrar de B, por meio de ação, a quantia de R$ 500,00, referente a outro negócio jurídico. Nessa ação de cobrança, B poderá exercer sua pretensão, alegando que aquele lhe deve os R$ 200,00, exigindo, dessa forma, compensação de valores.

Pois bem.

Se, no exemplo acima, B permanecer inerte e não efetuar, em tempo, a cobrança de seu crédito de R$ 200,00, sua pretensão prescreve. E, como a exceção prescreve no mesmo prazo que a pretensão, também não poderá alegar a compensação se eventualmente A lhe demandar judicialmente cobrando outro valor.

Nesse caso, portanto, a prescrição destruirá tanto a pretensão como a exceção. O credor inerte ficará sem ação tanto sob o prisma positivo – de agir –, como negativo – de se defender.

Renúncia à prescrição. O art. 191 regula a renúncia do devedor à prescrição. Por óbvio, somente o devedor pode renunciar à prescrição porque somente ele se beneficia dela.

Isto posto, sublinhe-se que o dispositivo permite que ocorra renúncia tanto de forma expressa (mediante, por exemplo, declaração escrita do devedor), quanto tácita.

Neste último caso, decorre a renúncia da prática de algum ato, pelo devedor, incompatível com a prescrição. É um exemplo de tais atos o pagamento parcial da dívida.

A possibilidade de renúncia, entretanto, encontra duas limitações. A primeira visa proteger terceiros e, assim, impossibilita-se o ato de disposição quando ele representar prejuízos para outrem, como por exemplo, para os credores do devedor renunciante, porque obviamente ele terá sua situação patrimonial desgastada sem a possibilidade de prescrição. A segunda limitação é de natureza temporal. A renúncia somente poderá ser efetivada após a consumação da prescrição. A exigência é perfeita, e objetiva, certamente, evitar o aparecimento de pretensões imprescritíveis que, como já ressaltado, são situações excepcionais porque agridem o interesse público e a segurança jurídica. Por força de tais limitações, é perfeitamente lícito que o devedor de débito prescrito renuncie à prescrição e, depois, venha a pagar a dívida.

Impossibilidade de alteração dos prazos prescricionais. Não é possível a alteração dos prazos prescricionais previstos em lei. É a vedação contida no art. 192. A conclusão, portanto, é a de que a fixação dos prazos de prescrição é feita por normas cogentes, que não podem ser alteradas pela vontade das partes. Diga-se, aliás, que a proibição está de acordo com o sistema, uma vez que a prescrição é instituto que busca, primordialmente, efetivar a segurança jurídica. Se fosse permitida a convenção sobre os prazos prescricionais, certamente haveria sobreposição da vontade particular ao interesse público.

Oportunidade para a alegação da prescrição. Outra importante regra sobre prescrição é a que determina que ela pode ser alegada em qualquer grau de jurisdição, pela parte que dela se beneficia (art. 193). Como bem apontado por Murilo Sechieri Costa Neves, trata-se de exceção ao princípio da eventualidade, vigente no processo civil.[72] Segundo ele, o réu em demanda judicial deve apresentar, em sua defesa, todos os argumentos que lhe favorece, sob pena de, posteriormente, perder o direto de fazê-lo.[73] Entretanto, o art. 193 faculta que, a despeito de não ter sido alegada pelo réu, em sua contestação, poderá ser aduzida a qualquer tempo, isto é, a sua alegação não está sujeita à preclusão.

É mister, entretanto, fazer importantíssima observação. Muito embora o dispositivo em comento fale que a prescrição pode ser alegada *"em qualquer grau de jurisdição"*, há limitação à norma. É que em sede de jurisdição *extraordinária* – nos casos de recurso especial para o Superior Tribunal de Justiça ou recurso extraordinário para o Supremo Tribunal Federal – só se pode alegar questões jurídicas que tenham sido anteriormente discutidas nas instâncias inferiores. É o que se chama de *prequestionamento*. Se a prescrição foi debatida na 1ª instância, ou em fase recursal perante o tribunal local, poderá ser invocada, sem qualquer óbice, perante os tribunais superiores. Veja-se, apenas, que não se trata de imposição feita apenas para

---

72. *Direito Civil 1, Parte Geral*, 2ª ed., São Paulo: Saraiva, p. 167.
73. É o que se denomina *preclusão*, simploriamente definida como a perda de uma faculdade processual.

a prescrição, mas sim para qualquer matéria. Nada que não tenha sido ventilado anteriormente no processo pode ser levado, originariamente, para discussão perante os tribunais de cúpula.

Por tal razão, poder-se-ia perguntar se a regra do art. 193 não é desobedecida com tal interpretação. E a resposta é negativa. A prescrição poderá ser discutida em qualquer tempo e grau de jurisdição, mas deve se compatibilizar, também, com a exigência do prequestionamento como requisito dos recursos extraordinários.

O Código Civil, assim que promulgado, continha determinação no sentido de que *"o juiz não pode suprir, de ofício, a alegação de prescrição, salvo se favorecer a absolutamente incapaz"*. Era o art. 194 e, como se vê de sua leitura, não era dado ao magistrado, sem que as partes assim requeressem, decretar a prescrição. Acontece que o dispositivo foi revogado pela Lei 11.280/06 que, além disso, fez alterar a redação do § 5º do art. 219 do CPC/1973, escrevendo, literalmente, que *o juiz pronunciará, de ofício, a prescrição.*[74] Hoje, portanto, não restam dúvidas de que o juiz pode decretar, *ex officio*, a prescrição da pretensão.

Por conta dessa regra, aliada à proibição de que as partes possam alterar os prazos prescricionais (art. 192), é que me parece tratar-se, a prescrição, de matéria de ordem pública. Se fosse de natureza dispositiva, tanto os particulares poderiam modificar seus prazos como o juiz estaria impedido de reconhecer a prescrição sem qualquer provocação.[75]

Ainda sobre o regime jurídico da prescrição, é de se referir o art. 195, vazado nos seguintes termos: *"Os relativamente incapazes e as pessoas jurídicas têm ação contra os seus assistentes ou representantes legais, que derem causa à prescrição, ou não a alegarem oportunamente"*. Trata-se de norma de responsabilidade civil, protetora do relativamente incapaz e da pessoa jurídica. Em ambos os casos, há desídia por parte daqueles que deveriam cuidar dos interesses do menor e da pessoa jurídica. É fácil perceber o objetivo da regra com um exemplo. Imagine-se que um adolescente de 17 anos tenha um crédito a receber. Justamente por ser menor de idade, não tem capacidade[76] para, sozinho, postular em juízo (art. 8º do Código de Processo Civil). Entretanto, o seu representante legal – pai ou mãe – nada fazem, deixando de prestar a devida assistência ao filho e, com isso, consumando-se a prescrição. Logo, o adolescente não poderá mais exigir o seu crédito. Segundo a regra do art. 195, os assistentes do adolescente serão responsabilizados por seu prejuízo.

---

74. É interessante como o Anteprojeto do Código de Processo Civil tratou do assunto. A matéria virá regulada em capítulo destinado à rejeição liminar da demanda. Escreve o art. 317 do Anteprojeto: *"Independentemente de citação do réu, o juiz rejeitará liminarmente a demanda se: ... III – verificar, desde logo, a decadência ou a prescrição;"*. Portanto, em face do atual quadro, não haverá alteração significativa. O magistrado, indica o dispositivo, manterá o poder-dever de decretar de ofício a prescrição ou a decadência. Considere-se, apenas, que a decadência que poderá ser conhecida de ofício será somente a legal, e não a convencional, para que se respeite o art. 211 do Código Civil (v. item *infra*).

75. A colocação, diga-se, não é pacífica.

76. Refiro-me aqui à capacidade para estar em juízo, e não capacidade para ser parte. Essa última, no exemplo dado, o adolescente possui.

O dispositivo, entretanto, refere-se apenas aos *relativamente* incapazes. Como ficam, então, os *absolutamente* incapazes? A situação deles é diferente porque, como se verá adiante, contra eles não corre prescrição (art. 198, I).

Analisando ainda o dispositivo, diga-se que sua parte final ("*...ou não a alegarem oportunamente*") perdeu o sentido, uma vez que, como referido, a prescrição pode ser reconhecida de ofício pelo juiz e alegada a qualquer tempo ou grau de jurisdição.

Finalmente, há a regra do art. 196, que repete o revogado art. 165.[77] De acordo com ela, a prescrição que se inicia contra uma pessoa continua a correr contra o seu sucessor. É por isso que se alguém que tem um crédito a receber, cujo vencimento para pagamento já se operou, vier a falecer, os seus herdeiros continuam vendo o prazo para cobrar a dívida judicialmente correr, sem qualquer interrupção ou suspensão. Há, entretanto, que se fazer a óbvia observação de que a norma não será aplicada quando o sucessor se enquadrar em uma das situações previstas nos arts. 197 e 198, a seguir analisadas.

4.2.4. Das causas que impedem ou suspendem a prescrição

O título do presente tópico, que reflete exatamente o enunciado da seção II do capítulo sobre prescrição, no Código Civil, precisa ser preliminarmente explicado, antes de se adentrar em seu conteúdo propriamente.

Como já referido, nascida a pretensão inicia-se, também, a fluência do prazo prescricional. Acontece que em certas situações o prazo prescricional, a despeito de haver pretensão, sequer começa a correr ou, se já em transcurso, fica suspenso. Quando o Código fala em *causas que impedem* a prescrição ele se refere à primeira situação, isto é, hipótese em que o prazo jamais chegou a correr. De outro jeito, ao falar em *causas que suspendem* a prescrição, sinaliza para a situação em que, já fluindo, o prazo, por determinado motivo, fica suspenso.

Estudemos, pois, as causas que podem impedir ou suspender a prescrição.

---

77. A redação é praticamente a mesma. Entretanto, o dispositivo do Diploma de 1916 falava em *herdeiro*, e não *sucessor*, como a norma em vigor. Feliz a alteração, porque a prescrição continuará correndo não apenas em relação ao herdeiro, mas a qualquer sucessor. Este é gênero; aquele, espécie. Não há, portanto, distinção entre sucessão universal ou sucessão singular. Humberto Theodoro Júnior deixou melhor explicado: "O Código anterior, por causa do emprego da palavra 'herdeiro' no seu art. 165, gerou uma grave polêmica sobre a continuidade da prescrição em face do sucessor *inter vivos*. Pela literalidade do dispositivo, uma corrente liderada por CLÓVIS concluía que somente na sucessão hereditária a prescrição iniciada contra uma pessoa prosseguiria contra seu sucessor. De outro lado, CARPENTER entendia que o art. 165 teria tido a intenção apenas de acentuar o efeito da prescrição na sucessão hereditária, sem, contudo, vetá-la ou restringi-la nas sucessões negociais (cessionários). O novo Código eliminou o problema, pois o texto de seu artigo 196 não dá mais ensejo à restrição interpretativa de CLÓVIS. O dispositivo é claro e amplo: 'A prescrição iniciada contra uma pessoa continua a correr contra o seu sucessor' (e não apenas contra o 'herdeiro', como outrora se dispunha)." (*Comentários ao Novo Código Civil*, vol. III, tomo II, 4ª ed., Rio de janeiro: Forense, 2008, p. 186).

V – DAS RELAÇÕES JURÍDICAS: FATOS E NEGÓCIOS JURÍDICOS

Para facilitar a analise, é comum a doutrina dividir tais causas em três grandes grupos: (i) causas subjetivas bilaterais; (ii) causas subjetivas unilaterais e (iii) causas objetivas.

O art. 197 regula o primeiro grupo, assim determinado porque são consideradas as situações pessoais e peculiares entre as partes envolvidas – credor e devedor – de maneira a justificar o impedimento ou suspensão do prazo prescricional. Não corre a prescrição, portanto:

I – *entre os cônjuges, na constância da sociedade conjugal.* É certo que a norma procura manter a harmonia entre os casados, uma vez que, ninguém aduvida, se as pretensões jurídicas fossem exercidas durante o matrimônio haveria evidente abalo no relacionamento dos cônjuges, com reflexo na eventual prole.

Interessante questão é a de se saber se a regra se aplica, *ipsis litteris*, aos conviventes, isto é, àqueles que se encontram em união estável. Considerando que a união estável é entidade familiar, segundo a própria Constituição Federal (art. 226, § 3º) e a ela se deve igualmente, como tal, proteger, tenho que a regra deve ser aplicada, ainda que possam surgir problemas práticos, mas de prova judicial, como quando começou e/ou terminou a relação de companheirismo.

II – *entre ascendentes e descendentes, durante o poder familiar.* A justificativa para a hipótese é justamente a existência do poder familiar daqueles em relação a estes. Desaparecido tal poder em razão da maioridade ou qualquer outra circunstância, tal como a emancipação voluntária, cessa o obstáculo para que volte a fluir, ou se inicie, o prazo prescricional.

III – *entre tutelados ou curatelados e seus tutores ou curadores durante a tutela ou curatela.*

O segundo grupo – *causas subjetivas unilaterais* – regulado pelo art. 198 do Código Civil, revelam situações peculiares e pessoais do titular da pretensão que vedam o seu exercício no prazo legalmente previsto. Dentro dessa categoria, não corre a prescrição:

I – *contra incapazes de que trata o art. 3º*;

II – *contra os ausentes do País em serviço público da União, dos Estados ou dos Municípios*;

III – *contra os que se acharem servindo nas Forças Armadas, em tempo de guerra.*

O que se há de sublinhar aqui é o fato de que uma condição subjetiva do titular da pretensão faz com que o prazo prescricional não se inicie ou se suspenda.

A norma, de evidente caráter protetivo, visa assegurar àquele que, em razão das circunstâncias acima enumeradas, não pode exercer seu direito de ação. No primeiro caso, tem-se os absolutamente incapazes. No segundo e terceiro, o titular da pretensão encontra-se ausente do País, de maneira que restaria prejudicado com decurso do prazo. Ora, se o soldado, titular de crédito, parte para missão militar em outro continente, não pode ser punido por isso com a efetivação da prescrição. Lembre-se de que, secundariamente, a prescrição encontra fundamento na punição do sujeito desidioso, adjetivo que não se pode utilizar para os sujeitos que estão nas situações referidas no art. 198.

O art. 199, finalmente, regulamente as denominadas *causas objetivas* que impedem o curso da prescrição. Nesses casos, não se considera qualquer qualidade pessoal das partes envolvidas (credoras ou devedoras), mas circunstâncias materiais.

Dessa forma, não corre prescrição pendendo condição suspensiva (inciso I), quando não estiver vencido o prazo (inciso II) ou na pendência de ação de evicção (inciso III). O que há de comum nos três casos é que não existe, ainda, pretensão. Veja, se o prazo ainda não se venceu, a pretensão não nasceu e, como consequência, a prescrição não se iniciou. O dispositivo, em realidade, procurou, até de forma redundante, reforçar o quanto estatuído no art. 189. Se não há pretensão, não se inicia a prescrição.

O art. 200, que não tinha correspondente no Código de 1916, determina que *quando a ação se originar de fato que deva ser apurado no juízo criminal, não correrá a prescrição antes da respectiva sentença definitiva.* O dispositivo é de fácil intelecção e um exemplo auxiliará, de vez, a sua compreensão. Pense-se em uma pessoa que, invejosa, bate com um pedaço de pau no carro do seu vizinho, causando ao automóvel significativos estragos. O sujeito cometeu crime de dano, tal como tipificado no art. 163, *caput*, do Código Penal. Muito embora a responsabilidade criminal e a responsabilidade civil sejam distintas, a sentença do Juízo penal que condená-lo, após seu trânsito em julgado, tornará certa a obrigação do sentenciado de indenizar o dono do carro pelos prejuízos que lhe foram acarretados. Esse ressarcimento não é de natureza penal, isto é, não é imposição de pena pelo delito praticado, mas sim civil. Aplicando-se a regra do art. 200 do Código Civil, o prazo de prescrição para a reparação *civil* do dono do veículo somente começará a correr a partir do momento em que a sentença criminal se tornar definitiva.

A regra é mesmo importante. Veja-se que o art. 935 do Código Civil reza que, a despeito das responsabilidades penal e civil serem distintas, não mais se poderá questionar sobre a existência do fato ou sobre quem seja o seu autor se essas questões forem definitivamente decididas pela Justiça Criminal. Daí por que, respeitando-se a distinção das esferas, há entre elas repercussão da seara penal na esfera cível.[78]

Mas não é só. Conforme será abordado linhas adiante, o prazo prescricional para a reparação civil foi diminuído, com o Diploma de 2002, para 3 anos (art. 206, § 3º, V). Com tempo tão exíguo, era mesmo de rigor que, em casos tais como o

---

78. Nos termos do art. 387, IV, do Código de Processo Penal, com a redação dada pela Lei 11.719/2008, dentre os itens que devem integrar a sentença condenatória está a fixação de valor mínimo para reparação dos prejuízos causados pelo delito ao ofendido.

V – DAS RELAÇÕES JURÍDICAS: FATOS E NEGÓCIOS JURÍDICOS · 187

exemplificado, a pretensão somente começasse a correr com o trânsito em julgado da sentença penal condenatória.

4.2.5. Das causas que interrompem a prescrição

Interrupção e suspensão. O ponto deve ser iniciado com duas importantes observações.

A primeira é que se deve diferenciar *interrupção* e *suspensão* do prazo prescricional. A última situação, acima estudada, redunda, com o término do motivo que determinou a suspensão, na fluência do prazo prescricional do ponto em que ele havia parado. Assim, se José tinha um crédito para receber de Joana e após um ano do nascimento da pretensão eles vierem a se casar, o prazo prescricional ficará suspenso, por força do já visto art. 197, I. Com o fim da sociedade conjugal entre eles, o prazo voltará a fluir, já descontado aquele um ano que decorrera antes do matrimônio.

Com a interrupção é diferente. Cessado o motivo que a determinou, o prazo prescricional volta a ser contado por inteiro, nada importando o quanto antes transcorrera. Inutiliza-se, pois, o tempo já transcorrido.

Interrupção uma única vez. A segunda observação é, em verdade, uma expressiva novidade do Código Civil atual. A interrupção da prescrição somente pode ocorrer uma vez (art. 202, *caput*). E por que é expressiva a limitação? Porque, não fosse assim, existiriam direitos imprescritíveis criados com sucessivas interrupções. O Código de 1916 silenciava a respeito (art. 172), de modo que se compreendia razoável a ocorrência de diversas interrupções (em geral, quando o prazo estava para terminar). É preciso ter em mente que a prescrição é, antes de qualquer coisa, fator de estabilidade e segurança jurídica.

Perceba-se, então, que após o primeiro fato gerador de interrupção, todos os demais – posteriores – e em tese aptos a tanto, serão desconsiderados pelo direito.

Hipóteses de interrupção. Nos termos do art. 202, interrompe-se a prescrição:

I – *por despacho do juiz, mesmo incompetente, que ordenar a citação, se o interessado a promover no prazo e na forma da lei processual.*

O dispositivo faz menção à lei processual. O art. 240 do Código de Processo Civil determina que a citação válida, ainda quando ordenada por juiz incompetente, induz litispendência, torna litigiosa a coisa e constitui em mora o devedor. O o§ 1º complementa: a interrupção da prescrição, operada pelo despacho que ordena a citação retroagirá à data de propositura da ação. Para tanto, deverá o autor adotar, no prazo de 10 dias, as providências necessárias para viabilizar a citação (§ 2º). E o que é *viabilizar a citação*? Em termos práticos, é obter expedição do mandado de citação, com o devido recolhimento das taxas e custas devidas. Se assim fizer no prazo de 10 dias, considera-se obtido o efeito de interrupção a partir da propositura da ação.

Outra questão: e se o despacho, no lugar de ordenar a citação, determinar emenda à inicial? Não se haverá por interrompido o prazo prescricional.

Anota Humberto Theodoro Júnior que a citação produzirá o mesmo efeito interruptivo ainda que efetivada em tutelas cautelares requeridas em caráter antecedente e que visem a conversão em posterior ação principal, nos termos dos arts. 303 a 308 do CPC.[79]

O Superior Tribunal de Justiça já decidiu que se o processo vier a ser extinto por desídia do autor, a citação deixará de produzir o efeito em estudo (4ª Turma, REsp 523.264/RS, Rel. Min. Jorge Scartezzini, j. 12.12.2006). Se, de outra forma, a extinção ocorrer por outro motivo, ainda que sem resolução de mérito, fica preservada a interrupção (3ª Turma, REsp AgRg na MC 18.033/RS, Rel. Min. Sidnei Beneti, j. 16.6.2011). A bem da verdade, e com o respeito devido, em qualquer caso de extinção da ação – ainda que por inação do autor – dever-se-ia preservar a interrupção. O que interrompe a prescrição é a providência tomada pelo titular do direito, por meio da mais drástica das interpelações, que é a citação. Não é o processo em si que a interrompe, de modo que a sua sorte, a princípio, não poderia influenciar no ato, desfazendo-o. O ato, ademais, demonstra inequivocamente que o titular do direito não está inerte.

II – por protesto, se o interessado efetivar a medida no prazo previsto em lei.

Trata o inciso do protesto *judicial* que está, atualmente, regulamentado no art. 726, § 2º, do CPC. A providência compete a quem tiver interesse em manifestar formalmente sua vontade sobre assunto juridicamente relevante (art. 726, caput).

III – por protesto cambial.

O protesto judicial não se confunde com o cambial, previsto no inciso III do art. 202.

IV – pela apresentação do título de crédito em juízo de inventário ou em concurso de credores.

V – por qualquer ato judicial que constitua em mora o devedor.

VI – por qualquer ato inequívoco, ainda que extrajudicial, que importe reconhecimento do direito pelo devedor.

Ato inequívoco de reconhecimento do direito é aquele que não deixa qualquer margem à dúvida de que tal ocorreu. É preciso que fique evidente o desejo do devedor de assim se posicionar.[80]

---

79. Curso de Direito Processual Civil vol. I, 59ª ed., 2018, Rio de Janeiro: Gen-Forense, p. 588.
80. Por esse motivo decidiu o STJ, recentemente, que *"o pedido de concessão de prazo para analisar os documentos apresentados apenas poderia ser considerado como ato inequívoco que importasse em reconhecimento de débito (direito de receber) se fosse destinado ao pagamento de valores, mas nunca para analisar a existência do próprio débito."* (REsp 1.677.895/SP, Rel. Min. Nancy Andrighi, j. 6.2.2018, Informativo 619).

O parágrafo único do art. 202 carrega interessante regra a respeito do momento em que se recomeça a contar o prazo prescricional. É que se pode classificar a interrupção da prescrição, quanto aos seus efeitos, em *interrupção instantânea* ou em *interrupção prolongada*. No primeiro caso, surgindo a causa da interrupção, o prazo recomeça imediatamente a fluir. O segundo, de efeito prolongado, refere-se à interrupção operada em razão da propositura de demanda judicial. Como o processo prolonga-se no tempo, a prescrição somente voltará a fluir a partir do último ato do processo.

4.3. Decadência

4.3.1. Conceito e características

Já se apontou que, assim como a prescrição, a *decadência* ou *caducidade* é também efeito do tempo na relação jurídica. Esta muito se aproxima daquela: ambas são efeitos do tempo e decorrem da inércia do sujeito. A decadência, entretanto, *é a perda do direito potestativo pela falta de exercício em tempo prefixado*.[81] Não há, aqui, propriamente, um interesse de ordem pública na consolidação de determinada situação jurídica. Há, em verdade, um *fator ínsito ao direito*, que determina o seu exercício em determinado lapso temporal. É o que o Professor Caio Mário chamou de "germe da própria destruição" (do direito).[82] Ou o seu titular exerce o direito dentro de tempo certo, ou não mais poderá fazê-lo. É lícito afirmar, portanto, que a inexistência da caducidade é *requisito* para o exercício do direito a que se refere.

Perceba-se, a partir do quanto dito, outra importante diferença entre prescrição e caducidade, quanto ao início da fluência do prazo. Se a decadência é requisito para exercitar um direito, logo, o prazo para a sua consumação se inicia com o nascimento do próprio direito. E o prazo prescricional? Somente começa a correr se e quando o direito for violado (*actio nata*[83]).

É importante bem compreender o instituto – e a sua distinção com a prescrição – para que se entenda o modo por meio do qual a decadência opera.

Em primeiro lugar, a decadência fulmina o direito definitivamente. Por isso, nos termos do art. 207, o prazo não pode ser interrompido e nem suspenso depois de iniciado. Também não há causa que impeça o seu início. Para contrastar, lembre-se de que a prescrição se interrompe em virtude das já enumeradas causas legais.

Em segundo, há que se acentuar que a caducidade destruirá, quando o caso, um direito *potestativo*, isto é, um direito que, diferentemente do que ocorre com a prescrição, não tem pretensão (são insuscetíveis de violação). É que do outro lado da ponta haverá somente a *sujeição* da parte em face do direito do titular. Imagine-

---

81. Caio Mário da Silva Pereira, *Instituições de Direito Civil*, vol. I, *cit..*, n. 122, p. 689.
82. *Op. cit.*, p. 690.
83. V. a respeito o quanto dito por Yussef Said Cahali, *Prescrição e Decadência*, 3 tir., São Paulo: RT, 2008, p. 36 e Câmara Leal, *Da prescrição e da decadência*, 2. ed., Rio de Janeiro: Forense, 1959, p. 21.

se, por exemplo, o direito que se tem de anular um negócio jurídico. Não poderá ele sofrer violação pela parte a quem prejudica porque ela *não se pode opor* à providência. Apenas se submeterá à decisão judicial. É, pois, direito potestativo.

4.3.2. Regras legais sobre decadência

O Código Civil distingue a caducidade em *legal* e *convencional*. Quanto a esta última, "*a parte a quem aproveita pode alegá-la em qualquer grau de jurisdição, mas o juiz não pode suprir a alegação*" (art. 211). A regra completa-se com o art. 210, que determina ser dever do juiz conhecer de ofício da decadência fixada em lei. Portanto, quando o prazo for estabelecido pelas partes, fica impedido o magistrado de suscitar a questão, que assim somente procederá quando a caducidade for estabelecida pela lei. Por exemplo, o juiz deverá declarar a decadência, de ofício, caso a ação rescisória não seja proposta no prazo de 2 anos (o art. 495 do CPC fala em *direito de propor a rescisória* – v. ainda a Súmula 401 do STJ). Frise-se que a prescrição, atualmente, deverá sempre ser conhecida *ex officio*.

O art. 207, já citado ("*salvo disposição legal em contrário, não se aplicam à decadência as normas que impedem, suspendem ou interrompem a prescrição.*"), revela que os prazos decadenciais são fatais e peremptórios. O dispositivo preservou a possibilidade de que a própria lei, excepcionalmente, crie hipóteses de interrupção e suspensão, a exemplo do que acontece com o art. 26, § 2º, do CDC.[84]

A despeito da regra do art. 207, o preceito seguinte determina que se aplique à caducidade "*o disposto nos arts. 195 e 198, inciso I*". Tratam-se dos dispositivos que cuidam da fluência do prazo prescricional contra os incapazes. Resumindo o quanto já foi dito antes (sobre prescrição), não corre prazo decadencial contra os absolutamente incapazes (art. 198, I), bem como ficam os representantes e assistentes dos relativamente incapazes responsáveis pela caducidade quando ela não for alegada oportunamente em seu favor (art. 195).

Note-se que este art. 208 não deixa de significar, também, usa exceção à regra da peremptoriedade dos prazos decadenciais, já que abre janela para a aplicação do art. 198, I.

Por fim, há o disposto no art. 209: "*É nula a renúncia à decadência fixada em lei.*" O dispositivo afina-se com a classificação da decadência (legal e convencional). Ora, se a caducidade convencional diz respeito somente às partes contratantes (tanto que o juiz não pode decretá-la de ofício), nada mais natural que possa o interessado dela renunciar. O que não se admite é a renúncia à caducidade *legal*. É que se o prazo

---

84. O direito de reclamar pelos vícios aparentes ou de fácil constatação, quando se trate de relação de consumo, caduca em 30 dias, se se tratar de fornecimento de serviço ou produto não duráveis e em 90 se duráveis (art. 26, *caput*). Determina o § 2º que *obstam a decadência* a reclamação formulada perante o fornecedor até a resposta negativa correspondente e a instauração de inquérito civil até o seu encerramento. Tratam-se, como se vê, de duas causas de suspensão da decadência, quebrando a regra geral estabelecida no Código Civil.

decadencial está previsto na lei, presume-se seja o seu cumprimento de interesse público, inalcançável pela vontade do particular.

5. DA PROVA

5.1. Aspectos gerais

Negócios jurídicos, forma e a sua prova. Quando do estudo acerca do negócio jurídico, foi visto que a lei prescreve que determinados requisitos, ditos essenciais, deverão ser observados para que ele – o negócio – seja considerado válido. Estes requisitos de validade, a teor do art. 104 do Código Civil, são: agente capaz, objeto lícito, possível, determinado ou determinável e forma prescrita ou não defesa em lei. Ainda que não referido pelo dispositivo, e como visto, é preciso também que exista vontade e, no plano de validade, que ela seja livre e consciente.

No que pertine ao estudo dos meios de prova, infere-se que a análise, em especial, do requisito da forma do negócio jurídico, tem, em determinado ponto, grande relevância na medida em que se observa que só se prova o negócio jurídico formal quando se verifica se ele foi, de fato, realizado em conformidade com a prescrição da lei. Em suma, quando o intuito é provar a existência de um negócio formal, nenhuma outra prova pode, de forma exclusiva, substituir a forma que a lei prescreveu para que ele fosse realizado.

Verifica-se, portanto, que a análise da forma do negócio auxilia na questão da prova dos negócios solenes, contudo, a disciplina acerca dos meios de prova, conforme tratada na lei civil, vai muito além da mera análise da prova desta modalidade de negócio jurídico. Vale dizer que o tema também abrange os negócios cuja forma é livre, bem como os atos e quaisquer outros fatos jurídicos, uma vez que todos são aptos a serem provados.

Conceito de prova. Prova é o meio legal e apto utilizado para demonstrar, de modo concludente, a existência de um ato, fato ou negócio jurídico. Em outras palavras, provar significa demonstrar a veracidade de um fato.

Regime civil e processual civil. Dispensa-se regulamentação para as provas e seus meios tanto no direito civil como no direito processual civil, sendo que cada diploma aborda o tema de acordo com o que interessa ao seu objeto. Nesse sentido, uma vez que o Código Civil cuida do direito material, incumbiu-se ele de traçar um perfil dos meios de prova, arrolando, de modo exemplificativo, as espécies de prova, indicando-lhes seu valor legal, assim como os respectivos requisitos de admissibilidade. Já o Código de Processo Civil se limita a regulamentar o que interessa ao processo, elucidando como deve ser o modo de constituição e produção das provas em juízo. Daí por que me parece, em princípio, desnecessária a discussão sobre se seu tratamento melhor ficaria neste ou naquele Código. Cada um trata do assunto sob óticas distintas.

Requisitos. Conforme o conceito dado, os meios de provas devem ser legais, aptos e concludentes, o que significa dizer que, primeiramente, devem ser eles admissíveis em juízo, ou seja, não proibidos pelo ordenamento jurídico vigente. Por aptos, entende-se que eles devem ter relação com a demanda ou fato que se pretende provar. Devem demonstrar, portanto, ter valor e pertinência. Por fim, os meios de prova devem ser concludentes, no sentido de que só serão considerados quando deles se possa extrair alguma conclusão ou pertinente esclarecimento quanto ao que se pretende provar.

Art. 212: rol não taxativo. É preciso mencionar que o rol exposto no art. 212 do Código Civil, que apresenta espécies de meios de prova, não é taxativo, uma vez que qualquer outra forma de provar um fato é – e deve ser – abarcado pelo direito, desde que apresente os requisitos acima elencados. É o que dispõe o art. 369 do Código de Processo Civil: *"As partes têm o direito de empregar todos os meios legais, bem como os moralmente legítimos, ainda que não especificados neste Código, para provar a verdade dos fatos em que se funda o pedido ou a defesa e influir eficazmente na convicção do juiz."* É preciso mencionar, ainda, a inclusão da *ata notarial* no rol dos meios de provas (art. 384, CPC e art. 7º da Lei 8.935/1994).

> **Ata notarial como meio de prova.** Escreve o art. 384 do CPC: *"A existência e o modo de existir de algum fato podem ser atestados ou documentados, a requerimento do interessado, mediante ata lavrada por tabelião."* À míngua de definição legal da *ata notarial*, a doutrina se encarregou de conceituá-la. Gosto da ideia de que se trata de *documento em que foram narrados os fatos presenciados pelo tabelião.*[85] Mas o que faz exatamente esse notário? Ele *não* confere autenticidade ao fato, mas apenas o relata *com autenticidade*. Ele elabora documento autêntico que espelha e representa o fato. A ideia é de suma importância porque é precisamente o que diferencia a ata da escritura pública. Esta é vocacionada a provar negócios jurídicos e declarações de vontade. Aquela descreve, a pedido de alguém, fatos constatados presencialmente pelo tabelião.
>
> Outra pergunta que se deve fazer: qual a natureza da ata para fins probatórios? Ensina Humberto Theodoro Júnior que a partir da descrição pelo autor da ação do fato que está contido na ata notarial, livra-se ele do seu ônus de provar. A ata, então, faz prova plena do fato nela narrado, justamente porque é ato dotado de fé-pública.[86] Há, pois, *presunção de veracidade* que, entretanto, poderá ser derrubada pela parte contrária. Digo, por fim, que a confissão, normalmente feita em juízo, pode também ser efetivada de modo extrajudicial, nos termos do art. 389, do CPC: *Há confissão, judicial ou extrajudicial, quando a parte admite a verdade de fato contrário ao seu interesse e favorável ao do adversário.* É certo, entretanto, que essa ata, em juízo, passará pelo crivo do contraditório.

Fatos incontroversos. Há fatos, contudo, que não necessitam ser provados, a exemplo dos fatos incontroversos. Incontroversos são aqueles fatos que ambas as partes têm como verdadeiros, seja porque assim declararam ou por não ter, a parte adversa, apresentado qualquer matéria de defesa que pudesse desconstituir o fato contra ela alegado.

---

85. Juliana de Oliveira Xavier Ribeiro, *Direito Notarial e Registral*, Rio de Janeiro: Elsevier, 2008, p. 219.
86. *Curso de Direito Processual Civil*, Vol. I, 59ª ed., Rio de Janeiro: Gen. Forense, 2018, p. 970.

V – DAS RELAÇÕES JURÍDICAS: FATOS E NEGÓCIOS JURÍDICOS

193

Meios de prova em espécie. Trata-se do rol de meios de prova exposto no art. 212 do Código Civil. Contudo, antes de se analisar o referido rol, insta repisar que ele é apenas exemplificativo, uma vez que o próprio ordenamento pátrio vigente autoriza a produção de quaisquer outros meios de prova, desde possuam os requisitos de admissibilidade já analisados, ou seja, desde que não defesos em lei, sejam pertinentes ao fato que se pretende provar e, por fim, sejam concludentes.

Reza o art. 212 que salvo o negócio a que se impõe forma especial, o fato jurídico pode ser provado mediante:

I – confissão;

II – documento;

III – testemunha;

IV – presunção;

V – perícia.

5.2. Confissão

Conceito. Trata-se da admissão ou manifestação, por uma das partes, de que um determinado fato, contrário ao seu interesse e favorável à parte adversa, é verdadeiro.

Sujeito, capacidade e validade da confissão. O sujeito da confissão é sempre a parte envolvida. Para tanto, deve, o confitente, ter capacidade, sob dois ângulos: capacidade civil genérica para fazer tal modalidade de declaração de vontade e também capacidade para dispor do direito envolvido (titularidade).

Em sendo assim, caso a confissão seja feita por representante, esta somente será eficaz nos limites da representação outorgada (trata-se da vinculação aos poderes outorgados). Entende-se, contudo, que a confissão feita por represente legal de pessoa incapaz não pode se considerar válida, uma vez que seria exemplo de realização de negócio em conflito com os interesses do incapaz, o que é proibido conforme se depreende do art. 119 e seu parágrafo único, do Código Civil: *É anulável o negócio concluído pelo representante em conflito de interesses com o representado, se tal fato era ou devia ser do conhecimento de quem com aquele tratou. Parágrafo único. É de cento e oitenta dias, a contar da conclusão do negócio ou da cessação da incapacidade, o prazo de decadência para pleitear-se a anulação prevista neste artigo.*

Objeto da confissão e validade. Há, ainda, outras questões sobre a validade da confissão que dependem da observação quanto ao seu objeto. É o caso, por exemplo, das ações cujo objeto são imóveis ou direitos reais sobre imóveis alheios. Nestas ações, o Código de Processo Civil, no seu art. 391, aduz que a confissão de um cônjuge não terá validade enquanto o outro não anuir ou fazer uma confissão no mesmo sentido. Do mesmo modo, a confissão não terá validade quando o objeto for fatos relativos a direitos indisponíveis, a teor do art. 392 do Código de Processo Civil.

Espécies. A confissão pode ser *judicial*, quando feita em juízo, no decorrer de um processo, ou, ainda, *extrajudicial*, quando é consignada através de algum ato fora do processo. Como já referi, pode ser feita mesmo por meio de ata notarial (art. 389, CPC). Importa mencionar que ambas as modalidades têm grande força e valor probatório, contudo, não se pode negar que a confissão judicial tende a ser reconhecida mais forte, uma vez que a extrajudicial, muitas vezes pela informalidade ou circunstâncias da colheita, torna-se mais propensa a eventuais ataques acerca da sua autenticidade e validade. Excetue-se, claro, a produzida por ata notarial, que goza de presunção (relativa) de veracidade.

Anote-se que a confissão é irrevogável, mas pode ser anulada se decorreu de erro de fato ou de coação (art. 214 do CC).

A confissão pode ainda ser *espontânea* ou *provocada*, *expressa* ou *presumida*. Denomina-se confissão espontânea aquela que é feita pela própria parte ou representante. Já a confissão provocada é aquela extraída quando do depoimento da parte envolvida e suas declarações são lavradas a termo. Confissão expressa (ou tácita), por sua vez, é aquela que emana da vontade, de uma deliberação do próprio confitente. Já a presumida decorre do silêncio da parte e da lei. Neste último caso, é a própria lei que autoriza a presunção de veracidade de determinados fatos como consequência da própria omissão da parte. Exemplo se tem na esfera processual, quando a parte não contesta ação contra ela proposta ou não realiza determinado exame ou, ainda, se recusa a depor.

5.3. Documento

Conceito. Documento é qualquer papel, de origem pública ou particular, que representa ou prova um fato. Não é prova pré-constituída, embora apresente elementos de prova. Veja-se: o documento não foi criado necessariamente para servir de prova (como acontece com o *instrumento*), mas pode acabar, eventualmente, servindo para tal finalidade.

> **Documento e instrumento.** É usual o emprego das expressões *documento* e *instrumento* como sinônimos. Não são, entretanto. O documento é gênero, enquanto instrumento é espécie. Como ensina Sílvio Venosa, "*o documento denota a ideia de qualquer papel útil para provar ato jurídico. Instrumento é veículo criador de um ato ou negócio. Pode-se dizer que o instrumento é criado com a intenção precípua de fazer prova, enquanto o documento, genericamente falando, faz prova, mas não é criado especificamente para tal*".[87] É exatamente, então, essa a diferença: o instrumento foi fabricado pelos interessados para servir de prova de um acontecimento juridicamente relevante; o documento, não, embora possa, eventualmente, servir para tanto. São exemplos de instrumento as certidões e as escrituras públicas.

Espécies. Os documentos podem de ser *públicos* ou *particulares* (ou privados), a depender da pessoa que os elaborou: os documentos públicos são transcritos por

---

87. *Direito Civil, Parte Geral*, vol. 1, 18ª ed., São Paulo: Gen-Atlas, 2018, p. 646.

autoridades públicas em exercício, com observância de determinadas formalidades ou requisitos legais, sob pena de nulidade. Já documento particular ou privado é aquele elaborado por e entre particulares, como, por exemplo, um e-mail, artigos de revistas ou jornais e atas de assembleias.

Alguns documentos são de especial e atual interesse na prática jurídica e merecem melhor análise: escritura pública, a ata notarial e os documentos eletrônicos.

Escritura Pública. Nos termos dos arts. 215 e 216 do Código Civil, a escritura pública é documento dotado de fé pública, lavrado por tabelião de notas, que, observados os requisitos que a lei exigir, faz prova plena. É o documento que fixa materialmente e de modo permanente, a declaração de vontade, redigido por um agente público, que é o titular da função notarial.[88]

O referido art. 215, § 1º, elenca quais são os requisitos essenciais que se deve observar quando da feitura de uma escritura pública. Deixa resguardada, entretanto, a possibilidade de a lei poder exigir outros a depender do ato a ser escriturado. Conforme referido pelo dispositivo, deve constar na escritura, sob pena de nulidade:

I – data e local de sua realização;

II – reconhecimento da identidade e capacidade das partes e de quantos hajam comparecido ao ato, por si, como representantes, intervenientes ou testemunhas;

III – nome, nacionalidade, estado civil, profissão, domicílio e residência das partes e demais comparecentes, com a indicação, quando necessário, do regime de bens do casamento, nome do outro cônjuge e filiação;

IV – manifestação clara da vontade das partes e dos intervenientes;

V – referência ao cumprimento das exigências legais e fiscais inerentes à legitimidade do ato;

VI – declaração de ter sido lida na presença das partes e demais comparecentes, ou de que todos a leram;

VII – assinatura das partes e dos demais comparecentes, bem como a do tabelião ou seu substituto legal, encerrando o ato.

O artigo 215 ora em análise também determina que a escritura deva ser redigida na língua nacional (§ 3º). Em sendo assim, quando os comparecentes não souberem a língua nacional e o tabelião não entender o idioma em que se expressam, é imprescindível o comparecimento de tradutor público ou outra pessoa capaz que, a juízo do tabelião, tenha idoneidade e conhecimento bastante para servir de interprete (§ 4º). A elaboração da escritura demanda, ainda, a leitura do seu conteúdo em voz alta, com consequente aceitação pelas partes e homologação pelo tabelião.

Devem ser apresentadas, ainda, as certidões previstas na Lei 7.433/1985 e Decreto 93.240/1986.

---

88. Luiz Guilherme Loureiro, *Registros Públicos – Teoria e Prática*, 5 ed., São Paulo: Método, 2014, p. 644.

Apresentação de certidão negativa de débitos. Discutia-se se a apresentação da certidão negativa de débitos (CND) do INSS e da Receita Federal deveria ser efetivada no ato de lavratura da escritura pública, isto é, perante o tabelião, ou quando de seu registro do Registro Imobiliário, controlada, então, pelo registrador. O Conselho Superior da Magistratura de São Paulo entendia quem *"em sede de direito imobiliário, vigora o princípio* tempus regit actum. *Portanto, as certidões negativas de débito do INSS e da Receita Federal deveriam ser exibidas quando da lavratura e também do registro da escritura pública, se vencido o prazo de validade do documento por ocasião deste último ato."* Atualmente, o entendimento vai no sentido, mais adequado, diga-se, de que quando a lei exige a apresentação para o notário, não é necessária a apresentação ao registrador. E assim mesmo que por ocasião do registro o prazo já tenha fluído de validade do documento. Em termos práticos, a escritura de compra e venda imobiliária somente se efetivará após a apresentação da guia de recolhimento do ITBI e, se se de doação se tratar, ITCMD. A realização do ato notarial sem tais providências acarreta a responsabilidade solidária entre os contratantes e o tabelião que dele participar.

Unicidade do ato. O documento de notas deve ser realizado na presença das partes *em uma única* solenidade, observando-se todos os requisitos acima ventilados. O que se deve anotar, entretanto, é que não há óbice para que diligências prévias sejam realizadas, tais como a obtenção de outros documentos imprescindíveis ao ato, elaboração de minutas, contratação de profissional para assessoria etc. O que se exige é que a escritura seja lavrada (formalmente efetivada) em audiência única e na presença das partes e do notário. A quebra do princípio, ou a ausência de um dos requisitos, tratando-se de ato extremamente solene, gera a *nulidade* da escritura.

Ata Notarial. A ata notarial, consolidada como meio de prova e devidamente no art. 384 do Código de Processo Civil, é o instrumento público por meio do qual o notário capta, por seus sentidos, determinado fato, transcrevendo-o, fielmente, para os seus livros ou outro documento, como já ressaltei.

Diferentemente da escritura pública, a ata notarial não contém declaração de vontade. Vale aduzir que o notário, quando da lavratura da ata notarial, deverá narrar os fatos que visualizou ou presenciou, se eximindo de emitir qualquer juízo de valor (a ata é, pois, *sensorial* apenas, e não *opinativa*).

Crescente o uso da ata notarial em inúmeras modalidades de ações judiciais, como aquelas – cada vez mais comuns e numerosas – que envolvem irregularidades e crimes praticados em redes sociais ou sites de internet. Na esfera extrajudicial, a ata notarial ganhou especial relevância quando elencada pelo art. 216-A da Lei de Registros Públicos como documento que deve instruir o pedido de usucapião extrajudicial. Nesse caso, o documento será o meio em que o notário atestará as circunstâncias essenciais envolvendo o imóvel, tal como suas condições, quem são os ocupantes atuais, tempo de posse etc. Poderá mesmo narrar as características do imóvel que possam auxiliar a extrair informações sobre o tempo da posse. Eventualmente ouvirá vizinhos ou pessoas próximas e, se o caso, poderá lavrar-se mais de uma ata (por exemplo, vizinho que se mudou para outra cidade).

Documentos eletrônicos. Como já disse, documento é qualquer papel que representa ou prova um fato e que pode ser público ou privado. Da mesma forma como qualquer documento, o documento eletrônico também representa um fato. Contudo, ele não é impresso ou materializado em papel e sim gerado eletronicamente por

V – DAS RELAÇÕES JURÍDICAS: FATOS E NEGÓCIOS JURÍDICOS

meio de uma sequência de *bits* ou números binários que é traduzido e reconhecido através de programas de computador específicos de certificação eletrônica, realizada por entidades certificadoras.

A tendência é que esse tipo de documento seja cada vez mais utilizado, principalmente no meio judicial, onde as atividades estão cada vez mais sendo executadas através de meios informatizados. Nesse sentido, considera-se meio eletrônico qualquer forma de armazenamento ou tráfego de documentos e arquivos digitais (art. 1º, § 2º, I, Lei 11.419/2006). A ideia, de certa forma, amplia o conceito de documento porque, a princípio, admite-se que um objeto – sem cartularidade – demonstre um fato usando outra simbologia.

5.4. Testemunha

Conceito. Testemunha é a pessoa que pode confirmar ou relatar o que presenciou, assinou, ouviu ou soube acerca dos fatos que alguém pretende provar. A prova é extraída através da confirmação do ato por ela presenciado e/ou assinado ou da narrativa dos fatos por ela percebidos, através da colheita do seu depoimento.

Espécies. As testemunhas podem ser *instrumentárias* – aquelas que atestam ter presenciado a realização de algum ato, assinando determinado instrumento conjuntamente às partes interessadas. Ou podem ser testemunhas *judiciárias*, assim consideradas as que narram em juízo o conhecimento ou a percepção que têm dos fatos a serem provados.

Admissibilidade. A prova testemunhal será sempre admitida, exceto nos casos em que a lei fizer alguma ressalva. A regra é, portanto, de sua ampla admissão. O que se observa é que, em alguns casos, a prova testemunhal exclusiva não é admitida, uma vez que insuficiente para provar alguns atos, tais como, por exemplo, aqueles que exigem prova escrita – documentos e instrumentos – e/ou formalidades especiais. Contudo, importa ressaltar que a prova testemunhal não é admitida em determinados casos *de forma exclusiva,* nada impedindo, entretanto, seja admitida como um complemento ou prova subsidiária, no intuito de esclarecer alguma circunstância ou particularidade do ato a ser provado.

Ainda acerca da admissibilidade da prova testemunhal, outro requisito de especial relevância deve ser observado: trata-se da capacidade para ser testemunha.[89] O art. 228 do Código Civil lista aqueles que não podem ser admitidos como testemunhas. Mas note-se: se só existirem tais pessoas para relatarem os fatos, nada impede que elas sejam ouvidas pelo juiz que, em cotejo com as demais provas, considerará qual é o seu valo. A teor do mencionado art. 228, são impedidos de depor:

– os menores de 16 anos;

---

89. Não se trata, exatamente, de *capacidade para testemunhar*, porque qualquer pessoa pode presenciar um fato (ou dele tomar conhecimento). Melhor falar em *capacidade para servir como testemunha,* ou *ser testemunha,* validamente.

– o interessado no litígio, o amigo íntimo ou o inimigo capital das partes;

– os cônjuges, os ascendentes, os descendentes e os colaterais, até o terceiro grau de alguma das partes, por consanguinidade ou afinidade.

Até 2015, o referido dispositivo, em seus incisos II e III,[90] inadmitia o testemunho de pessoas com deficiências mentais, visuais e auditivas. Contudo, a Lei 13.146/2015 (EPD), revogou os referidos incisos para acrescentar o § 2º, que permite o testemunho de tais pessoas em total igualdade de condições, assegurando-lhes, inclusive, a disponibilização de todos os recursos de tecnologia assistiva que necessitarem para a prática do ato.

Ocorre que o Código de Processo Civil, que também entrou em vigor em 2015 – mas depois, contudo, do advento do EPD –, abordou novamente a questão e qualificou como incapazes para depor os menores de 16 anos, os interditados por enfermidade ou deficiência mental, ou que assim se encontravam tanto ao tempo em que ocorreram os fatos e, portanto, não podiam discerni-los, quanto ao tempo em que deviam depor, se inabilitados a transmitir as percepções. O diploma processual também classificou os cegos e surdos como incapazes de depor acerca dos fatos que dependem dos sentidos que lhes faltam.

Determina o art. 447 do CPC, que podem depor como testemunhas todas as pessoas, exceto as incapazes, impedidas ou suspeitas. O § 1º assinala que são incapazes: (i) o interdito por enfermidade ou deficiência mental; (ii) o que, acometido por enfermidade ou retardamento mental, ao tempo em que ocorreram os fatos, não podia discerni-los, ou, ao tempo em que deve depor, não está habilitado a transmitir as percepções; (iii) o que tiver menos de 16 anos; e o (iv) o cego e o surdo, quando a ciência do fato depender dos sentidos que lhes falta.

Muito embora pareça, em um primeiro momento, existir uma certa antinomia entre o EPD (e a consequente revogação dos dispositivos da lei civil) e o Código de Processo Civil, é de se aplicar o art. 447 deste último Diploma, posto que evidentemente em vigor, interpretando-se-lhe, entretanto, à luz do Estatuto, ou seja, acolhendo seu objeto de promover proteção e igualdade de condições a tais pessoas no exercício de direitos.

Em termos práticos, será necessária mais do que uma simples análise objetiva: se há, ou não, *interdição* ou *algum comprometimento* – a lei exige a observação de qual é o comprometimento da pessoa deficiente, sobretudo qual o grau desse comprometimento e a que ponto ele *efetivamente compromete*, ou não, a percepção dos fatos e o seu depoimento. Em sendo assim, é exigido o juízo sensibilidade e cautela em tais

---

90. O texto revogado assim se redigia: "Art. 228. Não podem ser admitidos como testemunhas:

I – ...;

II – aqueles que, por enfermidade ou retardamento mental, não tiverem discernimento para a prática dos atos da vida civil;

III – os cegos e surdos, quando a ciência do fato que se quer provar dependa dos sentidos que lhes faltam;

(...)".

V – DAS RELAÇÕES JURÍDICAS: FATOS E NEGÓCIOS JURÍDICOS

observações para, uma vez convencido de que a deficiência não impediu a pessoa deficiente de ter boa percepção sobre os fatos a serem provados e nem compromete o ato processual, lhe garantir o direito de ser testemunha, inclusive com a disponibilização de tecnologia assistiva, se o caso.

5.5. Presunção

Conceito. Presunção é a prova extraída através de uma conclusão ou uma dedução feita a partir de um fato conhecido para, então, provar outro fato, até então desconhecido.

Espécies. A presunção pode ser legal (presunção *juris*) ou comum (presunção *hominis*). Classificam-se como legais as presunções que decorrem de mandamento legal. É exemplo o art. 324 do Código Civil: a entrega do título ao devedor firma a presunção de pagamento.

As presunções legais, a seu turno, se dividem em *absolutas* (*juris et de jure*) e *relativas* (*juris tantum*). São presunções legais absolutas aquelas que não admitem prova em contrário, uma vez que a lei a trata como verdade inquestionável. É exemplo de presunção legal absoluta que a venda de ascendente para descendente, sem o consentimento dos demais irmãos, seja considerada fraudulenta (art. 496). Já *presunções legais relativas* (*juris tantum* ou *condicional*) são assim denominadas porque admitem prova em contrário. Lembro dos seguintes exemplos: o art. 8º do Código Civil trata da presunção da ocorrência de morte simultânea (comoriência) quando dois ou mais indivíduos falecerem na mesma ocasião. Esta presunção, se de interesse de alguém (muitas vezes por questão de direito sucessório), pode ser contestada, provando qual das pessoas faleceu primeiro. O referido art. 324 – entrega do título ao devedor firma a presunção de pagamento – tem parágrafo único com a seguinte regra: "*ficará sem efeito a quitação assim operada se o credor provar, em sessenta dias, a falta do pagamento*". É outra presunção relativa, admitindo, como se vê, prova em contrário.

As presunções comuns (*hominis*), por sua vez, são extraídas de simples conclusões lógicas, ou melhor, de *raciocínios fulcrados na percepção da realidade que nos rodeia e no que ordinariamente acontece no dia a dia*. Não têm, portanto, origem em mandamento legal.

Para consignar um exemplo de presunção comum, é preciso, então, ter em mente que ela será retirada de conclusões de senso comum, possibilitadas pela nossa própria vivência e experiência. Nesse sentido, é presumido que pais amem e queiram o bem dos filhos ou que dívidas de um dos cônjuges são contraídas em benefício da família. Em sendo assim, as presunções comuns, por serem simplesmente conclusões lógicas ou referentes ao que é apenas o esperado socialmente, não poderiam ser acolhidas pelo direito como prova absoluta, inclusive porque admitem demonstração em contrário. O Código Civil, a esse respeito, determinava em seu art. 230 que *as presunções, que não as legais, não se admitem nos casos em que a lei exclui a prova testemunhal*. O dispositivo, entretanto, foi revogado pelo Código de Processo Civil de 2015, que em seu art. 375 admite as presunções *hominis*. O dispositivo processual permite, corretamente, que o juiz ao menos *considere* aquilo que de ordinário costuma acontecer e da sua própria experiência. O próprio artigo limita o uso das regras de experiência: quando estas tiverem natureza *técnica*, o que demanda *conhecimento técnico e especializado* demonstrável nos autos por meio de *exame pericial*.

5.6.   Perícia

Conceito. Perícia é a modalidade de prova produzida por meio de *exame, vistoria* ou *avaliação*, conforme consta no art. 464, *caput*, do Código de Processo Civil.

Espécies conforme o método ou objeto. Através do conceito extraído do art. 464 do Código de Processo Civil é possível verificar que perícia é gênero, ostentando três espécies ou modalidades, quais sejam, *exame, vistoria* e *avaliação*. Muito embora a realização da perícia (no sentido de um ato) possa envolver (e na prática quase sempre envolve) mais de uma dessas modalidades periciais (por exemplo, um trabalho técnico que demande exame e vistoria), há distinção conceitual entre elas, conforme o método ou objeto.

Exame. Considera-se exame a inspeção, análise ou apreciação realizada por peritos sobre pessoas ou coisas, oferecendo ao juiz da causa suas conclusões técnicas a fim de auxiliá-lo na formação de seu convencimento. Exemplos de exames são as pesquisas hematológicas para comparação genética (DNA) voltadas ao deslinde de ações sobre filiação ou exames grafotécnicos para avaliação de autenticidade de documentos.

Vistoria. Trata-se de modalidade pericial que se refere ao ato de *inspeção ocular*, com vistas a descrever o estado atual da coisa em litígio, registrando o que foi visualizado e servirá para a solução da ação, antes que se modifique pelo tempo ou ato das partes. É frequentemente utilizada pelo juízo em ações imobiliárias no intuito de que o oficial ou profissional designado compareça ao local objeto da lide e colha dados e/ou descreva suas impressões como, por exemplo, quanto ao estado, características ou posse do imóvel.

Avaliação. É o ato que tem por objeto atribuir valor de mercado ao bem objeto da lide. É método frequente em ações indenizatórias e usualmente acompanha, como complemento, uma vistoria.

Espécies conforme o meio. A perícia também pode ser feita por meio judicial, quando é realizada pelo juízo ou a seu mando, ou, também extrajudicialmente, realizada de modo particular pelas partes litigantes.

Valor da prova pericial. Por óbvio, a perícia extrajudicial, apresentada pelas partes no seu interesse, sempre conterá risco de ser tendenciosa, razão pela qual sempre terá *valor relativo*, cabendo ao juiz valorar esta prova a seu critério e/ou determinar a realização de outra por meio de profissionais de confiança por ele designados.

Livre convencimento do juiz. É preciso mencionar, também, e tendo em vista ser o destinatário da prova, que mesmo em casos de revelia, pode o juiz de direito determinar a realização da modalidade de perícia que entender necessária para a formação do seu convencimento. A regra, aliás, decorre do art. 464, § 2º, do CPC e, essencialmente, do art. 370 do mesmo Diploma. A bem da verdade, esta é uma faculdade e garantia direcionada ao juízo, aplicando-se a ideia às provas em geral, uma vez que decorrente do princípio do livre convencimento do juiz, inerente à própria atividade judicante. Exemplo é a possibilidade do juiz auferir e determinar o novo valor locatício do imóvel objeto de ação revisional por meio do valor consignado em perícia, ainda que o autor tenha requerido valor diverso ou o réu seja revel.[91]

Recusa à realização de exame médico. Os arts. 231 e 232 do Código Civil encerram o estabelecendo consequências à recusa de exame médico necessário ao deslinde da ação. A respeito, a parte não poderá se aproveitar da recusa em submeter-se à perícia médica necessária, podendo o resultado esperado lhe ser atribuído pela presunção.

É o caso da negativa de realizar exame de DNA nas ações de investigação de filiação. O resultado, que é a comprovação da paternidade ou maternidade, poderá ser, por presunção, atribuído à parte que se negou a realizar o exame, mormente se os demais elementos do conjunto probatório não afastarem por completo tal presunção ou também apontarem para o mesmo resultado.[92] Destaca Nestor Duarte, com razão, que a presunção não absoluta, de maneira que poderá o juiz afastá-la em face do conjunto probatório. Nesse sentido, a recusa, também, deverá ser injustificada.[93]

---

91. Neste sentido: RT, 610: 170.
92. O STJ tem entendido que a presunção somente se aplica contra os supostos genitores, não podendo atingir outros parentes (REsp 714.969, de relatoria do Min. Luiz Felipe Salomão).
93. *Código Civil Comentado*, 11ª ed., Barueri: Manole, 2017, p. 147.